11天成为受欢迎的说话高手

领翔 —— 编著

中国纺织出版社有限公司

国家一级出版社　全国百佳图书出版单位

内 容 提 要

口才是人一生中最难能可贵的本领和技术，是决定一个人生活及事业优劣成败的重要因素，是人际交往中的一门大学问。即便我们天天说话，也不见得会说受欢迎的话，所以，如何提高说话水平仍是每个现代人梦寐以求的事。

好口才不是天生的，但可以通过后天的努力锻炼出来。相信通过这11天的"操练"，你的说话水平一定会有一个质的飞跃，进而成为一个受欢迎的说话高手。

图书在版编目（CIP）数据

11天成为受欢迎的说话高手 / 领翔编著 . —北京：中国纺织出版社，2012.9（2023.11重印）

ISBN 978 - 7 - 5064 - 8786 - 3

Ⅰ . ①1… Ⅱ . ①领… Ⅲ . ①口才学—通俗读物 Ⅳ . ①H019 - 49

中国版本图书馆 CIP 数据核字（2012）第 140892 号

策划编辑：刘箴言　张永俊　　责任印制：陈　涛

中国纺织出版社出版发行
地址：北京市朝阳区百子湾东里A407号楼　邮政编码：100124
销售电话：010—67004422　传真：010—87155801
http://www.c-textilep.com
E-mail：faxing@c-textilep.com
中国纺织出版社天猫旗舰店
官方微博http://weibo.com/2119887771
天宇万达印刷有限公司印刷　各地新华书店经销
2012 年 9 月第 1 版　2023年11月第 2 次印刷
开本：710×1000　1/16　印张：17
字数：225 千字　定价：68.00 元

前言 *Preface*

在人际交往中，你是不是很想给别人留下一个好印象，却总是因为一句不合时宜的话而弄巧成拙？

在职场上，你是不是不懂得把握说话的分寸，想说什么就说什么，不分场合、不看对象，得罪了人却不自知？

在日常生活中，你是不是已经不知道应该以什么样的心态和形象去面对别人，每次说话都要一再地思考，生怕说错而感到身心疲惫？

······

说到底，产生这些问题的原因，就在于你不懂得怎样说话才会受人欢迎。

俗话说："好马出在腿上，好人出在嘴上。"要想成为一个受欢迎的人，得会说话、有口才。

有的人说起话来口若悬河、滔滔不绝，但这不代表他会说话，也不代表他说的话会受人欢迎。受欢迎的说话高手所说的话不在多，关键在于能一语中的，打动人心。这种人都具有强大的亲和力，能迅速与人打成一片，并于三言两语之间办成自己想办的事。

美国人类行为科学研究者汤姆士指出："说话的能力是成名的捷径。它能使人显赫，鹤立鸡群。能言善辩的人，往往使人尊敬，受人爱戴，受人拥护。它使一个人的才学充分拓展，熠熠生辉，事半功倍，业绩卓著。"他甚至断言："发生在成功人物身上的奇迹，一半是由口才创造的。"所以说，口才是一个人最难能可贵的本领和技术，是决定一个人生活及事业优劣成败的一个关键因素。

好的口才并不靠天分或遗传，相反，绝大部分是需要通过后天的锻炼来达成的，任何人都可以"先天不足后天补"。

本书作者跟随国外心理学专家从事心理咨询及语言培训工作。在长期的实践中，总结出了一套适合中国人的语言培训课程，希望帮助广大读者在最短的时间内掌握说话的技巧，提升说话的水平。

本书在详细讲解口才技巧和理论的同时，还列举了大量古今中外名人运用口才的案例以及普通人在日常生活中运用口才的故事，并在每节后面附有训练心得，帮助读者巩固训练成果。

想要成为社交的焦点吗？想要成为工作与事业上的成功者吗？想在与他人交谈时，令对方感到身心愉悦吗？如果你的答案是肯定的，那么，就请阅读本书吧，相信通过这11天的"操练"，一定会让你的说话水平有一个质的提升，使你成为一个受人欢迎的说话高手。

领翔

2012 年 5 月

目录 *Contents*

第1天

语言训练课：口才影响命运，语言决定成败
——认识语言的魅力

第2天

社交语言课：用语言为你的人脉开路吧
——拓展人脉的语言技巧

第3天

说服技巧课：用你的话牵着他的鼻子走
——说服的语言技巧

第4天

语言智慧课：说好低头话，成就抬头事
——低调语言的艺术

第5天

语言协调课：让矛盾在你面前消于无形
——化解矛盾的语言艺术

第6天

语言魅力课：带给他人耳朵一场盛宴
——赞美和批评都能如此好听

第7天

有的放矢课：射箭看靶子，说话看对象
——看人说话的语言技巧

目
录
Contents

第 8 天

幽默开心课：说幽默话，做幽默人
——培养愉人悦己的幽默谈吐

第 9 天

出奇制胜课：奇言奇语有奇效
——拒绝也可以如此受欢迎

第 10 天

谈判技巧课：谈判的胜算重在如何"谈"
——谈得好也要谈得巧

第 11 天

综合运用课：做最受欢迎最有魅力的演说家
——演讲的技巧

目录 Contents

第 1 天

语言训练课：口才影响命运，语言决定成败

——认识语言的魅力

口才决定命运：好口才是赢得机遇的阶梯

在费城的一条大街上，常踯躅着一个失业的英国青年，无论是清晨还是夜晚，他总是惹人注目地经过此处，据他自己说是想寻找一份工作。

有一天，这个英国青年突然闯进了该城著名巨贾鲍尔·吉勃斯先生的办公室，请求吉勃斯先生牺牲一分钟时间接见他，容许他讲一两句话。这位陌生的怪客，使吉勃斯先生感到惊奇，因为他外表太刺目了，衣服已经破旧，浑身上下透出一种极度穷困的窘态，但精神倒是非常饱满的。也许是好奇，或者是怜悯，吉勃斯先生答应与他一谈。原想与他只谈一两句话，可是谈了一个多小时还没有停止。被这位英国青年说得心悦诚服的吉勃斯先生立刻打电话给费城狄诺公司的经理泰勒先生。后来这位著名金融家泰勒先生竟邀请这位英国青年共进午餐，并给予了他一个极优越的职位。

这么一个穷途落魄的青年，竟能在半天之内，获得了如此美满的结果，他的成功秘诀，说起来其实很简单，就是一副好口才。

有了才干没有口才，也许也能获得成功；但既有才干又有口才的人，成功的概率一定会高出许多，因为许多机遇的把握都需要通过口才来实现。

你或许觉得自己就是一个平凡的人，做着普通的事，具不具备口才无关紧要。而别人特别是管理者或领导者却常常根据你怎样说话来衡量你的综合能力。因为通过口才可以充分展示你的道德素质、思想修养、业务能力及工作作风。透过口才这个窗口，别人就可对你进行全面、深入地认识与了解，由此你可取得他人的信任，从而把握住难得的机会一展自身的才华。

古今中外，不知有多少人凭着好口才改变了自己原本平凡的命运。

在春秋战国时代，出现了异彩纷呈诸子百家。其中的苏秦张仪这些人就是著名的能说会道的游说家。当初张仪只不过是魏国一个落魄贵族的后代。曾有一次，张仪被派到楚国游说，与楚国宰相饮酒，楚宴上楚国宰相丢了一块价值不菲的玉璧，门客们便都怀疑是张仪偷走的，说："张仪家里贫穷，品德又不是很好，一定是他偷走了玉璧。"于是，楚国的宰相便派人把张仪给绑了起来，拷打了几百下之后才释放。张仪的妻子得知后说："唉！如果你不读书游说，怎会能受到这样的侮辱呢？"张仪却对妻子说："你看看我的舌头还在吗？"妻子忍俊不禁，说："舌头当然还在啊。"张仪说："这就足够了！"之后，张仪果然凭着自己的辩才雪了耻，还取得了秦国的宰相之位。

口才决定命运，口才的巨大效应的确如此。一个善于用口语准确、贴切、生动地表达自己思想感情的人在讲话时常常流露出真知灼见，给人以深邃、精辟、睿智、风趣之感，从而使其才干可以得以充分的表露，使别人深深地了解他，并且信任他。从某种程度上说，口才能力本身就具有双重价值：实力和魅力。

可以毫无疑问地说，两个具备同样才干的人，如果其中一个人说话笨拙，口才逊于对方，那么无论是在求职上还是在提拔升迁中，欲与对方竞争都是很难取胜的。因为良好的口才，既可以完美自然地展现自己，也能赢得他人的欣赏与关注。

日常生活中，许多有能力的人常常因为不会说话而失去被提拔的机会。没有好口才，只能笨嘴拙舌，词不达意，会使人四处碰壁，寸步难行；而有了好口才，就会能言善辩，口吐莲花，会使你柳暗花明，左右逢源。

一个周末的黄昏，许多青年男女伫立街头。他们中间有不少人是等待与情侣相会的，有两个擦鞋童，正高声叫喊着以招徕顾客。

其中一个说："请坐，我为您擦擦皮鞋吧，又光又亮。"

另一个却说："约会前，请先擦一下皮鞋吧。"

结果，前一个擦鞋童摊前的顾客寥寥无几，而后一个擦鞋童的喊声却收到了意想不到的效果，一个个青年男女都纷纷让他擦鞋。

虽然第一个擦鞋童的话礼貌、热情，并且附带着质量上的保证，但这与此刻青年男女们的心理差距甚远。因为，在黄昏时刻破费钱财去"买"个"又光又亮"，显然没有多少必要。人们从这儿听出的印象是"为擦鞋而擦鞋"的意思。而第二个擦鞋童的话以温情浪漫的词语引起了此刻男女青年们的兴趣。"月上柳梢头，人约黄昏后"，在这充满温情的时刻，谁不愿意以干干净净、大大方方的形象出现在自己心爱的人面前呢?! 一句"约会前，请先擦一下皮鞋吧。"真是说到了青年男女的心坎上。一句"为约会而擦鞋"一下子抓住了顾客的心，因而大获成功。

古代常用"三寸不烂之舌"形容口才的高超及富有魅力，口才的绝妙作用确实难以比拟。"欲审知其德，问以行；欲审知其才，问以言。"的确，口才就是这样奇妙非常，你既看不见，又摸不着，但举手投足之间，可以令风云变幻，这就是口才的特有魅力及其非凡的作用。

无数事实证明，口才创造的奇迹令人叹为观止，能把普通人变成有所成就的人，好口才确为不可或缺的一种资本。具备好口才的人，赢得的机会更多!

语言训练心得

口才已日益成为现代人的一种重要能力而在社会竞争中发挥着越来越重要的作用。可以这样说，在现代社会里，培养口才，是社会发展的需要，更是当代人完善自我的需要。好口才总会带给你更多财气与运气：拥有一张会说话的嘴，就等于为自己赢得了一次成功的机会，就等于使自己拥有了一个美好的前程。

怎样训练好口才，方式可以有很多种。好的口才不应只是故事的堆砌或感情的冲突，而应是寓情于理、情中蕴理，从事入手进行深入的理性剖析，升华到一定的理论高度，并由此达到"理""情""形"的和谐统一。针对不同的目标对象，有策略地交谈，方能赢得听者的赞同和信赖。

会说话的人更易成功

在南非有这样一家工厂，无论是规模还是技术与同行业的精锐公司都有很大差距，但在短短的几年内，该公司却实现了质的飞跃。员工不仅增加了很多，而且其工作态度都很积极。同时，在这种积极氛围下，该公司不断开发出新项目。

很多人都很费解，这也引起了媒体的强烈关注，一家报社的记者采访了该公司的总裁。这位总裁说，我只是善于激励他们而已，而不是担忧与怀疑他们。他指出，曾经有这样的一件事情：公司接到一张订货单，但订单上所要的交货时间让他几乎没有信心来接受它。

他并没有要求工人怎样加速生产。他只如实地给工人们解释这种情形，并征求他们的意见。

"我们有什么好方法来完成这张订单？"

"有没有别的办法来调整一下工作时间和生产效率？"

员工们提供了许多宝贵的意见，并坚持让他接下这张订单，最后如期交货。

还有，在该公司工作了多年的一位员工说，他从没听到过他们的总裁给任何人下达过命令。他总是以温和的口气询问他人："您看这样可以吗?"或"您认为这样合适吗?"他总是能用最恰如其分的语言让他人自己选择一种最佳方式。

南非这家工厂能迅猛发展,在异常激烈的竞争中脱颖而出,该公司总裁的口才的作用,不言而喻。

许多人事业的成功和失败,往往决定于某一次重要谈话,这话绝不是过分的夸张。在中国的历史长河中,因能言善辩而成就事业的人甚多。如苏秦善辩,纵横六国;晏子使楚,名扬千秋;解缙巧对,传为美谈;孔明机智,舌战群儒;闻一多、鲁迅、陈毅,更是现代能言善辩的口才大家。可以说,口才对塑造这些名士、伟人的成功人生有很重要的影响。

语言作为最简便、最快捷、最廉价的传递手段,比书面文字表达更灵活、更及时、更直接,因而也更加行之有效。可以说良好的口才是成功的捷径,它能使人做起事来事半功倍。

当今社会,人们已经把语言表达能力的高低作为衡量人才是否优秀的重要尺度,所以每个公司或者企业招聘各类人才,才会设立口试的环节。在日本,一些大公司在招聘人才进行面试时,更是针对说话能力的高低制定了严格的录用规定。比如:应聘者声若蚊子者不予录用;说话没有抑扬顿挫者不予录用;交谈时不得要领者不予录用;不能干脆利落地回答问题者不予录用;说话无生气者不予录用;说话颠三倒四、不知所云者不予录用……这样的规定也间接地表明了一个事实:会说话与事业的关系甚为密切,它是胜任本职工作的重要条件之一。

前人曾说过:"是人才未必有口才,而有口才者必定是人才。"这句是很有道理的。不论你从事何种行业,角逐于何种领域,与领导交流需要口才,与同事相处需要口才,求人办事需要口才,谈判签约需要口才,化解矛盾也需要口才,高超的口才艺术是你打开顺利之门、立于不败之地的重要资本。

一个人的成功与否,在很大程度上取决于是否具备优秀的口语表达能力。

会说话是一个人的重要才华，是一个人思想水平、才华技艺的集中"亮相"，是一辈子的财富，是通向成功的快车道，是终生受用的技能，左右着一个人的前途与命运。

人际交往中，人们不仅"以貌取人"，更多时候是"以言取人"。会说话在许多成功人士的发展历程中起着至关重要的作用，许多成功人士正是依靠会说话获得事业成功的。

每个人都希望自己能取得更大的成就，获得更高的社会地位，这是人之常情、无可厚非。要想做到这一点，就要向古今中外的成功人士学习，而口才也是需要向他们学习的一个很重要的方面。

1972 年 5 月，尼克松总统和基辛格一起动身前往莫斯科。在途经维也纳停留的时候，尼克松总统举行了一次记者招待会。主持人简短介绍了尼克松总统与基辛格前往苏联的原因及要举行的两国首脑的会谈。

在记者招待会上，《纽约时报》的记者马科斯·弗兰克尔问基辛格："到那时，你是打算点点滴滴地宣布协定呢，还是来个倾盆大雨，成批来发表协定呢？"

基辛格回答道："我明白了，你们看，马科斯·弗兰克尔同他们的报纸一样，是那样的公正啊，他要我们在点点滴滴与倾盆大雨之间任选一个，但这两者之间无论我们怎么办，总是坏透了……我们打算点点滴滴地发表成批的声明。"

全场的人哄堂大笑。

在莫斯科，美苏关于限制战略武器的 4 个协定刚签署，基辛格就在一家旅馆里向随行的美国记者介绍这方面的情况。

基辛格微笑着说："苏联生产导弹的速度每年大约 250 枚。先生们，如果在这里把我当间谍抓起来，我们知道该怪谁啊！"

记者们开始接过话题，探问美国的秘密。一位记者问："我们美国的情况呢？我们有多少潜艇导弹在配置分导式多弹头？有多少'民兵'导弹在配置分导式多弹头？"

基辛格耸耸肩："我不确切知道正在配置分导式多弹头的'民兵'导弹有多少。至于潜艇，我的苦处是，数目我是知道的，但我不知道是不是保密的。"

记者立即说："不是保密的。"

基辛格反问道："不是保密的吗？那你说是多少呢？"

全场哄堂大笑。

两次哄堂大笑的结果是，基辛格在轻描淡写之间既保持了外交风范，又恰到好处地绕过了问题。在基辛格漫长的外交生活中，有多次依靠高超的说话能力化解难题的精彩表现。从一定程度上说，会说话让基辛格的外交形象熠熠生辉。

早在 20 世纪 40 年代，有人就将"口才、金钱、原子弹"列为在世界上生存和发展的三大法宝，60 年代"口才、金钱、计算机"更被看成是最具力量的三大武器。没错，在现今的人生舞台上，会说话是一种力量，一种资本，一种个人魅力，也是一种走向成功的方式。

当你拥有会说话的本领，也就离事业成功不远了，会说话是你成功路上的助推器，让你左右逢源，在芸芸众生之中脱颖而出，给你带来大好的前程。

语言训练心得

会说话是人生的一笔财富，那如何拥有这笔"硬通货"？你可以从两个方面去修炼：心理素质和状态上的锻炼以及外在知识背景和说话技巧的训练。前者是内在因素，一旦你改变以往的观点，调整自己的心态，积极地感受和实践，那么你的说话能力就具备了大半。后者是具体说话技巧的学习，广泛地阅读加上不断地模仿练习，就可使各种技法为你所用，并且能够融会贯通，了然于心，那时，你就是一位真正会说话的人了。

成败说出来：一句话说得人笑，一句话说得人跳

一天晚上，国王梦见自己满口的牙齿都掉光了，醒来后觉得心情很不好，担心是什么凶兆，于是，便命人请来解梦人解梦。

国王问他们："为什么我会梦见自己满口的牙齿掉光了呢？这代表着什么？"

第一个解梦人听后解释道："国王陛下，这个梦的意思是，在你所有的亲属一个都不剩地全部死去以后，你才会死。"

国王一听，勃然大怒，觉得十分晦气，命人将他杖责二百之后撵出王宫。接着又问第二个人："你呢？你的解释也和他一样吗？"

第二个解梦人说："不，国王陛下，这个梦的意思是，你将是你所有亲属当中最长寿的一位！"国王听后，立即露出了笑容，直夸这位解梦人有学问，并命人赏了一百枚金币给他。

两个回答明明说的是一个意思，为什么一个会挨打，另一个却受到嘉奖呢？两个人说的是同样一件事，一个人却因为自己言辞不当而惹怒了国王，惨遭"杀身之祸"；另一个人却能够含蓄委婉地表达意思，既保住了国王的颜面，又诉说清了梦境的意义，自然令国王心中欢喜。

由此可见，注重场合说话是多么重要。这说起来很简单，就是在恰当的时机对恰当的人说出恰当的话。但是，要真正达到这一效果和境界，其实很不简单。

伊索年轻时在贵族家当奴仆。有一次，主人设宴，广邀宾客，来者多是哲学家。主人令伊索备办最好的菜肴待客，于是，伊索专门收集各种动物的舌头，办了个舌头宴。开餐时，主人大吃一惊，问道："这是怎么回事？"伊索答道："您吩咐我为这些尊贵的客人办最好的菜，舌头是引领各种学问的关键，对于这些哲学家来说，舌头宴不是最好的菜吗？"客人们听到后纷纷发出赞赏的笑声。主人又吩咐伊索说："那我明天要再办一次酒席，菜肴要最坏的。"

次日，开席上菜时，依然是舌头。主人见状非常震怒，而伊索却不慌不忙地回答："难道一切坏事不是从口中出来的吗？舌头既是最好的，也是最坏的东西啊！"

古希腊寓言家伊索的这则故事颇为发人深省，伊索只用了短短几句话便让震怒的主人哑口无言。正所谓"一言可以兴邦，一言也可以丧邦"，口才的重要性可见一斑。

"一句话说得人笑，一句话说得人跳。"之所以会产生这样的差距，就在于对语言艺术的使用上。我们在日常生活中与人交流中大概也有体会：有的人说起话来，娓娓动听，使人听了全身的筋骨都感觉到舒服；有的人话说起来，锋芒锐利，像是一柄利刃，令人感觉十分恐惧；有的人巧嘴一张，便让人满心欢喜；有的人话不超过三句，肯定让人好感全无……

讲究说话的艺术对于迅速有效地传递信息，塑造良好的自我形象有着不可忽视的重要作用。

几位年轻的领导干部去慰问一位退休老工人，见面以后问道："您老身子真够硬朗，今年高寿？"老工人回答说："七十九啦。""人生七十古来稀，厂里数您最长寿吧？""哪里，××活到了八十四呢！""那您老也称得上长寿亚军啊。""不过，××去年归天了。""哟，这回可轮到您了。"谈兴正浓的老工人听到这句话，脸色陡变。

毛病就出在"这回可轮到您了"这句话上。前面老人刚说完"归天"的事，他们却接下去说"轮到您"，这不就使老人产生误会吗？如果这几位年轻干部能控制好前后话语，把话说成"这回长寿冠军可轮到您了"，也就不会出现尴尬的场面了。

说话不仅要根据条件的不同而采取不同的表达方式，也要根据前后话语相互联系而恰当地选择语言。如果只贪图自己一时的痛快而无所顾忌地说了不该说的话，则只会给自己制造出一些不必要的麻烦。

同样，面对不同事情，要有不同说法。好事情，用播新闻的方式，传播到人人都知道。背后赞人一句，胜过当面赞人十句。

前一段时间，某公司培训部外请了一位兼职讲师。叶子旁听了他的课程，想学习一点东西。课程快结束的时候，叶子回到了办公室，对其他的同事说："没有想到他的课程讲得这么好，想不到，真是想不到。有些人是天生适合做讲师。"过了一会儿，课程结束了，兼职讲师走出了办公室，和大家聊天。突然问了叶子一句："你觉得这个课程怎么样？提点建议，我也好有个提高。"叶子一下子没有反应过来，想要怎样说才能既不恭维又恰当。旁边的同事搭腔说："他刚才说，没有想到你的课程讲得这么好。我们都要向你学习呀。"

兼职讲师脸上洋溢着幸福的笑容，从此叶子感觉兼职讲师对她的态度格外好。

这个故事就是叶子无意中用了好事情播新闻的方式。

我们中国人不习惯赞美别人，把对别人的赞美埋在心底，其实这个想法是错误的。人人都喜欢听赞美的话，有时明知对方是在奉承自己，还是难免沾沾自喜。好的话就要大声地说出来，让大家都知道，说人好话的策略，会令对方感到愉悦，才能做到"一句话说得人笑"。别人有了好做法、想法就要赞美，要夸奖，经常对其他人说某个人的好话，是让自己与那个人保持融洽关系的一种方法。

坏事情，先说结果。先讲结果，这样就有了沟通的底线，剩下的时间就可以用来沟通怎样解决问题。

某公司货运到外地，丢失了货物，销售代表小王向经理做汇报。

"经理呀，出事了。今天早上我去拜访客户，一到就听客户说丢货了。包被打开了。我想可能是被货车司机搞坏了，这里已经报警了，我们在现场取证……"

"先别说那么多，告诉我到底损失了多少!"经理生气地说。

"一句话说得人跳!"小王不懂得说话的艺术，导致无论这个事情最后的处理结果怎么样，经理对小王已经有了不好的印象。感觉他办事不牢靠，办事能力不强。

在工作中，要讲究说话的方式，同样，在与人交往的过程中，也要把握好说话的分寸，恰到好处地说好该说的话。

有一年全国高考结束不久，一名记者去采访一位外语专业的优秀考生。原先设想好的问题中有："你父母是否具有辅导你学习英语的能力?"但是到了现场，看到考生的父母也陪伴在场，如果按照原先准备的提问方式来交谈，就显得唐突而不礼貌。于是他将原来的提问改为"你们一家是不是常常在一起讨论学习英语方面的问题?"

这名记者看到考生的父母到场，迅速做出了判断，更改了提问，然而问题的意思却没有改变，这样一来，既能有效地获得所要的信息，又显得相当自然。在什么场合说什么样的话是非常重要的，所产生的效果也是不一样的。

日常生活中我们常遇到办事不顺、结果不尽如人意的情况。究根溯源，很多时候是因为说话方面的问题造成的。同样一件事情，同样的话，但是表达方式不一样，结果就不一样。

在日常应酬中，不要将他人的不足放在嘴边，我们一方面尽可能地避免提及对方的短处，一方面也完全可以从真正关心对方的角度出发，善意地为对方出谋划策，使他的短处变为长处，或者使他不为自己的短处而自卑。即使非说不可，也可以变通一下再说，这是应酬的技巧，是获得友谊的技巧。这样，你便会得到别人的认可，而且还会因此得到别人的信任乃至感激。俗话说，"会说话的让人笑，不会说话的使人跳"，就是说语言的变通所能达到的不同效果的。

《物性论》一书的作者是古罗马大诗人卢克莱修，他奉劝天下人要多多称赞肤色黝黑的女人说："你的肤色如同胡桃那样迷人。"只要不断如此赞赏对方，那么，这位女人即使再三对镜梳妆，或明知自己的皮肤黝黑，也会毫不在乎。这样一来，她就能专心于化妆，而且总觉得自己不失为迷人的女性。

接着，卢克莱修奉劝我们不妨将"骨瘦如柴"改说为"可爱的羚羊"，把"喋喋不休"改说为"雄辩的才华"。

不同的语言可将相同的事实完全改观，而且也给人以不同的心理感受。总之，运用肯定或否定的措辞，可将同一件事实，形容成有如天壤之别的结果。可见语言艺术这件事，诚然是任何天才都无法比拟的魔术师。在任何情况之下，只要常用有价值的语言艺术，就可以令同一个事实完全改观，当然驱除了自卑感，而令人享受愉快的生活。

征服一个人，以至于征服一群人，用的往往不是刀剑，而是舌尖。让自己成为一名"会说得人笑的人"，乃是人们需要穷其一生来学习的艺术！

◆◆◆ 语言训练心得 ◆◆◆◆◆◆◆◆◆◆◆◆◆◆◆◆

马克·吐温说："恰当地用字极具威力，每当我们用对了字眼……我

第1天 语言训练课：口才影响命运，语言决定成败
——认识语言的魅力

13

们的精神和肉体都会有很大的转变。"

　　词语是人说话的基本元素，用对了字眼不仅能打动人心，同时更能带出行动，而行动的结果便是展现出另一种人生，因此应在遣词造句上下工夫。一个人若是只拥有有限的词汇，那么他就只能体验有限的情绪。反之，若是他拥有丰富的词汇，那就有如手中握着一个可以调出多种颜色的调色盘，可以尽情来挥洒你的人生经验，不仅为别人，更可以为自己创造丰富多彩的生活。

语言魔力：含蓄委婉更易解决问题

　　有位文化界人士，每年都会受邀参加某专业团体的杂志年终评审工作。这工作虽然报酬不多，但却是一项难得的荣誉，很多人想参加却找不到门路，也有人只参加一两次，就再也没有机会。问他为何年年有此殊荣，他在临近退休，不再参加此项工作后才公开其中秘诀。

　　他说，他的专业眼光并不是关键，他的职位也不是重点，他之所以能年年被邀请，是因为他很会给人留面子。他说，他在公开的评审会议上一定把握一个原则：多称赞、鼓励而少批评，但会议结束之后，他会找杂志的编辑人员，私下告诉他们编辑上存在的缺点。因此虽然杂志有先后名次，但每个人都保住了面子，而也就因为他顾虑到别人的面子，承办该项业务的人员和各杂志的编辑人员，都很尊敬他、喜欢他，当然也就每年找他当评审了。

　　中国人最大的特点就是爱面子，我们无论做什么事都会考虑到自己的面子。"面子"到底是什么东西呢？面子说白了就是尊严。谁都希望自己在别人面前有尊严，被人重视，被人尊重。因此，我们在与人交往时，为自己争得面子的同时，也别忘了给别人也留些尊严，这一点非常重要。

说话是一门充满魅力的艺术，同样的话不同的人说出来的效果是不同的。有的人说话喜欢直来直去，这种说话方式不仅会伤害他人的面子，还容易给自己带来不必要的麻烦。相反，委婉含蓄的说话方式则能在保全他人面子的同时更加容易地解决问题。

一位顾客走进一家有名的饭店，点了一只油焖龙虾。他发现菜盘中的龙虾少了一只虾螯。他询问侍者，侍者把老板找来。

老板抱歉地说："对不起，龙虾是一种残忍的动物。您的龙虾可能是在和它的同类打架时被咬掉了一只螯。"

顾客巧妙地回答："那么请调换一下，把那只打胜的给我。"

老板和顾客双方都用含蓄幽默的表达方式，委婉地指出双方存在的分歧。这种方式不取笑、不批评他人，没有伤及他人的自尊，既保护了餐馆的声誉，也维护了顾客的利益。

其实，我们生活中的每一个人，都非常重视自己的面子，为了面子，小则翻脸，大则会闹出人命；如果你是个对面子不在意的人，那么你必定是个不受欢迎的人；如果你是个只顾自己面子，却不顾别人面子的人，那么你肯定有一天要吃暗亏。

有一位年轻的姑娘长得很胖，吃了不少的减肥药也不见效果，心里很苦恼，也最怕有人说她胖。有一天，她的同事小张对她说："你吃了什么呀，像气儿吹似的，才几天工夫，又胖了一圈儿。"胖姑娘立马恼羞成怒，"我胖碍着你什么了？不吃你，不喝你，真是狗拿耗子，多管闲事！"小张不由闹了个大红脸。

在这里，小张明知对方的短处，却还要把话题往上赶，这自然就犯了对方的忌讳，对方不生气才怪哩。特别是拿这些不光彩问题来做文章的人，就等于在对方伤口上撒盐，无论谁都是不能忍受的。

在待人处世中，首要的就是顾及别人的面子，处理好人与人之间的"面子问题"。要善于扬善隐恶。在待人处世中要多夸别人的长处，尽量回避对方的缺点和错误："好汉愿提当年勇"是事实，又有谁人愿意提及自己不光彩的一页呢？

指出对方的缺点和不足时，要顾及场合，别伤对方的面子。比如职场中，上司刚刚任命了一个经理，而你自认为对他比较了解，认为他一定会把公司搞垮，这个时候你要不留情面地说吗？如果你说了，难道就能改变上司的决定吗？如果改变了，上司的权威何在！说了，不仅扫了上司的面子，而且还会使上司对你产生不好的看法：这个小子，总是这么冲，就你厉害，我们都是傻瓜，等着瞧，有你好受的。最后受害的还是你自己。

对于说话的时机，牢记"既往不咎"法则。这是说我们要适度地追究责任。不是什么事情都要追究到最后的责任人才罢休。有些小事情，过分地追究，可能伤害别人的面子和积极性，以后的事情就不好做了。

运用口才巧给对方留面子。有时候，对方的缺点和错误无法回避，必须直接面对，这时就要采取委婉含蓄的说法，淡化矛盾，以免发生冲突。

现代著名诗人柳亚子吟诗作文，很受人们的欣赏。他的书法流畅奔放，一泻千里，但却很潦草，甚至不易被人识别。书画家辛壶不直说柳亚子先生的字迹潦草，却委婉地说柳亚子先生的字是"意到笔不到"，含蓄，风趣，使柳亚子先生极为佩服。

此外，在与人交往的过程中，为了"面子上过得去"，还必须对对方有一个充分的了解，做到既了解对方的长处，也了解对方的不足。因为每个人都会有自己的个性和习惯，有自己的需求和忌讳，如果你对交际对象的优缺点一无所知，那么交际起来，就会"盲人骑瞎马"，难免踏进"雷区"，引起别人的不快。

～～语言训练心得～～～～～～～～～～

西方哲人有这样的总结："世间有一种成就可以使人很快完成伟业，并获得世人的认识，那就是讲话令人喜悦的能力。"俗话说得好，"打人不打脸，揭人不揭短"。要想与他人友好相处，就要尽量体谅他人，顾及别人的面子。在人际交往中，委婉含蓄的语言往往更意蕴深刻。婉言，还可以给对方一个台阶下，避免形成僵局。婉言能够巧妙地表情达意，既能让对方听出弦外之音，又不伤彼此和气，我们何乐而不为呢？

口才魅力：让对方不知不觉跟着你走

爱德华·豪斯上校，在威尔逊总统执政期间，在国内及国际事务上有极大的影响力。威尔逊对豪斯上校的秘密咨询及意见依赖的程度，远超过对自己内阁成员的依赖程度。

豪斯上校利用什么方法来影响总统呢？

豪斯说，认识总统之后他发现，要改变总统看法的最佳办法，就是把这种新观念很自然地建立在他的脑海中，使他发生兴趣，使总统自己经常想到它。第一次这种方法奏效，纯粹是一个意外。

一次，豪斯到白宫拜访总统，建议他执行一项政策，而总统对这项政策却并不表示赞成。但几天以后，在餐桌上，豪斯惊讶地听见总统把他的建议当做他自己的想法说出来。豪斯没有打断总统说这不是你的主意，而是我的。他不愿追求荣誉，他只要成果。所以他让威尔逊继续认为那是他自己的想法。

当时，威尔逊作为美国总统，必须捍卫自己的权威性。因此豪斯上校在提出意见之前，已仔细地研究和推敲了总统的方案和计划，是以认真、科学的态度来对待威尔逊的思想的。因而，他的建议是在尊重威尔逊的观点基础之上的，很可能是对威尔逊观点的有益补充。这种印象无疑会使威尔逊感到情绪放松，从而降低了对豪斯上校建议的某种敌意。事实证明，虽然荣誉和赞美都归功于了总统威尔逊，但是豪斯上校也达到了他想要的成果。

谁都希望改变别人的思想，而同时又希望不被他人的观点左右，于是我们在矛盾中与人谨慎接触。其实，影响他人最好的办法就是让他说出你的观点。

小陈年轻干练、活泼开朗，入行不几年，职位"噌噌"地往上升，很快成为单位里的得力干将。几天前，新老板刚走马上任就把小陈叫了过去说："小陈，你经验丰富，能力又强，这里有个新项目，你就多费心盯一盯吧！"

受到新老板的重用，小陈自然是欢欣鼓舞。恰好这天要去上海某周边城市谈判，小陈一合计，一行好几个人，坐公交车不方便，人也受累，会影响谈判效果；打车吧，一辆坐不下，两辆费用又太高；还是包一辆车好，经济又实惠。

主意定了，小陈却没有直接去办理。几年的职场生涯让她懂得，遇事向老板汇报一声是绝对必要的。于是，小陈来到老板跟前。

"老板，您看，我们今天要出去，"小陈把几种方案的利弊分析了一番，接着说："所以呢，我决定包一辆车去！"汇报完毕，小陈发现老板的脸不知道什么时候"黑"了下来。他生硬地说："是吗？可是我认为这个方案不太好，你们还是买票坐长途车去吧！"小陈愣住了，她万万没想到，一个如此合情合理的建议竟然被打了"回票"。

小陈凡事多向老板汇报的意识是很可贵的，错就错在说话措辞不当，因为小陈说的是："我决定包一辆车！"现实中，我们好多人会犯跟小陈一样的错误。在老板面前，说"我决定如何如何"是最犯忌讳的。不要代替对方做决定，要引导对方说出你的决定。没有人喜欢强迫遵照命令行事，尤其是你的老板！

想让对方不知不觉地跟着你走，不仅取决于建议内容本身的合理性，还往往取决于你提出建议的方式。人们都喜欢有人来征求自己的意见、愿望和想法。承认对方的优越性，以请教的方式提出建议更易让别人接受。

我们每个人可能都有这样的体会：当你还是个高中生的时候，你会遇到初中的小弟弟、小妹妹向你请教各种问题，充满敬仰地要求你谈谈自己的学习方法，等等。这时，无论你多么不高兴，多么忙，你都会带着一丝骄傲解答他们每一个稚嫩的问题，并从他们景仰的目光中得到某种心理满足。如果我们能静下心来仔细分析这样的经历，我们会发现，成就感和优越感是多么早又是多么牢固地根植于我们每个人的心灵深处。别人向我们求教，这就表明我们至少受到了重视、具备了一定的影响力。在被别人请教时我们心中涌起的愉悦感和自豪感往往是并不能为我们自己所清醒意识到的，但它却主宰着我们的情感，甚至是我们的理智。每一个健康的、心智正常的人都会对这种感受乐此不疲。

这样的感受也是人性的弱点，与他人交流时，要善于利用这个弱点，为自己的口才加分。如果你想让一个人做什么，你就赞扬他什么。

松下幸之助每次观察公司内的员工时，都会觉得他们比自己优秀。当他对员工们说"我对这件事情没有自信，但我相信你一定能够做得到，所以就交给你去办吧"时，员工会由于受到重视，不但乐于接受，还会下定决心竭尽所能也要把事情做好。大人物也好，小人物也好，都会被这种打从心里感动的赞美话打动，工作中则更是"死心塌地"地干。相反，要是管理者对下属员工的所有工作都事无巨细地指示这指示那，就会令下属感觉自己只是奉命行事，事情的成败与己无关，从而使事情的结果大打折扣。

激励而不是命令，是口才的魅力所在。在人际交往中，懂得运用语言，给他一个美名，给他一个权威的称号，用赞美给予他尊严，他就会成为你的观点的坚决守护者。

任何一个人都不喜欢被强迫着去做事或者接受他人的意见。人们都喜欢按照自己的意思去做，人们宁愿觉得想法是自己的，一切出于自愿。

如何让对方说出你的观点？首先，一定要善体人意，机灵乖巧，看得出别人的情绪反应。要钓上鱼，饵必须适合鱼。了解对方的观点，让他觉得想法是自己的。拥有这种知己知彼的能力，做起事情来就容易百战百胜。

然后要能看出别人的情绪反应，吸引他的注意。只要能从别人的观点看事情，探察别人的观点，就了解了他的需求，并且在他心里引起对某项事物迫切渴望的需要，这样便牵住了他的鼻子。

埃里克这个曾一贫如洗的小孩，开始工作的时候每小时的工资是两分钱，后来却有能力向慈善机构捐赠三亿六千五百万美元。他很早就学到，能影响别人的唯一方法，是以对方所要的观点来做。比如说，他的嫂嫂，为她那两个小孩担忧得生起病来。

她的两个孩子就读于耶鲁大学，为自己的事，忙得没空写信回家，一点也不理会他们母亲写去的焦急信件。于是埃里克提议打赌一百块钱，他不必要求回信，就可以获得回信。有人跟他打赌，他便写了一封闲聊的信给他的侄儿，信后附带地说，他随信各送给他们五块钱美金。但是，他并没有把钱附在信内。而回信终于来了，因为他们没有得到所期望的美金。

说话艺术不仅表现在自我的表达上，而且还要求了解对方的观点。只有弄清对方的观点，自己才能找到合适的应付措施，把话说在适当时机，刚好说进对方的心坎里，这样的沟通，一切都掌控在自己的手中，对方怎么能够不紧紧跟随你呢?

语言训练心得

受欢迎的说话高手并不一定所有的话都要自己说出来，有的时候，让对方不知不觉地将自己所期望的话说出口获得的效果会更好。正如古拉得·力伊帕在《进入别人的内心世界》一书中所说的："把别人的感觉和观念与自己的感觉和观念置于相同的位置，并把它表现出来，这样谈话的气氛就会融洽起来。当你在听别人谈话时，要根据对方的意思来准备自己将要说的话，那样，由于你已理解和认同了他的观点，他也就会理解和认同你的观点。"

有时与有权有势的人，比如老板或上司等人说话时，需要懂得一点转弯的艺术。要是只会巷里赶猪，直来直去，结果很可能是既得不到赏识，还可能吃不了兜着走。

话多不如话少，话少不如话好

　　林肯在当律师时曾说过：在一场官司的辩论过程中，如果第七点议题是关键所在，我宁愿让对方在前六点占上风，而我在最后的第七点获胜。这一点正是我经常打赢官司的主要原因。

　　在他的一场非常著名官司中，就是这样取得了最后的胜利。在那个官司审判的最后一天，对方律师整整花了两个小时来总结此案。这位著名律师本来可以针对对方律师所提出的论点逐一加以驳斥，但他并未那样做，而是将论点集中到了关键点上，总共花了不到一分钟的时间。最后，林肯赢得了这场官司。

　　对方的律师引经据典、慷慨陈词，说了一大堆，依然输了官司。反观林肯，他把论点的意思浓缩成一分钟，表达出关键意思，令陪审团和法官久久难忘。正是集中于关键点的一分钟决定了林肯的胜利，所以有理不在话多，话少不如话好。

　　可见，语言的精髓，在精而不在多，话多不如话少。

　　然而现实生活中，瞧瞧我们身边的人，有几个能够把复杂的话简单地说出来的。经常是这样的人更多，他们喜欢多说话，好为人师，总是喜欢显示自己怎么样怎么样，或是唠唠叨叨地告诉别人这样做，那样做，好像他博古通今似的。这样的人，以为别人会很服他们，其实，只会让人不以为然，惹人厌烦。

　　每个人都有这样的经历吧。当你走进一家商店后，总会有一位售货员热情地迎上来，满脸的职业微笑，主动地向你介绍某种新产品。他的介绍很专业，语言很流畅，从性能优势到结构特点，从价格优惠，到售后服务，都娓娓道来，还进行了演示。

他连珠炮似的个人独白，让你怎么样都插不上嘴。他不管你懂还是不懂，也不管你的反应怎么样，反正就在你面前喋喋不休地讲下去，好像你不掏出钱他就不会善罢甘休。

他"热情的演讲"使你心烦意乱，他那滔滔不绝的介绍反而扑灭了你的购买欲望，此时你想的，恐怕只有怎样趁机"逃"出这家商店。当然，有可能你还是想买这件商品，但绝不是从这个令人厌烦的话多的售货员那里。

冗长的语言并不见得能将问题说清楚，简洁的语言往往更有效果，即使是据理力争也应抓住关键，简明干脆地将自己的意思传递出去。不动声色的谈吐往往会令人眼前一亮，同时，更能体现出一个人的睿智。

随着生活阅历的日渐丰富，你越会发现，聪明的人，或者说智慧的人都知道，大多数事情，自己要是多说，必然会说得多错得也就多，所以不到需要时，总是少说或者不说。

当然话少并不是让你像《大话西游》里的唐僧，只会说"是、好、嗯"，对于语言无味的人，大家只会认为他沉默寡言，不善表达。奉行"沉默是金"乃是要含住金子，不是一味的沉默，善于说话才会让大家发现你口中的金子。

在与人交往时，言简意赅，话少却能说到点子上，才能够处处受到人们的欢迎。

有两位给领导开车的司机，由于单位精简，必须裁掉一个。于是，两人竞争上岗。第一个司机大概讲了十来分钟，说："我将来要还能开车，一定把车收拾得非常干净利索，遵守交通规则，要保证领导的安全，一定要做到省油……"第二个司机没用三分钟就结束了。他说："我过去遵守了三条原则，现在我还遵守着三条原则，如果今后用我，我还将遵守三条原则：第一，听得，说不得；第二，吃得，喝不得；第三，开得，使不得。我过去这样做，现在这样做，今后还这样做。"

短小精练的三条原则，条条说到领导的心坎里，在领导心目中，这个司机说得非常好。首先，"听得，说不得"是指，领导坐在车上研究、交代一些工作，往往在没正式讲之前都是保密的，司机只能听不能说，说了就是泄密。然后是"吃得，喝不得"，司机要经常陪领导到这儿开会，到那儿参加饭局，最后总得吃饭，但是千万不能喝酒，这是为了保护领导的生命安全。而"开得，使不得"就是，只要领导不用的时候，也绝不图方便，为了私事私自开车，公私分明。这样的司机谁会不用呢？

语言训练心得

古希腊有一句民谚说："聪明的人，借助经验说话；而更聪明的人，根据经验不说话。"西方还有一句著名的话叫：雄辩是银，倾听是金。中国人则流传着"言多必失"和"敏于行而讷于言"这样的济世名言。无数事实证明，说话的魅力并不在于说得多么流畅，多么滔滔不绝，而在于是否善于准确、精辟、有重点地表达！

人每天总要说很多话，而且越是能办事、越是办事多的人，说话会越多。在谈话时，最重要的就是表明你的主旨，用最凝练的话语来表达尽可能丰富的意思，这就是话少不如话好。

第2天

社交语言课：用语言为你的人脉开路吧

——拓展人脉的语言技巧

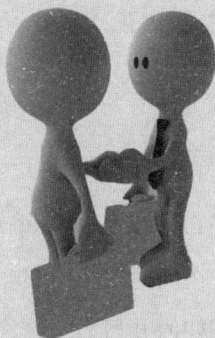

初次的开场白，你敢开口吗

29 岁的小陈工作稳定，个子比较高，虽然算不上很帅，倒也称得上英俊，但是，各方面条件都不错的他，至今还没有找到一个合适的女朋友。眼看逼近 30 大关，家人便安排他去相亲。

相亲地点约在了一家环境幽雅的咖啡馆，对方是个漂亮的女孩，完全是小陈喜欢的类型。但是，面对喜欢的女孩，小陈有些紧张，脸居然也微微发红起来。不知道该说什么好了。再加上两个人相对而坐，气氛很尴尬。不得已，小陈只得一次次地重复那句："你吃点东西吧！"女孩最初回答："谢谢，我不饿。"当他再三重复之后，女孩就有点不耐烦了，答道："如果我饿了就会吃的。"

又坐了几分钟，小陈实在受不了这样尴尬的气氛，就找了个借口，提前结束相亲打算回家。把女孩送到车站后，小陈在回家的路上给她发短信说："初次见面，聊得有点尴尬，照顾不周，见谅。"对方只回了："哦，没事。"两小时之后，小陈又发短信问对方是否平安到家，女孩也只回答一个字："嗯。"

第二天，小陈又发短信给女孩，夸她有气质，希望有继续交往的机会。结果，对方回了一条："我觉得咱们性格不合适，希望你能找到更好的。"然后就再无下文了。

只因为初次见面不敢开口，而失去一个获得爱情的机会，无论是谁，大概都会觉得很亏。很多人在面对陌生人的时候都会表现出跟小陈相似的状态，手足无措，不知道该如何开口。

据调查，95%的人都害怕与陌生人交谈。大多数人在面对陌生人时，脑中都会变得一片空白，不知该说些什么。还有不少人对陌生者有一种抵触心理，不是胆怯就是不屑。有些人生性腼腆，一见到陌生人就感到浑身不自在，有什么话都羞于出口，或者担心人家会说自己贫嘴，不好意思交谈，因而错失了很多拉近彼此关系和距离的机会。

然而，不论是情感的需求，还是工作的需要，我们都不可避免地要与一些陌生人和新朋友打交道。如果你这个缺点还未克服，那么，不管是在与人交谈方面或是在个人的成长上，都无法进行得很顺利。

"茶壶里煮饺子，有货倒不出"是很多人面对陌生人时的一种心理困惑，要想摆脱这种困境、达到左右逢源的境界，就要掌握好敢于交谈不怯场的开场白，这样才能在竞争激烈的社会中脱颖而出。现在开始拿出勇气，在陌生人面前说出自己的第一句话，就能体验如鱼得水的畅快。

初次交往，如果想给对方留下一个好印象，我们就必须说好开场白。因为好的开场白，不仅可以迅速消除彼此之间的陌生感，还能拉近双方的距离。可以说，说好了开场白，就相当于拥有了一把可以打开陌生人心扉的钥匙。那么，该拿一句什么样的话作为交谈的开场白就成了我们要考虑的首要问题。

最常见也最保险的当属问候式。"您好"是向对方问候致意的常用语。如能因对象、时间的不同而使用不同的问候语，效果则更好。对德高望重的长者，宜说"您老人家好"以示敬意；对年龄跟自己相仿者，称"老×（姓），您好"，显得亲切；对方是医生、教师，说"李医师，您好""王老师，您好"，有尊重意味。节日期间，说"节日好""新年好"，给人以祝贺节日之感；早晨说："您早""早上好"……都是我们最常用也最实用的问候语。这些问候语不一定能起到多少拉近距离的作用，但由于有尊重和祝福的意味存在，最起码不至于给对方留下什么不好的印象。如果不善于运用更多交谈的技巧，这些问候式的用语无疑是作为保底的最佳选择。

敬慕式也是一种比较常用的交谈方式。"您的大作我读过多遍，受益匪浅。想不到今天竟能在这里一睹作家的风采！""今天是教师节，在这光

辉的节日里，我能见到您这颇有名望的教师，深感荣幸。"都是敬慕式的开场语。这样的用语相对于问候式就显得要正式一些，而且由于其间包含了抬高对方的成分，更容易让人乐于接受，可以快速拉近彼此之间的距离。但需要注意的是，用这种方式必须要掌握分寸，恰到好处，不能乱吹捧，不说"久闻大名，如雷贯耳"一类的过头话。表示敬慕的内容应因时因地而异。假如你对小区的门卫说一句"久仰您的大名"，恐怕就不一定能取得理想的效果了。

还有一种开场白就是攀亲式。当然，运用这种攀亲式的问候双方并不一定是老乡或是真的有血缘关系。任何两个人，只要彼此留意，就不难发现双方有着这样或那样的"亲""友"关系。

在人际交往中，攀亲认友是一种能够有效拉近彼此距离的方法。

1984年4月30日，时任美国总统里根访问复旦大学。在学校的礼堂里，面对初次见面的复旦学生，里根总统的开场白就运用了攀亲认友的方法。

他说："其实，我和你们学校联系非常密切。你们的谢希德校长同我的夫人南希，在美国史密斯学院就是校友。照此看来，我和在座的同学自然也是朋友了！"

话音刚落，全场掌声雷动。

一句简短的开场白，就快速拉近了里根总统与复旦学生之间的距离。

这样的开场白可以让对方从心理上找到相通处，产生亲切感，迅速拉近彼此之间的距离。只要是此类能与对方找到共同点的地方，都可以作为"攀亲"的话题。

当然，在掌握开场白的同时，还有一点需要注意的是，不能太过生硬，语气要尽可能随和、自然一些，措辞也尽量不要太过书面化，否则就会给人一种紧张甚至做作的感觉，不但不能达到亲近的效果，还可能影响自己美好印象的形成。

在目前这个社会上，可能有人觉得跟陌生人交谈没什么诀窍，想怎么说就怎么说。其实这是一种错误的认识。虽然说话并非写作文，不可能做到字字斟酌，但也绝不是想说什么就说什么。

王丽和好友李文一起去参加了一个山西同乡会，早在QQ聊天的时候，她们便得知这次聚会中一个名"楠"的老乡是一家名报社的编辑部主任。这对于王丽和李文来说无疑是一件难得的好事，两人同是学习新闻的大四学生，如果能得到楠的介绍，去那家报社实习，对今后的求职一定有很大帮助。

王丽希望抓住这次机会，便留了个心眼，聚会上自我介绍之后，王丽挤到了楠的身边："老乡，你是在××报社工作对吧？我也是学新闻的，你们报社每年都会招实习生吧，不如你让我去你们报社实习吧！"

楠显然被王丽的直白吓了一跳，微笑着答道："等有机会吧，有机会的话我想着你。"

接着，王丽更是表现出了对工作的热忱，问了一连串与实习有关的事情，再三嘱咐楠一定要把这件事放在心上。楠在她的再三紧逼之下感到招架不住，便借口去上洗手间，匆匆离开了。

在洗手间的梳妆台前，楠遇到了李文，两人互笑一下表示友好之后，李文说道："记得你是大同人吧！"楠应道："是啊，大同矿务局的。""我也是大同人，我家住铁牛里那边。""是吗？"楠也很惊讶。"嗯，能在北京遇到一个大同老乡可真不容易啊！"李文满脸欣喜。"可不是嘛！"楠也笑着应道……

接着，两人便扯开话题聊了起来，越聊越觉得投缘，之后，楠时常都会约上李文出来聚聚。而王丽却再也没有得到这个心中"贵人"的垂青。

虽然楠也许因为跟李文是真正的老乡才显得更加亲近，但在谈话的展开和进行过程中，最初开场白的方式却起了不小的作用。王丽过于直白的表达，目的性过强的交谈方式，着实难以给人留下好感。而李文的经过思考的柔和交谈法则明显要好得多。

俗话说："万事开头难。"与新朋友见面的第一句话也是如此。特别是在比较重要的社交场合中，每句话应该如何说，我们还是要在头脑中考虑一番的。

无论在什么场合谈话，我们都有自己特定的身份，即自己当时的角色。跟陌生人交谈时，我们应该明白自己是什么身份，在跟什么样的人谈话。要使对方对你产生好感，留下不可磨灭的深刻印象，还必须通过察言观色，了解对方近期最关心的问题，掌握其心理。如果我们能在短时间内找到共同点，引起彼此的共鸣，那么就会迅速缩短双方的距离。当我们与陌生人交谈时，了解了他的某些爱好后，我们要对这些爱好表示出浓厚的兴趣，只有这样交谈才能顺利进行。

敢于说出开场白，便是良好的开始！

语言训练心得

社会交际免不了要与一些陌生人打交道。不忘老朋友，也要结识新朋友。在与陌生人打交道时，首先要克服恐惧心理，培养自信心，做好开口前的周全准备。然后，还要赋予语言以亲切感，"亲热、贴心、消除陌生感"是与陌生人交谈首先要具备的条件。同时，初次见面的第一句话是留给对方的第一印象，这第一句话说好说坏，对以后友谊的发展关系重大。

彬彬有礼：尊称，让你们"一见如故"

曹禺剧作《日出》的顾八奶奶，唯恐别人说她老。当她向福生问起相好胡四时有这样的一段对话。

不识相的福生当她面说："怪不得她老人家听腻了，您想，她老人家脾气也是躁一点，再者她老人……"没等说完，惹得顾八奶奶火冒三丈："福生，我不喜欢这么胡说乱道的什么'老人家'、'她老人家'的。我不愿意人家这么称呼我，我不爱听。"

王福生："是，顾八奶奶。"

顾八奶奶呵斥道："去！去！去！什么'她老人家、她老人家'的，我瞅见你就生气，谁叫你进来给我添病？"

可见，称呼的不妥，会引起对方的不快，必将会影响交谈的效果。尤其是初次交往，称呼往往影响交际的效果。有时因称呼不当会使交际双方发生沟通上的障碍。

"爸""妈""老爷爷""老奶奶""帅哥""美女"等这样的称呼性用语对穿梭于各色人群中的我们来说，大概每天都会被说上几次甚至几十次。使用频率之高很容易让人们忽略了它们的重要性和差别性所在。其实称呼语和人的感情一样细腻，每个称呼语都有特定的语境和范围，蕴藏着很深的学问和玄妙之处。用对称呼，可以拉近彼此的距离。

在同时需要对不止一个人进行称呼的时候应有个顺序，一般来说，要先长后幼、先上后下、先疏后亲。

　　1972年2月21日，周恩来总理宴请尼克松总统一行时的讲话，开头是这样的："总统先生、尼克松夫人，女士们、先生们、同志们、朋友们！"这一系列称呼，既恰当，又排列有序。

　　恰当的称呼还应考虑对方的身份。比如，一位在田里赤膊劳动的上年纪的农夫，你称他为"老大爷"较为适宜。若称之为"老先生"，似乎就含有讽刺的意味；反之，在校园中，遇到一位夹着讲义从教研室出来的上年纪的女教师，你若称她"老大娘"，也容易引起对方的反感。

　　行之有效的方法是：选择一个比听话人实际身份更有地位的称呼语，用这种方式抬高听话人的身份。医院里病人小心翼翼地把护士们叫成"医生"，扎破了胎的骑车人长一声短一声地叫修车匠"师傅"……都体现了这一规则。

　　当然，并不是叫做什么就成什么了，这种称呼方法所表达的实质内容是说话人的心意，表明愿意以新的关系相处。这种方法常常能够奏效的关键原因在于：希望受到他人的尊重是人之常情。

　　不论我们如何称呼人，这其中最主要的是要传达这样的意思："你很重要"，"你很好"，"我对你重视"。有时候，称呼别人不是为了满足自己，而是为了满足别人。

　　不管称呼有哪些变化，"尊重他人"在众多称呼规则中位居榜首，因为"尊称"总是可以拉近彼此之间的距离。尤其是当你希望从别人那儿得到某些东西时，选择的称呼语要特别表现出尊敬。

　　在与陌生人初次见面的时候，尊敬的称呼更是十分重要的。这样不仅能够体现你对对方的尊敬或与对方的亲密程度，还能反映出自身的文化素质，从而迅速地拉近双方之间的距离，让彼此有一见如故之感。

　　当然，尊重也要有个限度，给对方"戴高帽"也要有个度，轿子不可抬得太高，太高了坐轿人也会因为不自在而心生厌恶。

　　初到公司的小贾每天接触的直接领导就是单位的副总秦刚，出于礼节和习惯，小贾每每去汇报请示的时候，都会称呼他为"秦总"，被官升一级，秦总自然乐在其中。但是，好景不长，很快，小贾便吃了称呼的亏。

那天，公司的真正老总徐总前来视察工作，在与两位老总的交流过程中，小贾依旧习惯性地称呼秦刚为"秦总"。徐总的眼神立刻不对劲了，他打趣地对秦刚说："秦总，这个称谓很不错啊，挺适合你的嘛!"

徐总此言一出，秦刚已是一脸通红，小贾这才意识到自己犯了个致命的错误，这样一来不知不觉把两个上司都给得罪了。事后老总虽然没说什么，但是小贾心里明白，自己之前在秦刚那里卖力的表现算是白费了，而在徐总心里就更留不下什么好印象了。

用"一着不慎，满盘皆输"来形容小贾的遭遇一点都不为过。用对称呼，尤其是在特殊场合里，是至关重要的说话艺术。

所以，当你选择称呼语时，一定要慎重，尊重要发自内心，更要适可而止。尤其是在一些初次交往者之间和等级观念比较严苛的企业中，称呼合适与否可能直接决定着彼此的交流能否顺利进行。

与人谈话，称呼是必不可少的。在社交中，人们对称呼是否恰当十分敏感。但是在交往过程中，很少有人能静下心来认真琢磨某个称呼究竟意味着什么，究竟在交谈中有多么的重要。因此在与人交谈中，要特别注意恰当地称呼对方。

但是在生活中，总有人会忽略这一点，从认识到交往，彼此之间的称呼越来越随便，最后只用一个"哎"或"喂"来代替，少了那份尊重，于是就有很多人开始抱怨。

其实，一句尊重的称呼，就会有数不尽的美好向着我们的友情蜂拥而至。有一次，我遇到一位朋友，最近被提升了主任。当时就先跟他打招呼："某主任，真想不到能在这儿见到你。"他听到我跟他打招呼，显得格外高兴，忙跑过来和我并肩坐。虽然平时他是个不大健谈的人，但那天却显得很健谈。

尊称显示出人与人之间的心理距离的不断缩短。

这就是一个称呼所带来的神奇魅力，它发挥的作用几乎每天都在影响着我们的生活。

语言训练心得

在当今社会中，我们应特别注意谈话礼仪的运用，并通过它来促进自己与他人良好的交流，树立良好的形象。在称呼他人时，一般要注意以下几种关系：

场合关系。同一个称呼，在有些场合中使用就合适，换一个场合就不太合适了。比如，一个人兼有几重身份，对他的称呼也要因时因地而定。

地区关系。中国幅员辽阔，方言土语繁多，即使是同一个称呼，也因地区不同而含义迥然。因此，来到异地他乡，不了解当地的方言土语，还是以"同志"相称比较妥当。

等级关系。当代社会中的等级关系，虽然不同于森严的封建等级，但是用合适的称呼体现出上下长幼，以示亲切或尊敬，也是十分必要的。

心理关系。同样的称呼，有人乐于接受，有人则讳莫如深。

会说应酬中的客套话

一位日本议员去见埃及总统纳赛尔，由于两人的性格、经历、生活情趣、政治抱负相距甚远，总统对这位日本议员不大感兴趣。日本议员为了不辱使命，搞好与埃及当局的关系，会见前进行了多方面的分析，最后决定用客套的方式打动纳赛尔，达到会谈的目的。

日本议员：阁下，尼罗河与纳赛尔，在我们日本是妇孺皆知的。我与其称阁下为总统,不如称您为上校吧,因为我也曾是军人,也和您一样,跟英国人打过仗。

纳赛尔:唔……

日本议员:英国人骂您是"尼罗河的希特勒",他们也骂我是"马来西亚之恶犬",我读过阁下的《革命哲学》,曾把它同希特勒《我的奋斗》作比较,发现希特勒是实力至上的,而阁下则充满幽默感。

纳赛尔:(十分兴奋)呵,我所写的那本书,是革命之后,只用了三个月匆匆写成的。你说得对,我除了实力之外,还注重人情味。

日本议员:对呀!我们军人也需要人情。我在马来西亚作战时,一把短刀从不离身,目的不在杀人,而是保卫自己。阿拉伯人现在为独立而战,也正是为了防卫,如同我那时的短刀一样。

纳赛尔:(大喜)阁下说得真好,以后欢迎你每年来一次。

此时,日本议员顺势转入正题,开始谈两国的关系与贸易,并愉快地合影留念。

日本议员的客套话策略终于产生了奇效。这是外交史上一则通过客套而顺利达成谈判目的的轶事。

日本议员通过比较《革命哲学》的话题来称赞埃及总统纳赛尔的实力与人情味,并进一步称赞了阿拉伯战争的正义性。这不但准确地刺激了纳赛尔的"兴奋点",而且百分之百地迎合了埃及总统纳赛尔的口味,使日本议员的话收到了预想的奇效。日本议员先后五次运用客套的办法使纳赛尔从"不感兴趣"到"十分兴奋"而至"大喜",可见日本议员应酬的功力不浅。

这位日本议员的成功,给我们一个重要启示,人们都离不开应酬,应酬是一种实现目标的手段和工具。应酬的全过程是把你的意思传达给别人,使对方受到感染,从而自动地帮助你、迁就你或同意你的要求,接受你的思想意识的潜移默化的过程。想要在应酬中做个场面人,游刃有余地达到目的,取决于你能否说好客套话。

客套话，又称场面话，经常会被人当成"废话"而舍弃，像"今天天气不错"和"吃过了吗"这一类的话常常被人们认为是没有多大意义的废话，有些人不喜欢谈，也不屑于谈，认为为人处世实实在在些多好。但是，他们并不知道的是这看来好像是没有意义的客套话，却恰恰为社会活动做了必不可少的准备。就像一台机器要保证运转正常，就要时常添加一些润滑油一样。客套话就是一场交谈中的润滑剂，它能使彼此的交谈更为畅快，让双方在交流中更加融洽。

最常用的客套话就是恭维之语，也就是赞美对方。诸如去别人家做客，要谢谢主人的邀请，称赞菜肴的精美丰盛可口，并看实际情况，称赞主人的室内布置，小孩的乖巧聪明……赴宴时，要称赞主人选择的餐厅和菜色，当然感谢主人的邀请这一点绝不能免。参加婚礼，除了称赞菜肴之外，一定要记得称赞新郎新娘的"郎才女貌、珠联璧合"……

这些场面中的客套话一定要建立在尊重事实的基础之上，客套不是虚伪，也不是欺骗，而是一种"必要"。说好了客套话，不花钱、不费精力，却能换得一份人情。所谓"练好嘴上的功夫，畅通人生之路"，说的就是这个道理。

大学毕业在即，小陈和其他同学一样，开始张罗起了自己的求职事宜。有一天，她接到了一家公司的面试通知。那天去面试的还有另外十几个求职者。

一番相互询问过后，迎接所有人的都是面试人员的一句话："我们还要进一步考虑你和其他候选人的情况，如果有进一步的消息，我们会及时通知你。"

自此，面试便暂告一段落。

面试结束后，小陈便焦急地等待着结果。两个星期过去了，小陈接到了公司的录取通知。到了公司之后，小陈发现，那天面试的十几个人中竟然只有自己被招了进来。

进入公司半年后，在一个偶然的机会下，小陈才得知自己当初被录用的原因。原来机会正是源自于自己当初在面试结束时说的那句："很高兴认识您，与您谈话是一段很愉快的经历。非常感谢您给我这次面试机会。从这次面试中，我更加深刻地了解到了贵公司的企业文化、管理特点，并且十分欣赏，如果有幸被录用，我相信自己能在贵公司的学习中取得更大的进步。"

当初从网上的面试技巧中学来的一段话，没想到真的成了小陈获得工作的关键。

不管这样的话是真是假，相信面试官听到恭维公司的话时，一定会心里暖融融的。在众多的面试者中，大家对于专业方面的问题，回答几乎都大同小异。那么，想要给对方留下深刻、良好的印象，一段礼貌、得体的恭维语就显得尤为重要了。

不过，在说客套话时，要注意恭维的话语不要过多，点到为止最好，太多了就显得虚伪，还会妨碍主题。在说的同时还要留心对方的反应，当对方听到你的恭维显得不自在或不耐烦时，就不要再说下去了。

应酬的客套话应有很多种，只要我们在生活中留心观察，细心揣摩，就能掌握它的要领。只要掌握了说应酬话的艺术，就能在人际交往中如鱼得水。

客套话不仅仅适用于交谈的开始，同样适用于交谈的结束。

科学家研究发现，从记忆和生物学的角度来讲，一件事情发生的整个过程中，通常是开头和结尾给人留下的印象最深，甚至具有左右整个记忆的作用。

对于一般性的会面，人们在结束和他人的谈话时，都会说一句"再见""改天见""常联系"等作为谈话的结束语，这样的结束语自然比什么都不说强得多，但略显平淡，因此，如果想要锦上添花，对于结束语就有必要好好斟酌一番。例如"改天找个时间我们一起去打台球""以后到附近来办事，就到我家去，我好好招待您"。这样的结束语虽然未必能够真的实现，但在沟通场合中运用这种结束语，肯定会赢得他人的赞同，尤其是对陌生人而言。

说告别话的态度要真切、自然，防止出现草率或应付的神情，这样才能使对方有一种值得留恋的余味和友谊绵长的感觉。对初次来访的人，告别时更应周到、细致些，可主动向他们介绍附近的交通、住宿等情况。

常用的客套结束语是关照式的，比如，"刚才我把我知道的都告诉你了，但这事咱俩知道就行，最好别让别人知道，省得惹来不必要的麻烦。"以强调谈话内容的私密性和重要性，让对方感到彼此关系的不一般和亲近。

星期天下午，小秦家的客厅里一片欢声笑语，小秦在心里感慨，语言真是个神奇的东西，自己跟眼前这位同事认识才不过 10 天，此刻就已经聊得热火朝天了。

晚上，吃完晚饭，又看了一会儿电视之后，对方说："不早了，我要走了。"

"要走了？"

"嗯，你也早点歇着吧，改天再聚。"同事从沙发上拎起包来。

"好。"小秦是个利落人，干净爽快地说出这个字之后，便将同事送到了大门口，接着将门"砰"的一声关上了。

小秦的这一系列动作使得同事刚才还很舒心的感觉一下子抛到了九霄云外，心里顿生一股凉意。

之后，小秦本以为她以后跟这位同事会成为不错的朋友，却不想对方从此表现得不冷不热，即使小秦一再邀请，也再没登过她家的门。

小秦在那次会面中一切都表现良好，却失败在了少说了一句道别的客套话上。于是，热情变成了冷漠，送别也无意间带上了一种不耐烦和冷落他人的意味。这样在同事心中总会有所猜疑，原来畅谈甚欢的兴致，也就被那"砰"的关门声一笔勾销了。其实想想也是，估计多数人碰上了小秦这种"不拘小节"的表现，多少都会觉得心里不舒服。

所以说，说好了第一句话，就是摆好了龙头；说好最后的结束语，就等于给双方的谈话画上了漂亮的凤尾。有头无尾的交谈，是交谈的大忌。这绝不是危言耸听，一句成功的结束语，不仅能够让我们收获甜美的友情，有时还能为我们带来意想不到的收获。

语言训练心得

在生活中，我们总免不了要与陌生人打交道，那么，在彼此不甚了解的情况下，怎样才能让人快速接受你，并且不踩到对方的雷区呢？安全保险的客套话自然是个良选。

不管是哪种情况下的客套话，都要记住关键就是说得亲热、贴心，另外，要注意了解对方的现状，才能更好地消除距离感。平时说些客套话有益无害，但是，假如对方正在为了某件事而心烦，那么"你真有气质"之类的赞美就比不上"没关系的，很快就会好起来的"等鼓励之词更能博人欢心了。把安慰的客套话说到位，对方自然就会因感到宽慰和自在而对你好感倍增了。

交谈缺少了得体的客套话，就像一锅好菜缺少了盐一样，令人胃口大减，也影响了对厨师厨艺的评价。所以，客套话不仅要说，而且要说得巧、说得好。千万不要让沉默或者不恰当的客套话为你的交际画上句号。

声声有"你"，非"你"莫属

《红楼梦》中林黛玉初入荣国府，王熙凤来见林黛玉，拉过黛玉的手，上下细细打量了一回，仍送至贾母身边坐下，笑着说："天下竟有这样标致的人物，我今儿算见了！况且这通身的气派，竟不像老祖宗的外孙女儿，竟是个嫡亲的孙女儿，怨不得老祖宗天天口头心头一时不忘。只可怜我这妹妹这样命苦，怎么姑妈偏就去世了！"说着，便用手帕拭泪。

而当贾母笑道："我才好了，你倒来招我。你妹妹远路才来，身子又弱，也才劝住了，快再休提前话。"

之后，王熙凤立即话头一转，又说："正是呢！我一见了妹妹，一心都在她身上了，又是喜欢，又是伤心，竟忘了老祖宗。该打，该打！"

在这一段话中，王熙凤先是从夸赞林黛玉的花容月貌并感叹她的不幸身世开始，实际上也是在奉承老祖宗。她句句都是"妹妹""老祖宗"的一席话，既让老祖宗悲中含喜、心里舒坦，又叫林妹妹情动于衷、感激涕零。至此，就把初次见到林妹妹应有的悲喜爱怜的情绪抒发得淋漓尽致，表演功底实在是高。

《红楼梦》中那个"粉面含春威不露，丹唇未启笑先闻"的王熙凤就是深谙"话中有'你'"的高手。

曾经刊登于《福布斯》杂志上的一篇名为《良好人际关系的一剂药方》的文章中说："语言中，最重要的5个字是：'我以你为荣！'最重要的4个字是：'您怎么看？'最重要的3个字是：'麻烦您！'最重要的2个字是：'谢谢！'最重要的 1 个字是：'你！'""汽车大王"亨利·福特也曾说过："一个满嘴是'我'的人，是一个不受欢迎的人。"

小陶是个能言善辩的人，常常没事就与身边的朋友、同事唠家常，但就是这样活泼开朗的性格，却使得他在进入公司后很长一段时间里连一个朋友都没有交到。对此，他感到十分诧异，实在不明白问题出在哪里。

一个周末，小陶打电话向远在百里之外的一个朋友王炎诉苦。王炎帮他分析了其中的原因："你没发现一个问题吗？你在跟别人聊天的时候总是喜欢谈论你自己的事情，而对别人的事情丝毫不感兴趣。在咱俩这次通话的十几分钟时间里，几乎有90%以上的时间，你都在诉说自己的遭遇和故事。如果你平时也是习惯用这样的方式去与人交流，估计就是导致你缺少朋友的原因了。"

挂掉电话之后，小陶仔细回想了一下自己以往跟同事们的谈话，发现的确如王炎所说的一样。特别是在进入这家公司之后，由于自己业绩不错，又深得老板赏识，所以总是情不自禁地在同事面前炫耀自己的机遇和才能。

幸好，在王炎的一番指导下，小陶明白了过来。自那以后，小陶很少在同事和朋友面前夸耀自己了，也不再总是忙着诉说自己的故事，而是愿意主动去听同事和朋友们谈谈他们关心的事。久而久之，小陶的人气与日俱增，成了大家都愿意交往的受欢迎的人。

从上述故事中我们应该明白，话是说给别人听的，而不是自己一个人的表演。你若想博取别人的好感，就要避免以自我为中心，懂得维护他人的自尊心，非"你"莫属。为了照顾对方，要常把"你"字放在嘴边，做到声声有"你"。

所以，在交谈之时，要竭力忘记自己，不要总是谈个人的事情。每个人都很重视自己，也会希望别人重视自己，一定要从对方的心理入手，只有懂得去寻找对方感兴趣的话题，尽可能多的去谈论对方关心的事，这样才会受人欢迎。尤其是在与陌生人初次交往时，更要善于搞活气氛，表现出对对方的兴趣。

某位心理学家应邀到某地演讲，不料主办者之一却问他："请问先生的专长是什么？"他颇为不高兴地回答："你请我来演讲，还问我的专长是什么？"

即使只是见过一次面的人，事先多少都应该先收集对方的资料。换句话说，表现自己相当关心对方，这样必然能赢得对方的好感。若能记住对方的兴趣，记住对方说过的话，事后再提出来做话题，也是表示关心的做法之一。比方说是对方喜欢打篮球，在第二次、第三次见面时，不断地提供这方面的信息或是趣事，借此显示自己对于对方的兴趣很关心，结果必然使对方对你产生很大的好感。

或许有些人会认为这样做太过于功利主义，但事实绝非如此。此种做法的确出于对对方的关心，而去收集种种的信息。经常保持此种姿态，结果必然能将一般通用的话题化为己身之物。换句话说，以长远的目标来衡量，此种做法能成为表现自我的有力武器，延续对方对自己的好感和信任。

不论是谁，我们每一个人都渴求拥有他人的关心和爱护。对关心自己的人，一般都会有一定的好感。如果对方感觉到你对他的事情表示关注，那么他就会认为他在你心中已经有了位置。当他人关心自己时，尤其是能满足自尊心的关怀，往往立即转化为对关怀者的好感。如果第一次和别人交往就被关注，就能极大地满足对方的自尊心，这样会对你的人际关系建立有很大的帮助。

满足他人自尊心最佳的方法就是善意的建议。对方是女性时，可以说："你今天穿的衣服很漂亮"，只不过是句单纯的赞美词；若是说："如果颜色再稍微鲜艳些，看起来会更可爱"，对方定能感受到你对她的关心。

若是能不断地表示出此种关心，对方对你必然更加亲切信任。

还要善于发现对方的服装或使用物品一些微小的改变，不要吝惜你的言辞，立即告诉对方。比方说，同事小刘穿了件新西装时，"这款式不错！在哪儿买的?"像这样表示自己的关心，没有人会因此而不高兴。

在人际交往中，每个人都有得到尊重的心理渴望，这样的渴望使得我们总是愿意在聊天中谈论一些与自己有关的事情。然而很多事情也许在你看来意义重大，却常常不能引起别人的同感，甚至还会让人觉得好笑。例如一位年轻的母亲高兴地告诉你："我家宝宝会叫妈妈了。"你会和她一样高兴吗? 多半不会，甚至还会在心里嗤之以鼻："这么正常的事情，干吗大惊小怪?"

我们之所以会产生这样的想法，是因为人们通常只对与自己有关的事情感兴趣，而对于那与自己毫不相干的事情，大多数人都觉得索然无味。

所以如果总是在别人面前表现自己，只想别人对自己感兴趣，那么将永远不会有许多朋友。只有对对方表现出兴趣，用宽容互补的心理去接受他，永远将对方置于一个比自己更重要的地位上，你才能做到进一步了解他，才能迅速赢得别人对你的好感，这是扩大自己交际圈子的有效手段。

因而，若想获得对方的好感，对别人表示关注非常重要。你和陌生人打交道的时候，必须先积极地表示出自己对他人的关心。总之，要切记：聊天时，每个人都想聊自己。要使别人对"我"感兴趣就首先要对"你"感兴趣。

语言训练心得

让"你"永远比"我"重要：不妨讲对方得意的事。每一个人都有自认为得意的事情，这件事对他本人来讲，绝对是备感骄傲且值得纪念的。

可以在他人名片的背面将对方感兴趣的事物记录下来，再度见面时，自己就可提供对方关心的情报作为礼物，寻找到对方感兴趣的话题。与其说整理了人际资料或是不忘记对方，倒不如说是为了下一次见面做准备。

对方越是高兴不仅使对方感受到你的细心，也感受到你的关怀，转瞬间，你们之间的关系就会比以前更亲密。

用语言调节亲密距离，掌握说话的分寸

张弛新调到一个单位，他很想和同事们搞好关系，所以凡事总是热情主动。

一次，一位同事在家和太太吵架闹离婚。张弛听说后，以为同是一科室的，又都是年轻人，就"主动热情"地开导人家说："咳，离就离呗，现在这年月，离婚正常，不离婚不正常。你没听，现在朋友一见面都这样问：'离没？'……"张弛的话本属于半开玩笑的"无意"，可那个同事却听出"刺"来，认为张弛是"有意"对他奚落和嘲讽而大发脾气，弄得张弛很尴尬。

这一尴尬的产生就在于张弛没有掌握说话的分寸，对同事的心理性格等缺乏必要的了解，一相情愿地"热情主动"。结果说话不中听，让人扫兴不说，还引来误解。

与人相处，说话要讲究分寸。话太少不行，现代社会中的人大都属于社交型。那些少言寡语的人，会被大家看成不合群、不善交往，久而之，就会被大家所孤立、难以跟别人亲近。不过，话多了也不行，容易让别人反感，而且也容易让别人误解，认为你是个轻浮、不稳重的人，还容易落下个"乌鸦嘴"的名声。所以说，不多说一句，也不少说一句才是人与人亲密最理想的说话分寸。

讲究说话的分寸，就要懂得言谈的规范，一个有经验的交际高手总是会采用恰如其分的礼仪。在与人交谈中，适当的恭维与赞美是十分必要的，因为适当的恭维可令对方无限喜悦，对谈话起到润滑的作用，拉近双方的距离。

如对一位人见人爱的美女，您除了赞美她的容貌外，不妨着重赞美她的其他优点，比如聪明、活泼、温柔等。因为她很可能对于"美如春花""漂亮无比"之类的套话听得厌倦了。

我们要真诚地面对一切，真诚而恰到好处的恭维，一定可以打动对方的心。若是毫无诚意地胡乱恭维，则只会令人尴尬和反感。若是天花乱坠，硬要将一位相貌平平的女人说成"太美丽了""真漂亮"，则很可能引起她的不快，因为每个人对自己的长相都是心里有数的，不美，你硬要说成美，怎不令人反感呢。

我们这里说的坦诚主要指一种能够冷静地不卑不亢地对一切都不背转头去的直面生活的态度，而这种态度的表达还需要我们在权衡利弊的基础上采取正确而有效的说话方式。朋友帮你做了件小事，你可以说："成人之美，谢谢了！"这种恭维她会照单全收；但你若夸张地说："您对我恩同再造，我铭感在心，永世不忘。"朋友不吓跑才怪呢。

因此，恭维要适可而止，恰到好处。多用滥用只会令其流于形式、流于虚伪。

说话的分寸拿捏不准，尤其是随便说话，对于双方关系的害处是非常多的。生活中经常有朋友向你诉说自己的隐私，你说话时偏偏在无意中说到他的隐私，说者无心，听者有意。即使再好的朋友，他也会认为你是有意跟他过不去，从此对你心存顾忌，使你们的交往出现瑕疵。

有句老话叫做"祸从口出"，为人处世一定要把好口风，什么话能说，什么话不能说，要心中有数。无意中知道了别人的隐私，如果你与对方非

第**2**天 社交语言课：用语言为你的人脉开路吧

——拓展人脉的语言技巧

45

常熟悉，绝对不能向他表明你绝不泄密，那将会自找麻烦。唯一可行的办法，只有假装不知，若无其事；如果他有阴谋诡计，你却参与其事，代为决策，帮他执行，从乐观的方面来说，你是他的心腹之友，而从悲观的方面来说，你是他的心腹之患。

掌握说话的分寸，不能走极端。一些人由于"怕"而言行畏缩，讲话支支吾吾遮遮掩掩；而另一些人索性板起面孔摆出一副"别理我，烦着呢"的"深沉"模样。这都会对正常交际形成阻碍。在无法正常沟通的人际关系中，误解就极易产生。

语言训练心得

不管你是个喜欢路见不平、拔刀相助的"英雄"，还是个"事不关己，高高挂起"的"世外闲人"，你想保持人与人之间亲密的关系长期相处下去，就需要掌握与人交谈的艺术，尤其是要把握说话的分寸，在周围人中间塑造一种受欢迎和被欣赏的形象和说话风格。那么，彼此也会增进了解，加深友谊。

潘多拉的钥匙：适当的话题

销售员陈美佳向一位陌生人推销产品，看到他的墙上挂有"制怒"二字，得知对方希望能克服易怒的缺点。陈美佳便问他："您平时很爱发脾气吗?"对方说："我的确易冲动，可明知自己有这个毛病，还是控制不了，为了提醒自己，就把"制怒"这两个字挂到墙上。"陈美佳就从这个话题谈起，先表示了理解之情，继而说了自己的看法，对方也聊了些感想。两个人感觉很投缘，迅速缩短了彼此的距离，竟有相见恨晚之感。自然，这次推销产品也就很顺利。

这次销售的成功，有赖于销售员知道如何制造双方的话题，让彼此陌生的俩人有了进一步的交流，甚至成为朋友。

网络上曾流行过这样一段话："所谓的好朋友，就是面对面坐着，即使很长时间都不说一句话，也不会觉得尴尬。"但是真正的朋友又怎么可能找不到共同的话题呢？试想一下，当你遇见朋友或熟人的时候，因找不到话题而冷场，那实在是一个相当尴尬的局面。所以，学会打开对方的话匣子才能够使交谈顺利地进行，对交际的效果起着基础性的作用。

很多人面对陌生人会感到拘谨，由于彼此生疏，不少人不知道该与对方聊些什么话题。恰当的话题对双方交谈的效果起着重要作用，话题决定了交谈的方向、内容，影响着谈话的氛围。因此，交谈中寻找恰当的话题就显得尤为重要。要想与陌生人初次交谈获得成功，我们必须学会没话找话的本领。一旦找到了好话题，就能令谈话顺利展开，并且形成融洽的气氛。

要想令对方感到投缘，双方应确立共同感兴趣的话题。

有人以为，素昧平生，初次见面，何来共同感兴趣的话题？其实不然。生活在同一时代、同一国土，只要善于寻找，何愁没有共同语言？即使是一位小学教师和一名泥瓦匠，从表面上看似乎没有丝毫相同之处。然而如果这个泥瓦匠是一位小学生的家长，那么两人之间就有某种关联了，双方可以就如何教育孩子互相交流；又或者如果这个小学教师正需要装修房子，那么双方可以就如何购买材料等问题进行探讨。

另外，我们还可以通过别的事物，找到双方的共同话题。比如，当看到陌生人手里拿着一本厚书时，我们可以说："这么厚的书啊！你一定十分用功！"对方就会对这本书顺便发表看法，话题便因此得以展开。

再如，某男士在汽车保养场工作，他同女友见面时一直谈着汽车零件或机械构造方面的事，那一定会使女友听得发呆，不知应该从何答起。所以，聪明的人应该站在关怀对方的立场去和对方交谈，诸如，身体健康情况、工作是否愉快、询问其工作中的趣事等，无论如何，关怀对方总会令对方觉得愉快。

跟陌生人交谈时，只要善于观察，交谈双方就不难发现彼此有相同或相似的地方，这样会越谈越投机，从而迅速拉近彼此的距离，增进感情。

其实，打开对方话匣子不难，因为可以交谈的话题就在你身边。这时最方便的办法，就从当前的事物，即双方都同时看到、听到或感到的事物中，找出几件来谈。在车站，在车厢，耳目所及，有众多的事物，如果你稍为留意，不难找出一些对方可能发生兴趣的话题：也许是车站上面的巨幅的广告啦，也许是同车的外国游客啦，也许是路旁驶过的豪华的轿车啦，也许是天空飞过的新型的客机啦……

甚至于在对方的身上，都可以找到谈话的题材。当一个刚认识的朋友作完自我介绍时，你可以就势从他的名字上谈起。可以重复对方的名字，询问具体是哪几个字，对对方的名字给予美好的诠释或夸奖等。你可以和他谈谈他的孩子；如果他新买了一架钢琴，你就可以和他谈谈钢琴；如果他的窗台上摆着一个盆景，你就可以跟他谈谈盆景。

凡是这一类眼前的事物，最容易引起人们的注意，只要其中有一样碰巧对方很有兴趣，那么，谈话就可以得到继续和深入的机会。

当交谈中断的时候，不要心急，也不要勉强去找新话题，否则会引起不必要的紧张，反而什么也想不出来了。要知道我们的大脑总是在活动着的，你还可以在交谈时先提一些一般性的问题，以便投石问路，提到某个话题时，你可以说："我上一次也和某人谈论过这件事……"这样，就可说另一个新话题了。这样对方就会打开话匣子，积极投入到交谈之中。

现实生活中，不是所有的话题都能引起对方的兴趣，灵活地转换话题也是一件很重要的事情。即使面对一个最好的话题人也会有兴趣低落的时候，这时，善于交谈的人就懂得在适宜的时机转换话题，不使别人生厌。

但要注意的是，不管是跟熟人还是跟刚认识不久的新朋友聊天时，都不要一直采用一本正经的说话方式，这样会让人觉得太过乏味、拘束。在和他人交谈时，我们若能恰到好处地流露出好感，或肯定其成绩，或赞美其品质，或同情其遭遇，或安慰其不幸，就会迅速赢得对方的好感，使对方产生一种一见如故的感觉。

在美国爱荷华州的达文波特市，有一个很受欢迎的服务项目——全天候电话聊天。据统计，每个月有近两百名孤单寂寞者参与这个服务项目。他们喜欢接听这个电话的心理专家说："今天我也和你一样感到孤独、寂寞、凄凉。"因为这能使他们迅速产生共鸣。这句话充分表达出对孤单寂寞者的同情和理解，因此，许多人都愿意把自己的心里话向接电话的心理专家倾诉。

总之，此类表示赞赏和重视的言语，都是博得对方欢心、拉近彼此距离的妙招。

无论你多么善于及时发掘适合交谈的题材，毕竟还需要对谈话的题材有相当的积累，否则，巧妇是难为无米之炊的。不过，即使你真的无话可说的时候，也不必因此而感到自卑和不安，世界上没有一个人是无所不知、无所不晓的。在这种时候，你不妨静静地坐着，仔细地听别人讲，记住他们的话，比较他们谈话的优劣。有什么不明白的地方，设法提出适当的问题。

这样，到了第二次，又遇见同样的话题的时候，你对这方面就不是一无所知了。

要加深感情，必须要找到恰当的话题。当你与一个新朋友相对而坐或者并排而立时，还是放弃"眉目传情"和"心领神会"，找个话题说点什么吧。但千万不要为了说话而去说话，诸如"今天的天真蓝啊"之类的话绝对起不到改善气氛的效果，反而会使场面变得更尴尬。合适的谈话内容有利于彼此间思想感情的交流与沟通，有利于拉近彼此之间的距离。

▸▸▸ **语言训练心得** ◂◂◂

在社交过程中，寻找合适的话题可从以下几个方面入手：社会的热门话题、双方的爱好、双方的工作内容、彼此的经历、双方的发展方向、家庭状况、对人生的理解、子女教育等。

寻找好交谈的话题后，在交谈的过程中还要注意以下几点：

1. 谈话要有悬念；

2. 多用肯定语气；

3. 以开放的心态对待各种信息；

4. 满足对方的优越感；

5. 要注意语言环境。

让你受欢迎的秘诀：多说让人感受到关心的话

从美国南北战争结束一直到第一次世界大战的前五年，查尔斯·伊里特博士一直担当着哈佛大学的校长。有一天，一名一年级的学生克兰顿到校长室去借 50 美元的学生贷款，这笔贷款获准了。下面是这位学生后来在一篇文章中的叙述——"伊里特校长说，'请再坐会儿。'然后他令我惊奇地说：'听说你在自己的房间里亲手做饭吃。我并不认为这坏到哪里去，如果你所吃的食物是适当的，而且分量足够的话。我在念大学的时候，也这样做过。你做过牛肉狮子头没有？如果牛肉煮得够烂的话，就是一道很好的菜，因为一点也不会浪费。当年我就是这么煮的。'接着，他告诉我如何选择牛肉，如何用文火去煮，然后如何切碎，用锅子压成一团，冷后再吃。"

就是由于对别人的事情同样强烈地感兴趣，使得查尔斯·伊里特博士变成有史以来最成功的大学校长之一。

平常我们会说很多废话，这更容易使我们产生错觉：说话嘛，有什么重要的，小事一桩。事实上，这是因为他没有尝试多说一些关心他人的话，一旦这种关心被他人真切地感受到，情况会大不一样。

一个似乎一点都不重要的人，却帮了新泽西强森公司的业务代表爱德华·西凯的忙，使得他重新获得了代理商的职务。"许多年前，"爱德华·西凯回忆说，"在马萨诸塞地区，我为强森公司拜访了一位客户。这个经销商在音姆的杂货店。每次到店里去，我总是先和卖冷饮的店员谈几分钟的话，然后再跟店主谈订单的事。有一天，我正要跟一位店主谈，但他要我别烦他，他不想再买强森的产品了。因为他觉得强森公司都把活动集中在食品和折扣商品上，而对他们这种小杂货店造成了伤害。我夹着尾巴跑了，然后到城里逛了几小时。后来，我决定再回去，至少要跟他解释一下我们的立场。

"在我回去时，我像平常一样跟卖冷饮的店员打了招呼。当我走向店主时，他向我笑了笑并欢迎我回去。之后，他又给了我比平常多两倍的订单。我很惊讶地望着他，问他我刚走的几小时中发生了什么事。他指着在冷饮机旁边的那个年轻人说，我走了之后，这个年轻人说：'很少有推销员像这样，到店里来还会费事地跟他和其他人打招呼。'他跟店主说，假如有人值得与他做生意的话，那就是我了。他觉得也对，于是就继续做我的主顾。我永远都不会忘记，真心地对别人产生点兴趣，会是推销员最重要的品格——对任何人都是一样，至少以这件事来说是如此。"

一个人要是对别人真诚地感兴趣的话，哪怕你一句极平常的话，也可

第2天 社交语言课：用语言为你的人脉开路吧
——拓展人脉的语言技巧

51

以从即使是极忙碌的人那儿得到注意、时间和合作。

语言训练心得

　　成为一个受欢迎的人并没有人们想象中那么困难，只要真诚地对待他人、关心他人，并让对方感受到你的真诚，那么即便是很普通的话也能够带来出乎意料的效果。

第 3 天

说服技巧课：用你的话牵着他的鼻子走

——说服的语言技巧

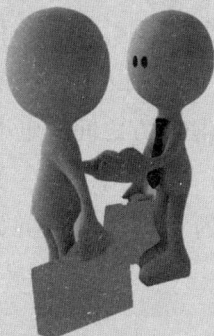

态度决定一切：态度尊重才更易说服对方

一次，为了庆祝居里夫人的生日，她的丈夫彼埃尔用一年的积蓄买了一件名贵的大衣送给爱妻作为礼物。

居里夫人看到大衣时，既感激丈夫对自己的爱，又觉得这样贵重的礼物显得很奢侈，甚至有些浪费。

爱怨交集之下，她对丈夫说："亲爱的，十分感谢！这件大衣确实是谁见了都会喜爱的，但是我要说，幸福是内心的一种感受，假如你送我一束鲜花祝贺生日，对我们来说就好得多。只要我们永远一起生活、战斗，比你送我任何贵重礼物都要珍贵。"

丈夫从妻子的一席话中既了解到了妻子的感动，同时也意识到，花那么多钱买礼物对当时实验经费紧张的他们来说的确不太合适。

俗话说得好："怎么说要比说什么更重要。"居里夫人没有带着批评的态度，语气强硬地指责丈夫浪费，而是用委婉轻柔的语气说服丈夫节俭，让对方接受。

态度决定一切，说服他人也不例外。为了让对方尽快地接纳自己，听从自己的意见，最重要的是要尊重对方，这才是最完美的说服方法。

在人们的日常生活中，说服别人是一件很难的事情，如果处理不好，不仅无法说服对方，反而会使双方之间产生不必要的矛盾。在说服对方的过程中，切忌不要把对方当成"机器人"，可以由你随意操纵。只有学会尊重他人，能够站在对方的立场来对待问题，才有可能从根本上解决问题。

一位顾客来到一家百货公司，要求退一件外衣。但售货员发现这个衣服已经被穿过了，不能再做退换。

但是，那位顾客拒不承认，一直辩解说："我根本没有穿过，绝对没有。"坚持要求退换。

这时，服装店的店长姚女士走了过来，检查了外衣之后，发现确实有明显干洗过的痕迹。但是，既然顾客已经说过"绝没穿过"，而且精心伪装成没有穿过的痕迹，那么，再直截了当地向顾客说明这一点，顾客也不会承认了，这只会让争执越来越激烈，影响店里的其他生意。

于是，姚女士说："我绝对相信您的话，这件衣服您肯定没有穿过。但我很想知道您的家人是不是把这件衣服错送到干洗店过？因为不久前我家就发生过一件同样的事情，我把一件刚买的衣服放在沙发上，结果我丈夫没注意，把这件新衣服和一大堆脏衣服一股脑儿塞进了洗衣机。所以，您可以回忆一下，是否也遇到过这样的事情。因为这件衣服的确看得出已经被洗过的明显痕迹，您跟其他衣服一对比就会发现了。"

话说到这里，顾客一看露馅儿了，便立即顺着姚女士说："那倒是很有可能，前两天我丈夫确实到干洗店洗过一些衣服，那我回去问问他吧！"说完，便拿起衣服急匆匆地离开了。

姚女士的聪明之处就是在于她既让顾客在证据面前无可辩驳，又站在顾客的立场考虑问题，给对方一个台阶下。正是因为姚女士将话说到顾客的心里去了，才使得对方不好意思再坚持，因而成功说服顾客不再坚持退换。

许多研究者都发现，"认同"是人们之间相互尊重的有效方法，也是说服他人的有效手段。如果你试图改变某人的个人爱好或想法，你越是使自己等同于他，你就越具有说服力。正如心理学家哈斯所说的那样："一个造酒厂的老板可以告诉你一种啤酒为什么比另一种要好，但你的朋友，无论是知识渊博的，还是学识疏浅的，却可能对你选择哪一种啤酒具有更大的影响。"而尊重的态度则是说服的前提。

如果提出的是反对性意见，有人就会说，这到哪里去找共同点呢？其实不然，共同点是不仅仅局限于方案的内容本身的，还在于培养共同的心理感受，使对方愿意接受你。而且，可以说，越是你准备提出反对，你就越可能招致敌意，因而越需要寻找共同点来减轻这种敌意，获得对方的心理认同。

美国第16任总统林肯，曾经以一句"为人民而创造的政治"之名言，掌握住了民众的心。林肯总统在面对需要说服的场面时，都会说："我在开始发表意见时，总会将彼此意见的共同点寻找出来。"林肯在他著名的奴隶解放演说中，最初30分钟，只叙述一些持反对态度者所赞同的意见，然后再将反对者按自己的目标逐渐地拉到自己这边来。

林肯在演讲的前30分钟，先巧妙地软化敌人，也就是在一开始时就先强调敌我之间的共同点，引导对方使其接受。如果从一开始就强调对立的立场，不尊重对方的意见，彼此间的鸿沟就会越来越深，而演变成"如果你有那种想法，那我只好和你拼了"的局面。当对方有了这种心理状态时，你是绝对无法说服他的。

有经验的说服者，他们常常事先要了解对方的一些情况，并善于利用这点已知情况，作为"根据地""立足点"，然后，在与对方接触中，首先求同、随着共同的东西的增多，双方也就越熟悉，越能感受到心理上的亲近，从而消除疑虑和戒心，使对方更容易相信和接受你的观点和建议。否则，如果对方不信任你，即使你提出的动机是良好的，也会经过"不信任"的"过滤"作用而变成其他的东西，这种东西往往是被扭曲了的，带有怀疑主义的色彩，这使得他不可能很理智地去分析你的意见和建议，你的每一句话都会与你的"不良"动机被联系在一起。

要说服对方，首先应冷静听取他的意见，尊重对方是你说服他的先决条件。认真听取之后，你再以"正如您所说的那样，不过……"的方式陈述己见。此时，你的言行已使对方产生错觉，认为你已接受了他的意见。因此，他对你的建议，也愿认真听取了。博得了对方对你的好感和信赖，问题便有可能圆满解决。然而，你若不顾对方如何，只一味力陈自己的反对意见，要想说服对方几乎是不可能的。

在与要说服对象交谈的过程中，首先接纳对方的观点，然后再旁征博引地削弱它，是一个尊重对方的好办法。生活中，由于不同的人有不同的人生观、价值观，对待生活和看待问题的态度也各不相同，因此，不同的人也会有不同的观点。在这些观点中，有的很容易理解，而有的则令人摸不着头脑。对方在向你抛出他自己的各种观点之后，即便你不认可这些观点，你也不要先予以一口否认，而要通过引用一些其他人的观点，或者引用一些你自己的想法来削弱这些观点的立论基础，最终使得对方向自己的观点靠拢。通过这种方式，既尊重了对方又改变了对方，最终获利的是自己。

语言训练心得

大量的说服事例表明，因说服而使矛盾更加激化的情况，主要有两种：第一种是强化了对方本来就不该有的消极情绪，从而火上浇油，扩大了事态。第二种是"惹火烧身"。因说服方法不当，激怒了对方，使对方把全部的不满和怨恨情绪都转移到了你身上，你成了他的对立面和"出气筒"。

经验告诉我们：要成为一个有修养的说服者，就要有涵养、有博大的胸怀和宽厚仁义的品德。尊重说服对象，从对方所赞同的观点入手进行说服，绝不可为了顾全自己的面子而反唇相讥，以牙还牙，使玉帛变干戈。

请君入瓮——诱导式说服术

风和日丽的早上，一个青年人在路旁晒太阳，一个农夫经过看见了就批评他说："这么好的天气，你不去努力工作，反倒在这里晒太阳，真是可惜。"

青年人说："呵呵，我根本就不用去急着操劳，因为我很快就会去学一门别人不会的独门技术。它不仅容易掌握，还可以赚大钱，有了这样的本事，我当然可以好好享受阳光了。"

农夫大笑道："这简直就是个笑话，假如没有人学过，那么你向谁去学呢？如果是方便好学的技术，那大家都会了，又怎能赚到大钱呢？如果方便好学又没有人去学它，那就一定是天底下最没有用的技术了。所以，你的想法不过是一场美梦罢了。"

几句话过后，青年人立刻哑口无言了。

农夫对青年人的说服实际上就是比较简单的诱导，只是进行了一个正推和反推，就轻松地让对方臣服于自己设想的答案之中了。

在说服对方的时候，因为立场不一而产生激烈的争辩是在所难免的。如果能先做到让对方迷失方向，糊里糊涂地被牵着走，那么，胜利的把握就能提高很多。如果在说服过程中，说服的一方特别强调自己的优点，企图使自己占上风，对方反而会加强防范心。我们必须采取一些措施，一步步引诱对手自己跳进来，然后一举将其击溃。登山之路，迂回曲折，多绕一点路，却能顺利到达山顶。以诱导技巧说理，尽管多费一点口舌，但能使对方心悦诚服。这些口舌费得有价值。

诱导说服的关键就在于"诱"字，立足在"导"字。和别人的谈话要诱得巧妙、导得自然，这样才能请君入瓮，从而达到你的目的。

首先，在说服他人的过程中，你需要有个明确的目的，做到有的放矢，所有诱导内容都要紧紧地为总目的服务。否则就会显得十分散乱，而且越跑越远，达不到说服的效果了。

在一家广告公司负责广告创意的温小姐一直对自己的创意比较有信心，特别是对于近来新设计的一个方案更是喜爱无比。但是，这个方案却没有得到上司的认同，经理只草草地看了一遍便语气随意地说："你这个创意表现手法太过直白，没有新意，我认为应该做得更含蓄一点，这样会显得更有档次。"

温小姐对经理没有认真看方案便轻易提出反对意见的做法很不满，但她没有直接反驳，而是很尊重地说："经理，您经验比我丰富，您的方案一定有它的优点。但是我想请教经理一个问题：新产品刚刚上市时做广告的目的是什么？"经理回答说："这个早就讲过，让消费者尽可能地了解新产品。"温小姐穷追不舍："对啊，可是怎么才能让消费者通过广告了解到新产品更多的信息呢？"经理一时语塞了。

温小姐乘机连忙微笑着说："经理，含蓄的手法的确很显档次，但因为这次的产品是新上市，我担心太过含蓄的话会使消费者了解得不够全面，甚至看不明白。而直接的广告表现手法则能让消费者迅速了解到新产品的特性，印象也更为深刻。而且不用担心广告不够吸引人，因为我们这个产品本身就是个很好的卖点，不是吗？"

见经理听得一脸认真，温小姐继续谦逊地说："当然，这仅是我个人的观点，有不成熟的地方还请经理指正，如果您还是觉得含蓄一点更好的话，我马上拿回去修改。"

经理听温小姐这么一说，觉得她的想法的确有可取之处，考虑了一下，就同意了她的创意方案。而且，自那以后对她刮目相看。

温小姐避重就轻，避开了经理对方案的轻率意见，有意和他弄清楚新品广告的意义，再诱导经理层层深入地意识到自己的错误，达到了说服的目的。这样的方式就叫做诱导式说服。

通常在遇到与上述类似的情况时，不妨先尊重对方的不同意见，再以退为进达到说服的目的。耶稣曾说过："赶快赞同你的反对者。"你可以说"我有另外一种看法"、"好吧，让我们来探讨一下"或是"我的意见不一定正确，如果我错了，还请指正"之类的话，这会让别人接受起来显得容易得多。如果能够再进一步，在巧妙地诱导中让对方自己说服自己，感觉意愿完全是出自自己的内心，那么，说服就会显得更加完美了。

诱导就像是设计一座高楼一样，要有整体的蓝图，要有具体的分部计划。其实，说服的过程是说服者对被说服者进行攻心战的一个过程，也是被说服者心理渐变的过程。因此，每一步怎么说话、怎么诱导、怎样发问等，在谈话之前就要考虑清楚。只有这样才能做到环环紧扣、步步深入，诱使对方入瓮。

俄国十月革命刚刚胜利的时候，由于对沙皇恨之入骨，很多农民组织起来涌向了沙皇住过的宫殿，决定要将它摧毁。任凭工作人员如何劝说，农民们都坚决不改变主意。面对这种状况，列宁决定亲自出面做说服工作。

列宁对农民说："烧房子可以，但大家在烧之前能否听我讲几句？"

农民说："好。"

列宁问道："沙皇住的房子是谁造的？"

农民说："是我们造的。"

列宁又问："那我们自己造的房子，不让沙皇住，让我们自己的代表住好不好？"

农民齐声回答："好！"

列宁再问："那么这房子还要不要烧呢？"

只见农民们纷纷放下了手中的火种和工具，就这样，房子被保存下来。

列宁采用有步骤的诱导方式，意在点醒百姓，使农民从对沙皇的仇恨和愤怒的情绪中解脱出来，换了一种理智的思维来思考问题，才最终使农民们放弃了烧房子的想法。

运用"层渐递进"的诱导说服技巧，从理论上讲，符合心理学的基本规律。因此，这种诱导方式最好能直接关系到对方的利益，这样才能最快地达到最好的效果。

重要的是每步诱导中，对方会有什么反应，可能会出现几种情况，怎样随机应变，要事先做好预料。这样才能使自己的诱导不变成"哑炮"，一个人唱独角戏。要使自己的诱导能引出对方的话，开启其思路，就要预作通盘打算。

王鹏是一个非常好客的人。一天，王鹏家里来了客人，他自然准备好好招待，于是，便嘱咐儿子出去买一瓶茅台酒回来招待客人。

就当王鹏做好了一桌子菜，打算跟朋友开怀痛饮时，却发现儿子买回来的茅台酒竟然是假货。这样扫兴的事情让王鹏恼怒极了。他一把抄起酒瓶，打算在儿子的带领下去跟卖家讨个说法。

走在路上，王鹏想：如果直接进去辩论，店主一定不会承认。于是，到了店门口，他让儿子拿着酒躲在门外，自己先走了进去。

"老板，来瓶茅台酒。"王鹏一进门便冲店家喊道。

店主急忙将一瓶茅台酒递到了他的手上，王鹏接过酒仔细打量起来，自言自语道："最近的茅台酒假货多，可得好好看一看。"

店主马上笑着接话道："您在我这买尽管放心，我都卖了这么久了，绝对没有假货。"

王鹏叹着气说："上次我在外地的一家很像样的店里买了一瓶茅台酒，店主也说绝对没问题。谁知拿回家一尝，连二锅头酒都比不上，现在这事都没准。"

店主故作气愤地说："哟，这不是坑人吗？那你去找他啊！"

王鹏苦笑道："当时没发现，过后谁还认账啊？"

店主惋惜地说："这倒也是，就当买教训吧！"

王鹏说："现在这人，就算当场被发现了也不见得认账。"

店主头头是道地指教说："那不能。不是还有工商局管着吗？人赃俱获，谁不怕啊？"

这时，王鹏向躲在门后的儿子招招手让儿子拿酒进来，往老板面前一放："那这个您看该怎么办吧？"

店主一下傻了眼，急忙赔笑脸："好商量啊，好商量，我马上给您退款！"

在这里，王鹏考虑到每步诱导时，对方会怎样讲，然后逐步演绎推理：怕买假酒——买了假酒没办法——老板支招——以己之矛攻己之盾，从而做到随机应变，最终在他诱导的下，让老板主动解决问题。环环相扣，将对方一步步引到了自己设置的"瓮"里。

另外，不仅要自己学会设"瓮"，还要防范陷入对手设置的"瓮"中。防范这种事情发生的有效方法，就是要时刻保持警惕和思维的活跃性，不要轻易地相信那些轻而易举获取的信息。许多信息看起来似乎没有多大问题，其实是将你引入歧路的诱饵。一旦我们一时疏忽，随着对方设置的迷局步步前行，就会将自己置于十分被动的位置上，随时都有掉进对方备好的"瓮"中的可能。

总之，用诱导技巧说服人，要认真构思，事先把各个环节想清楚，谈话中又要针对实际情况，灵活应变。先为对方设一个陷阱，让他在谈话的过程中，糊里糊涂地自己跳进来，从而达到自己的办事目的。

语言训练心得

每个人都有自己独立的思想，没有人喜欢接受推销，或被人强迫去做一件事。说服不是劝降，而应该像一次招安一样，先改变对方的心理意识，再完成说服的目的。千万不要把自己的观点强加给别人，应先点明自己的缺点和不足，暂使对方产生优越感，然后再提出相应的要求，那么对方就很容易接受。

所以，即使达不到有效劝服别人的目的，聪明的人也不会把自己的意见强加给别人。因为他们知道，要想通过说服某人来达到某些目的，事先征询意见比自己擅自做主、把意见强加给别人要好得多。

事实胜于雄辩

球王贝利在很小的时候就显示出了足球的天赋，并且经常参加各种比赛，取得了不俗的成绩。

有一次，在取得了一场球赛的胜利后，为表庆贺，球员们每人将一支烟叼进了嘴里，并发给了小贝利一支。贝利见状，想都没想就将烟点燃抽了起来，看着淡淡的烟雾从嘴里喷出来，他觉得自己很潇洒、很前卫。不巧的是，这一幕被前来看望他的父亲看在眼里。

晚上，回到家中，贝利的父亲问他："你今天抽烟了？"

"抽了。"虽然知道父亲肯定会不高兴，但小贝利并没有撒谎，而是红着脸，低下了头，准备接受父亲的训斥。

然而，贝利预想的斥责却并没有袭来，父亲只是摸着他的头温和地说："孩子，你球踢得不错，我想你一定也希望自己能成为一名专业的优秀球员对吗？""是的，父亲。"

"我相信，如果你勤学苦练，将来会有出息。但是，你应该明白做一名优秀的足球运动员的前提就是要具有良好的身体素质。今天你抽烟了，也许你会说，我只是第一次，以后不再抽了。但你应该明白，有了第一次便会有第二次、第三次……仅仅一根，不会有什么关系的。但天长日久，你的身体就会越来越糟，那么，你的足球梦也就会越来越遥远了。作为父亲，我有责任和义务教你放弃不好的习惯，但到底是向好的方向努力，还是向坏的方向滑去，是愿意在烟雾中损坏身体，还是愿意做个有出息的足球运动员，都取决于你自己。假如你愿意放弃梦想，选择抽烟的话，我也不反对，那这些钱就作为你抽烟的费用吧！"说完，父亲将一沓钞票递给了贝利，转身走出了屋子。

望着父亲远去的背影，小贝利仔细回味着父亲的话，不由得掩面而泣。过了一会儿，他止住了哭泣，拿起钞票，还给了父亲。自那之后，贝利便一直保持着不抽烟的好习惯。

和风细雨的透彻分析，往往要比歇斯底里的横加指责要管用得多。因为，当一种观念进入心底很长时间时，有时外人用话语的确难以使其改变。此时，也许只能用事实这种最有力的武器来说服他了。只有将事情的利害关系清楚地摆明，他们才会因为醒悟而做出正确的判断和改正。

这种用事实的说服法不仅适用于劝说别人改正错误，也适用于说服别人接受自己的意愿。

1977 年 8 月，克罗地亚人劫持了美国环球公司从纽约拉瓜得机场至芝加哥奥赫本的一架班机，在与机组人员僵持不下之时，飞机兜了一个大圈，越过蒙特利尔、纽芬兰、沙浓，最终降落在巴黎戴高乐机场。在这里，法国警察打瘪了飞机的轮胎。

飞机停了 3 天，劫机者同警方僵持不下，法国警方向劫机者发出最后通牒："喂，伙计们！你们能够做你们想做的任何事情，但美国警察已到了。如果你们放下武器同他们一块回美国去，你们将会判处不超过 2 ~ 4 年徒刑。这也可能意味着你们也许在 10 个月左右释放。"

法国警察停顿片刻，目的是让劫机者将这些话听进去。接着又喊："但是，我们不得不逮捕你们的话，按我们的法律，你们将被判死刑，那么你们愿意走哪条路呢？"劫机者被迫投降了。

劫机者一方面因为机组人员的反抗和警方的追捕而无法达到预定的目的，另一方面由于不清楚警方的态度而不敢轻易放下武器，陷入了进退两难的痛苦局面。法国警察在劝说中明确地向对方指出了两条道路：投降或者顽抗，投降的结果是 2 ~ 4 年的徒刑，而顽抗的结果只能是死刑。面对这两条迥异的道路，劫机者早已心慌意乱，而稍有头脑之人也能够权衡出两条路孰好孰坏，投降自然也就是顺理成章的事。

所以，当你想要劝说某人时，应当告诉他所得到的好处和会面临的现实，当把这些明确地摆在对方的面前时，说服就会变成一个让对方心甘情愿去接受的事情。

不论个人行为还是国家大事，一个人最关心的往往是与自己有关的一些利益，人们毕竟生活在一个很现实的社会里。要想说服他人，改变一个人对一件事的偏见，就要找到与他观念相悖的事实，自然而然地引进这个事实，让他明白其中的利害关系，并在时机成熟时阐述它、发挥它，使之真正成为你的有力论据。

比如，作为公司的上司，如果某天你要给一位员工指派并不容易的工作，他多半会不大乐意接受。但是，在你看来，这份工作又非他莫属。此时，这位员工是否接受这项工作就关系到事情的成败。所以你的说服就一定要找到关键点，让他明白事情的重要性以及你的信任和他将有可能得到的好处。这样才能让对方心甘情愿地接受，并出色地完成任务，说服、教育的目的才可以轻而易举地达到。

可见，最有效的说服，是要抓住一个关键点：用事实说话。做到了这一点，说服就会变得轻松自然而且能深入人心了。若要改变一个人对另一个人的偏见常常要难得多。但用同样的方法也可以做到，只不过需要更长的时间，更多的坚持，也即积累更多的事实。让事实说话，让说话的声音更强大。

只要你站在正义的一方，大可不必怕这怕那不敢说话，而是应大胆地说清事实，摆明道理，让他气短，让他理亏，最后让他服输认错。

语言训练心得

人们在进行说服工作时，一定要注意这样的事情，有时一个人坚持一种想法，绝不是偶然的，他必定有自己的理由，而且他讲的道理一般都符合集体的利益或人之常情。但这常常不是他的真实想法，他的真实想法怕拿出来被人瞧不起，难于启齿。如果人们能真正了解对方的"苦衷"，就能有针对性地加以解决。

运用事实充分交流法进行说服，可以打破僵局，增进了解，使说服更加有力。因为事实本身可以使自己言重如山，取信于公众。采用事实充分交流法进行说服，要求在说服前准确地把握事实，说服中巧妙地运用事实。

巧言激将，说服对方

排球名将孙晋芳少年时代在苏州业余体校训练，曾经有一段时间，孙晋芳突然感觉自己对每天辛苦而枯燥的训练感到十分厌倦，积极性降低了很多，甚至有了要退出训练的想法。

教练多次登门劝说都没有效果，见她如此任性不听劝服，教练就气愤地嚷道："看来你真不是块打排球的料子！"说完，便骑车离去了。

一听这话，孙晋芳心想："哼，你竟这样小看我！你说我不行，我非要做出成绩来给你看看。让你知道我到底行不行。"

第二天，她就主动回到了训练队，开始积极地训练起来。后来，终于成为一名优秀的排球运动员。

要想让别人心甘情愿地去做一件事，有些时候，在多次正面劝导、说服仍无效的情况下，运用反面巧言激将法可以很快奏效。探察别人观点，并激起他对某一事物的态度和愿望。并非去直接操纵他，而是要他做对他自己有利而又符合你的想法的事。

用巧言激将的方式去说服对方，以达到自己的目的，听上去似乎有点诡计的意味，但是对说服一些顽固不化、是非不分的人来讲，倒不失为一种妙用。

某校有一学生爱打架，一次，他打了一位同学还自诩为英雄。老师批评他说："打架算什么英雄，学习超过别人，那才是真正的英雄。"老师又给他讲了几个古人最初贪玩，后来立志求学方成大器的故事。那个学生从此发愤学习，在后来的期末考试中取得了可喜的成绩。

激将法是一种高超的说服技巧，可以激起对方的愤怒感、羞耻感、自尊感、忌妒感或羡慕感等，使对方感情冲动，让对方感觉到他要做的事不是你求他去做而是他自己要做的。来不及考虑太多就答应了去做他在平时可能不会去做的事。激将法用得适当，可使我们在改变对方想法和做法的过程中达到想要的目的。

某厂改革用人制度，对车间主任实行毛遂自荐式的竞聘上岗。能力技术俱佳的技术人员小张乃众望所归，然而不知何故，小张迟疑难决。厂领导找他谈话时言辞激烈："小张，你不也是一位大学的高才生吗？大家对你寄予厚望，没想到你这么没出息，连个车间主任的位子都不敢接，真是窝囊废！"

"我是窝囊废？"小张腾地站起来，说道："我的大学白上了，连个车间主任也当不了吗？"说完就激情满怀地走进领导的办公室去毛遂自荐了。

在说服别人的时候，如果委婉劝服不起作用，不妨利用一下感情，摸透对方的心理，采用一下激将法。激将是以语言信息的反作用力作为刺激，激起对方按照说话人的意向说话或展开行动的方式。比如在影视剧排练场上，导演为了刺激演员在真恨、真悲、真哭的情境中说出话来，经常会使用一些激将的手段。

当然，我们在运用激将法的时候，一定要遵循为对方着想的原则或者以不伤害对方的根本利益为前提。这样，即使对方某一天恍然醒悟，也不会因为感觉中了我们的圈套而心怀不满，反而会感激我们当时的睿智。

使用巧言激将法一定要注意区别对象，并根据性格特征因人施法，犹如对症下药，方能于病有益。否则，只会白费唇舌，枉费心机。巧言激将法还要看准时机，出言过早，时机不成熟，易使人泄气；出言过迟，又成了"马后炮"。

除注意把握时机外，还要注意分寸，运用巧言激将法，不痛不痒的语言犹如隔靴搔痒；但言语过于尖刻，也会使人反感。

总之，正确的目的加上恰当地运用巧言激将，就能收到良好的劝服效果。甚至还能达到枯木逢春、起死回生的功效。

语言训练心得

常言说："请将不如激将。"在人才的运用上，如能够使用巧言激将法，将会收到意想不到的效果。"巧言激将"要灵活运用，这里介绍几种用法：

（1）直激法。就是面对面直截了当地刺激对方，羞辱他、激怒他，激发他的自尊心。

（2）暗激法。有意识地褒扬第三者，暗中贬低对方，运用人们争强好胜的心，激起他压倒别人、超过别人的强烈愿望。

暗激法的巧妙之处在于旁敲侧击，刺中对方不甘落后于他人的自尊心，使他萌发一种非要超过第三者，以胜利者的姿态昂然屹立的念头。

（3）导激法。面对不同的被激对象，有时简单的否定、贬低收效甚微，还需要"激中有导"，用明确的或诱导性的语言，把对方热情激发起来。

按方抓药说服对方

唐宣宗时，宰相令狐陶经多方考察认为四川的李远是个作风正派、精通经史、治国有术的人才，应当委以重任。一天，他趁宣宗登楼远眺之时，向宣宗推荐李远任杭州刺史。不料宣宗却不采纳，说："此人终日饮酒下棋，不务正业，如果把杭州交到这样一个人手里，岂不是负了朝廷，误了百姓！"令狐陶说道："陛下，这句话从何说起？"宣宗说："他不是在一首诗中说'青山不厌千杯酒，长日惟消一局棋'吗？这样玩世不恭的态度，怎么能够治理好杭州呢？"令狐陶说道："陛下言之有理，一个终日喝酒下棋的人，是不堪委以重任的。"见皇帝脸上露出满意的神色，令狐陶又说："不过李远只是写诗罢了，只是想借此表示自己的高雅，其实他并不是这样一个人。"皇帝说："你说得不对，古人早就说过'诗言志'，他既然能写出这样的诗来，就必然有这样的行为！"令狐陶急忙说："陛下，李太白可是有名的诗仙，当年他有一首诗说：'太白与我语，为我开天关。愿乘暖风去，直出浮云间。'若非神仙，何得如此？"宣宗笑道："哪会呢，只不过是写诗罢了。"令狐陶立即接口说："陛下英明，李远也只不过写诗而已。"宣宗这才恍然大悟："好吧，就让他到杭州去试试吧。"

在这里，首先令狐陶直言进谏，宣宗不许，随后令狐陶假装称赞，赢取皇上的欢心。话锋一转，讲实际情况，宣宗随即批驳。令狐陶找到了缘由，通过吟诗引出争论，抓住宣宗的自相矛盾的观点，终于说服了宣宗。

在劝说受阻的情况下，先暂时退让一下很有好处。退让可以显示出你对对方的尊重，从而赢得对方的好感，让对方的虚荣心得到满足，这样就会很容易用自己的观点和看法说服他们。

"以子之矛，攻子之盾。"这种方法虽然会收到奇效，但是使用时千万要注意环境，也要注意领导的心情。要摸清楚领导的真实意图或者不肯接纳建议的原因，然后对症下药，通过言谈话语诱使对方产生矛盾，或利用领导平时对下属的忌讳，诸如忌讳下属说谎、以偏赅全等，再进行推理说服。对于大的缺点，或者领导忌讳的事物，千万不要随意提起。

有一次，楚庄王十分喜爱的一匹马因长得太肥而死了。庄王竟命令全体大臣志哀，要用棺椁装殓，还要用大夫礼节隆重举行葬礼。文武百官纷纷劝他别这样做，楚王十分反感，下令说："谁敢为葬马的事来劝说我，格杀勿论！"众大臣都惊惧得不敢说话了。

优孟听到这事，十分痛心，号啕大哭进入王宫。楚王问他为什么哭。优孟回答说："我是为葬马的事儿哭呢！那匹死去的马，是大王最心爱的。像楚国这样一个堂堂大国，却只以大夫的葬礼来办丧事，实在太轻慢了。一定要用国王的葬礼葬马才像样呢！"

楚庄王问道："那你觉得应该怎样安排好呢？"

优孟回答说："依我看，应该用美玉做马的棺材，再调动大批军队，发动全城百姓，为马建造高贵华丽的坟墓。到出殡那天，要让齐国、赵国的使节在前面开路；让韩国、魏国的使节护送灵柩。然后，还要追封死去的马为万户侯，为它建造祠庙，让马的灵魂长年接受封地百姓的供奉。这样，天下所有的人才会知道，原来大王是真正爱马胜过一切的。"

楚庄王顿时明白过来，非常惭愧地说："我是这样地重马轻人吗？我的过错可真是不小呀！你看我该怎么办才好呢？"

优孟心中高兴了，趁着楚庄王省悟过来的机会，他俏皮地回答说："太好办了。我建议，以炉灶为椁，大铜锅为棺，放进花椒佐料、生姜桂皮，把火烧得旺旺的，让马肉煮得香喷喷的，然后全部填进大家的肚子里就是了。"

一席话说得楚庄王也哈哈大笑起来。从此他也改变了原来爱马的方式，把那些养在厅堂里的马全都交给将士们使用，那些马也得以经风雨、见世面，锻炼得强壮矫健。

优孟因势利导劝说楚庄王，收到良好的效果，对我们学会做思想工作也不无启发。

优孟称赞、礼颂楚庄王"贵马"精神的后面烘托出另一种相反的又正是劝谏的真意——讽刺楚王"贱人"的昏庸举动，从而促使楚王改变自己的决定。让所有的事态沿着自己的预定目的走，是高超语言技巧的展现。

说服别人时往往有说不下去的情况，但切忌死说硬劝，这样必然会适得其反，走入死胡同。如果此时转移一下话题，找到能引起对方兴趣的话题，并造成浓烈的沟通气氛，这样能为说服对方打下良好的基础。

舌灿如花的说服技巧

战国后期，秦国宣太后守寡宫中的几年一直与情投意合的魏丑夫私下勾搭。后来，宣太后病重不起，便命令魏丑夫在她死后陪葬。

听说此事后，魏丑夫吓得面无人色，大臣康芮觉得太后的要求太过荒唐，便自告奋勇去劝说："臣请教太后，人死之后还有知觉吗？"

太后支支吾吾地回答："人死了当然就没有知觉了。"

康芮说："既然没有知觉，为什么还要将活着的人弄到坟墓里同死人埋葬在一起呢？"

"人死了，灵魂还在，没有人陪葬岂不太孤单？"太后辩解。

"既然人死后有灵魂，那么想必先王在阴间早已积怨很久了。太后到了阴间连请罪还来不及，哪有时间再与魏丑夫相好呢？"

大后被堵得哑口无言，咬咬牙说："罢了!"

康芮以死人是否有知觉为前提，然后步步紧逼使太后放弃了陪葬的主意，可见这种逼迫性的说服技巧几乎让人无可辩驳。

说服别人的方法很多，如果单纯依靠权力和势力去强迫别人按照自己的计划行事，尽管别人慑于你的势力，口中会信誓旦旦一定按照你说的去办，但是心里是肯定不服气的。一些心理学家认为，要说服对方单单依靠观点正确是不够的，还应当掌握一些谈话的基本技巧。

一般来讲，说服的直接方式就是设问。让对方随着问题一步步地跟随你的思想和步伐前进，就能在不知不觉中达到目的。

宋神宗时，孙觉出任福州知州。有一些贫苦人因拖欠官府的钱而被送进监狱，孙觉非常同情他们。当时正好有一些富人想出大钱来整修佛殿，富人们向孙觉请示。孙觉想了想说："你们施舍钱财，为的什么?"回答曰："愿意得福。"孙觉说："佛殿没怎么坏，菩萨像也好好的。假若用这些钱为关在监狱里的人偿还他们所欠的官钱，使之脱离枷锁之苦，那样所得的福岂不更多吗?"富人们不得已只好答应了。

就这样，孙觉从施舍钱财这一角度设问，将捐钱的目的顺势引到了救人积福方面，使富商们无话可说，解救了不少人的危难。

我们知道，说服的目的在于让对方接受，而接受的关键在于攻心。设问说服，循循善诱是其特征。特别是当被说服的对象处于一种对道理不了解的状况时，设问就能起到画龙点睛的作用。

妙喻说服术是使你舌灿如花的精华、舌战谋略的"常规武器"。

妙喻说服术以生动鲜明的喻体吸引对方去思考，需借助某一个类似的事物加以说明和描述。这种方法能把抽象的道理说得具体，能把深奥的哲理讲得浅显，能把陌生的事物说得熟悉，往往能使对方冷静深思，豁然开朗。

季梁听到魏王要攻打赵国邯郸的消息，赶去拜见魏王，说："今天我来的时候，在大路上看到一个人，正驾着车往北赶，他告诉我说，想到楚国去。我说：'你要去楚国，为什么往北走呢?'他说：'我的马好!'我说：'马虽然好，这不是通往楚国的路呀!'他说：'我的盘缠多。'我说：'钱虽多，这还不是通往楚国的路啊!'他又说：'我的车夫本领高。'这几个条件越好，而离楚国的目标越远!今天大王想成霸业，须取信于天下。但你仗着国力强大、军队精锐而去攻邯郸，以此扩大土地，提高威望。大王做的事越多，离称霸的目标反而越远!这和那人要去楚国却往北走的人一样呀!"季梁的说服终使魏王改变了初衷。

在上面这个故事中，季梁对魏王的决策并未斥责，而是以讲述故事的方式巧妙比喻，让魏王自己去领会言外之意，达到了说服的目的，收到了极好的效果。

妙喻说服术的妙用，能使善辩者以一个比喻战胜百万之师，是克敌制胜的绝招。

在说服中，有时还要有意避开对方的忌讳点，绕道而行，曲言婉至，拐着弯地说服。应选择对方感兴趣的话题谈起，不要过早地暴露自己的意图，按照预定迂回路线，步步靠近。当对方跟着你走完一段路程的时候，对方已经不自觉地向你的观点投降了。这也就是曲言婉至的妙处。

伽利略青年时就立下雄心壮志，要在科学上有所成就，他希望得到父亲的支持和帮助。一天，他对父亲说："父亲，我想问你一件事，是什么促成了你同母亲的婚事?"

"孩子，老天在上，家里的人要我娶一位富有的太太，可我只对阿玛纳蒂姑娘钟情，我追求她就像一个梦游者。要知道你母亲从前是一位姿色动人的姑娘。"

伽利略说："这倒确实，现在也还看得出来，你不曾娶过别的女人，因为你爱的是她。你知道，我现在也面临着同样的处境。除了科学以外，我不可能选择别的职业，因为我喜爱的正是科学。别的对我毫无用途!难道我要去追求财富、追求荣誉？科学是我唯一的需要，我对它的爱有如对一位美貌女子的倾慕。"

父亲说："可我没有钱供你上学。"

"父亲，你听我说！很多穷学生都领取奖学金，这钱是宫廷给的。我为什么不能去领一份奖学金呢？你在佛罗伦萨有那么多朋友，他们对你不错，会尽力帮助你的。也许你能到宫廷去把事办妥。他们只需要去问一问公爵的老师奥斯蒂罗·利希就行了，他了解我，知道我的能力。"

父亲被说动了："嗯，你说得有理，这是个好主意。"

伽利略最终说服了父亲，他实现了自己的理想，成为了一位闻名世界的科学家。

其实，说服别人并不是一件十分艰难的事，只要我们能够恰到好处地将自己内心的真实想法说出来并获得对方的理解，对方一般都会按照自己的计划行事。

不管是什么样的说服方式，只要在试图进行劝服的过程中巧妙地使用技巧，层层递进，就能使对方不知不觉地进入谈话的圈套中，使谈话的主动权掌握在你手里，结果当然能轻松取胜了。

在我们的生活当中，经常会遇到一些需要说服对方的情况，要想让对方站在自己这一边，就需要一定的技巧，要善于动脑子，管住自己的嘴巴，选择最合适的方式去说服对方。

美国费城电气公司的推销员威伯到一个州的乡村去推销电，他叫开了一所富有农家的门，户主是一位老太太。她一开门见到是电气公司的人，就猛地把门关上。威伯再次叫门，门勉强开了一条缝。威伯说："很抱歉，打扰您了。我知道您对电不感兴趣，所以这一次登门并不是来向您推销的，而是来向您买些鸡蛋。"老太太消除了一些戒心，把门开大了一点，探出头，用怀疑的目光望着威伯。威伯继续说："我看见您喂的明尼克鸡种很漂亮，想买一打新鲜的鸡蛋带回城。"接着充满诚意地说："我家的鸡下的蛋是白色的，做的蛋糕不好看，所以，我的太太就要我来买些棕色的蛋。"这时候，老太太从门里走出来，态度比以前温和了许多，并且和他聊起了鸡蛋的事，威伯指着院子里的牛棚说："太太，我敢打赌，您养的鸡肯定比您丈夫养的牛赚钱多。"老太太被说得心花怒放。长期以来，她丈夫不承认这个事实。于是她把威伯视为知己，并高兴地把他带到鸡舍参观。威伯一边参观，一边赞扬老太太的养鸡经验，并说："您的鸡舍，如果能用电灯照射，鸡的产蛋量肯定还会增多。"老太太似乎不那么反感了，反问威伯用电是否合算。威伯给了她圆满的回答。两个星期后，威伯在公司收到了老太太交来的用电申请书。

威伯之所以能说服固执的老太太，诀窍就在于他不急于求成，而是采用了先做个耐心的听众，从谈话中找出老太太感兴趣的地方，发现老太太内心真实的愿望，为其出谋划策，就这样由小到大地一步一步逼近预定目标，最终取得了说服的成功。

语言训练心得

想要说服别人就要掌握好发问的技巧：

（1）顺势问法。顺势问法最主要的部分就在于铺衬。

（2）启发式问法。这种方法是不直接告诉他们问题的对错，而是通过问句来启发和点醒迷失在错误中的人，它通常会在劝导的过程中提出一个具有诱惑性的解决方案。但要注意这个方案一定要符合实际、合情合理。

沉默是金：以听助说有奇效

　　爱迪生在发明了自动发报机后，打算卖掉这项发明和制造技术，以便有资金建造一个实验室。因为并不熟悉市场行情，根本不知道该项发明到底能卖多少钱，爱迪生就和夫人玛丽商量。

　　但玛丽在这方面知道的并不比爱迪生多，也不清楚这项发明成果究竟能卖多少钱。两个人都很发愁，不知如何向别人报价。最后，玛丽一咬牙，说："就要2万美元吧，你想想看，一个实验室建造下来，至少也要这么多钱呢。"爱迪生就说："2万美元？要得太多了吧。"玛丽见爱迪生一副犹豫不决的样子，就说："要不然，我们在卖的时候先套套买家的口气，让他先开个价，然后再作决定。"

　　当时爱迪生虽然说不上是家喻户晓，但也已经是小有名气了。一位英国商人在听说爱迪生打算卖掉自动发报机制造技术后，就主动上门询问需要多少钱。因为爱迪生一直认为要2万美元太高了，感到不好意思开口，便一直沉默不语。

　　商人催问了好几次，爱迪生始终都不好意思说出口。最后商人终于忍不住了，就说："我先给你开个价吧，10万美元，你看怎么样？"

　　商人的报价让爱迪生大喜过望，这个价格真是太出乎他的意料了，于是他毫不犹豫地当场和商人拍板成交。后来，爱迪生对妻子开玩笑说："真没想到我晚说了一会儿话就赚了8万美元。"

　　在与别人交流时很多人都不愿意保持沉默，不愿意让对方把话说完。但事实上，在人生的很多重要关口，沉默虽然不会创造8万美元，但它会让我们看到前进的方向或退路，沉默可以给自己和对方都留有余地，甚至在危急时刻力挽狂澜。

做个耐心的听众，在恰当的时间，恰当的话题，成为谈话中以听为主的听众，顺着发话者的意图，助其深入，引发思考，从而达到说服的目的也是谈话高手的表现。

许多人认为说服中话不能少说，甚至有人口若悬河，滔滔不绝，其实让说服能顺利进行，还有一种无声的语言——以听助说。

我们可以打个比方：销售员总喜欢向别人大谈特谈，却都认为遇到那些喜欢讲话的顾客是件很麻烦的事，因为当推销员拜访他时，他高谈阔论起来就滔滔不绝，使得推销员在那里停留的时间要比预定的时间多，倘若告辞的时机与方式不恰当的话，又会被顾客认为是服务不够周到，推销产品缺乏诚意。

所以，这个时候做个有耐心的听众，千万不要堵住他的话头，推销员可以利用顾客内心的矛盾、误解、欲望，用简捷的方式突然直击要害；逼其对关键环节表态，促使事情明朗化。

俗话说得好，"雄辩如银，沉默是金"。在生活和工作中，有些时候的确是沉默胜于雄辩。恰到好处的沉默也是一种高超的说服技巧。保持沉默是一种大智若愚的表现。不做无谓的争论，少说话，对方就无从了解自己的真实想法；相反我们还能探察对方动机，从而逐步掌握主动权。

固执的人未必不可理喻，只是他一时别不过弯来而固执己见。这时最好的办法不是跟他争个谁对谁错，而是从他的观点入手，先听他说，在这个过程中分析利弊，并适时地以情感打动他，让他自己否定自己。

做个耐心的听众难能可贵。不管是在日常的社交过程中，还是在职业场合里，我们要学会做一个有耐心的听众，并且把你对对方的尊重和诚意表现在脸上，你将会有意想不到的收获。

语言训练心得

不了解对方的情况就乱说往往会使别人造成误会，甚至令别人蒙受巨大的损失。因此，在不清楚对方的情况时，我们不要轻易把话说出口，做个听众才是明智之举。

第3天　说服技巧课：用你的话牵着他的鼻子走
——说服的语言技巧

当我们情绪不好时也最好不要开口，从长远来看这是有益的。当我们跟别人发生争吵，并且两人的情绪都很激动时，不妨先搁置争议，等双方都冷静了以后，再心平气和地讨论问题，这样双方的沟通才有实际意义。

第 4 天

语言智慧课：说好低头话，成就抬头事

——低调语言的艺术

懂得认输的人才是赢家

　　有一次黛博拉在和同事谈话时称其上司是"机器人"，结果被上司得知了。于是黛博拉给上司写了一张条子，约他抽空谈一谈，上司同意了。"显而易见，我用的那个词绝无其他用意，我现在备感悔恨。"黛博拉向上司解释说，"我之所以用'机器人'之类的字眼，只不过是想开个玩笑，我感到上司对我们有些疏远、麻木，因此，'机器人'三字只不过是描述我这种感情的一种简短方式。"上司为黛博拉合情合理的解释和自我批评而深受感动，他甚至当即表态说，自己要努力善解人意，做个通情达理的人。

　　把问题讲清楚，并低头承认错误，通过这种方式，黛博拉帮助上司做到了平心静气，并顺利地解决了他们之间的关系危机。

　　不论是在家里、在单位，还是在外面办事，受到别人指责的情况谁没有碰到过？也许对方的指责有一定的道理，也许对方的指责根本就是小题大做甚至无中生有，不过不论是面对哪种指责，有的人本能的反应就是立即还嘴反击，结果常常是由小吵演变成大闹，最后落个两不相让又两相伤害的结果。其实细细想来，指责别人有时只是一种个人情绪的发泄，如果被指责者不去计较，而主动低头，你说我一我认两个错，反倒会让指责你的人感到不好意思。人同此心，心同此理，当指责落在我们自己头上时，我们都可以采用认输的方式来进行一个缓冲，婉言相告。这不仅使我们显得更有风度，而且只有这样，才能把话说到别人心坎里去，而我们也最大限度地避免了碰钉子的可能性。

　　"人非圣贤，孰能无过"，有了过错没关系，关键在于如何处理。做错事情之后，去向人低声道歉实属必要，有错认错才叫会说话。

历史上和现实中许多能说会道的名人，在辩论失利时仍死守自己的城堡，因而惨败的情形不乏其例。

1976 年 10 月 6 日，在美国福特总统和卡特共同参加的、为总统选举而举办的第二次辩论上，福特对《纽约日报》记者马克斯·佛朗肯关于波兰问题的质问，作了"波兰并未受苏联控制"的回答，并说"苏联强权控制东欧的事实并不存在"。这一发言属明显的失误，当时立即遭到记者反驳。但反驳之初记者的语气还比较委婉，意图给福特以更正的机会。他说："问这一件事我觉得不好意思，但是您的意思难道在肯定苏联没把东欧化为其附庸国？也就是说，苏联没有凭军事力量压制东欧各国！"

福特如果当时明智，就应该承认自己失言并偃旗息鼓，然而他觉得身为一国总统，面对着全国的电视观众认输，绝非善策，于是继续坚持，一错再错，结果在选举中付出了沉重的代价。刊登这次电视辩论会的所有专栏、社论都纷纷对福特的失策作了报道，他们惊问："他是真正的傻瓜呢，还是像只驴子一样地顽固不化？"

卡特也趁机把这个问题再三提出，闹得天翻地覆。

高明的论辩家在被对方击中要害时绝不强词夺理，他们或点头微笑，或轻轻鼓掌。如此一来，观众或听众弄不清葫芦里藏的什么药。有的从某方面理解，认为这是他们服从真理的良好风范；有的从另一方面理解，又以为这是他们不屑辩解的豁达胸怀。而究竟他们认输与否尚是个未知的谜。这样的辩论家即使要说也能说得很巧，他们会向对方笑道："你讲得好极了！"

公开讲话也好，与人交往也好，犯错在所难免，而有些看似不经意的错误可能带来严重的后果。所以及时认错、及时低头，开诚布公地讲一些能让人谅解的低头话才是说话圆满的表现。

有些情况本来就很难说清楚谁对谁错，所以有些事情再怎么争辩也不会有什么结果。卡耐基曾说过："天下只有一种方法能得到辩论的最大利益，那就是避免辩论。"爱争辩的人一定要自己衡量一下，你宁愿要一种表面上的胜利，还是要让对方心服口服？所以，有的时候，懂得认输的人才是真正的赢家。

王君是一位商业艺术家，他曾用礼貌道歉的话语得到了一个极易动怒的老板的信任，王君在讲他这段故事时说：

"做广告图时，最要紧是简明正确，有时不免发生些小错，我知道那位广告社老板专喜欢在小地方挑毛病，我时常是不愉快地从他的办公室走出来，不是因为他的批评，而是他攻击的地方不当。最近我于百忙中替他赶完一幅画，他来电话叫我过去，到那儿果然不出我所料，他显得非常愤怒，已经准备好了要批评我一顿。我却想到了要用责备自己的方法，说：'先生，你所说的话不假，一定是我错了，而且是不可原谅的。我替你画画多年，应该知道如何才对，我觉得很惭愧。'

他立刻分辩说：'是的，你说得对，不过这并非大错，只不过是——'我马上插嘴说：'不论错的大小，都有很大的关系，别人看了会不高兴的。'

他打算插嘴说话，但我却不容他。我有生以来第一次批评自己，我很愿意这样做。我继续说：'我实在应该小心，你给我的工资很多，你理应得到满意的东西，所以我很想把这幅画重新画一张。'

'不！不！'他坚决地说，'我并不认为你有重新画一张的必要。'接着，他夸奖我所画的画，说只须稍加修改就可以了，而且这一点小错，亦不会使公司受损失，仅是一点小节，让我不必太过虑了。

我急于批评自己，使他的怒气全消。最后他邀我一起吃点心，在告别之前他开给我一张支票，并又委托我画另一幅新的广告。"

王君说认为，在上述事件中自己先承认自己错了，以显示老板的正确，抬高了他的地位，那么他在高兴之余也就不会再苛责自己了。

试想，如果王君换一种做法，尽力为自己辩解，结果会怎样？

所以，只要无关大局的事情，以承认自己是输家的话堵住对方的嘴，这样他会主动伸出双手把你低下的头抬起来。

在争辩中，也许你赢得了一场表面的胜利，但却会因此丢掉了一个朋友，甚至树立了一个敌人。为了逞一时口舌之快，说话不委婉，甚至出言相逼则会带来很糟糕的后果。不但会损害别人对我们的看法，而且别人会感到非常气愤，不仅不会佩服我们的口才，反而会想着要如何去反击、报复。聪明人从不玩无益的争辩游戏，谁与你争辩，你就让他赢吧。特别是对于一些无关大局的小事，何必让自己为了口舌之利而得不偿失呢？

所以，当与别人说话产生争执时，不要直接冲撞，不必非要赢得争论。高明地搪塞、认输，我们应该做到待人接物都要低调。

假如在任何场合中，都只感觉到自己的存在，而常常忽略别人，或者根本就视别人如草芥，那怎么可能与他人建立一种良好的社会关系呢？丘吉尔曾说过："我以多次陷入相似境地的同事身份，冒昧地向同事提出劝告，最好的撤退方法就是一心一意地认输。"换句话说，在现代社会中，只有懂得认输的人才能活得如鱼得水、左右逢源，只有懂的认输的人才可能成为最后的赢家。

语言训练心得

不争，是老子的处世哲学。在人际交往中，喜欢与人争论，凡事都认为自己是对的人最大的特点就是将自己看做是太阳，所有的星星、地球、月亮都应该围着自己转，这样的人在现实社会中为数不少，但是大多却会到处碰壁，事事不顺。而聪明的人却恰恰相反，他们不会和别人硬碰硬，而是懂得用理智的认输来代替争辩。

在我们的日常生活中，这样的认输方式随时随处都可以运用，而且方法简单、信手拈来。要学会发表别人无从驳斥的见解。在闲谈中，难免会有人问你："你认为如何？"每个人都会各抒己见，没有必要非要争出个谁对谁错。有三种答案适用于任何话题，而且不会引起异议：

"那完全要看情况而定。"

"不能一概而论。"

"在某些地方，情况受环境因素影响。"

第 4 天　语言智慧课：说好低头话，成就抬头事
——低调语言的艺术

强权面前会说低头话

明太祖朱元璋在位时，有一位吏部给事中，名叫王朴，曾因直谏犯了龙颜而被罢官。不久，又被起用做御史，他马上评议时政。在朝廷之上，多次与朱元璋争辩是非，不肯屈服。一日，为一事与朱元璋争辩得很厉害。朱元璋非常恼怒，命令杀了他。等临刑走到街上，朱元璋又把他召回来，问："你改变自己的主意了吗？"王朴回答说："陛下不认为我是无用之人，提拔我担任御史，奈何摧残污辱到这个地步？假如我没有罪，怎么能杀我？有罪何必又让我活下去？我今天只求速死！"朱元璋大怒，赶紧催促左右立即执行死刑。

不是说生性耿直不好，但王朴实在是太不开窍了，心中那种傲气犟劲一产生就消失不了，而且越来越旺，连皇帝给他机会都不要。这固然是受愚忠的毒害，但也与他心高气傲、不懂处世策略有很大关系。他不懂得弯与折的辩证法——尤其在一言九鼎的皇帝面前，以致毫无价值地送了自己的生命。而下面这个发生在现代中的故事也许能更形象地说明这个道理。

张某是学经济的，大学毕业后，分配在省城的一所大学里教书，虽然已在省城安家立业，但每年都要回一次老家。每一次回家，他的心灵就被震撼一次，改革开放这么久了，家乡的乡亲们的生活依旧贫困。

张某决心为家乡闯出一条致富之路。他毅然辞去大学的教职，回到家乡承包了40亩荒地，开始建造他的示范农场。

可是，不到两个月，他就和村干部们发生了冲突。一次，因为干部吃吃喝喝，张某当面提了意见，他坦诚地说："论辈分，你们都是我的叔叔大爷。可群众生活这么苦，干部不应该这样多吃多占。"干部们一愣，多少年了，还没有人敢当面说他们的不是呢。他们手捏酒盅，小声议论说："这小子，读了几年书，就翘尾巴！"

又一次，因为乡里干部们按亲疏远近划分宅基地，张某找干部评理，又一次得罪了乡里干部。张某动用自己的全部积蓄，在山上盖起了石屋，开始了农场的建造，可是，他遇到了一连串的麻烦：实施计划需要的炸药，要乡里干部开证明才能购买，他受到了无端的刁难；农场需要资金，他又遭到乡里干部的冷眼……

有人劝张某为了你的事业，去找干部服软认错，以换得他们的理解和支持，或是给有实权的部门送点礼，换取贷款，否则你将一事无成。张某口气强硬："做人要有人格，我绝不向卑劣的行为卑躬屈膝。"

张某最终只能无奈地守着空屋，守着他的农场，守着他的人生梦想。

另一位大学生李某是学工科的，毕业后分配在县城工作。他嫌机关太冷清，主动要求到基层工作，以便实现他的抱负——开发山里的矿产资源，造福家乡父老。刚出校门一个月，他也有过类似张某的遭遇。那是在建造家乡选矿厂时，李某发现，用来建厂的大部分钢材被领导拿去送人了。他气愤地去找领导质问："你怎么能拿公家的东西随便送人呢？"领导拍了拍李某的肩膀，开导说："你呀，刚出校门，不懂得人情世故，搞设计不能死抠实际需求量，还必须把一些人为的损耗加进去，这是大学里学不到的知识。"

李某恍然大悟，不再坚持自己的意见。这样，他安然度过了自己步入社会的第一个险滩。在领导的眼里，李某能干而又听话。几个月后，他被任命为副乡长。

李某为改变家乡的面貌处心积虑，四处奔波。与此同时，他也不得不一次次地做了许多违背自己意愿的事，但他又一次次地原谅了自己。

人们夸奖李某脑子特别灵活。的确，通过几年的奔波建厂，李某悟通不少"人情世故"。他拉关系、走后门、请客送礼的技巧，已经到了炉火纯青的地步。很自然地，李某面前的红灯少，绿灯多。他主持的那个乡，乡镇企业产值和利润年年翻番，人均收入也大大提高，人们对他更是赞不绝口。

由于他突出的"政绩"，三年以后，他被提拔为乡长、乡党委书记。又过了两年，他被提升为主管工业的副县长。

张某和李某两人的态度和方法导致两人的不同命运。虽然我们会在内心钦佩张某这种高洁的人格，但又不能不看到：他的确一事无成，不但自己的一腔抱负无法施展，而且也无法给他的乡亲们带来一丁点儿好处，只能固守着他的清高孤傲而一无所成；李某为了不"折"而"弯"了一下，一方面坚持着自己的原则和初衷，另一方面走了一条圆通的道路，这使得他既实现了自己的价值又为乡亲们办了实事，所以在现实中，李某的这种为办大事宁弯不折的方法，只要严守法律的界限，不失为一种务实的、行得通的做法；而张某的那种心高气傲的书生气是办不成事的。

语言训练心得

假如你和对手或上司产生了冲突，论力量，你是鸡蛋，而对方是石头，你怎么办？是像头脑简单的拼命三郎那样以卵击石，白白地送命呢，还是避其锋芒，等自己也变成石头，变成比对方更大的石头再有所图谋呢？选择前者还是后者，就可以从中看出你办大事还是办不成大事的人了。试想，为争一时之气而拼个你死我活，于己于事又有何益呢？泰山压顶，先弯一下腰又何妨？折断了就永远断了，而弯一下腰还有挺起的机会。

放低姿态，谦逊受益

有一次，郭沫若和茅盾这两位文学大师相聚了。俩人谈得非常愉快，话题很快转到鲁迅先生身上，郭沫若诙谐地说："鲁迅先生愿做一头为人民服务的'牛'，我呢？愿做这头'牛'的尾巴，为人民服务的'尾巴'。"听说郭老愿做"牛尾巴"，茅盾笑道："那我就做'牛尾巴'的'毛'吧！它可以帮助'牛'把吸血的'大头苍蝇'和'蚊子'扫掉。"郭老看看茅盾说："你也太谦虚了。"

郭沫若和茅盾这两位文学巨匠围绕着鲁迅先生"牛"的比喻，充分展开联想。一个自喻为"牛尾巴"，一个自喻为"牛尾巴"的"毛"，谦虚地说明了自己只是别人的一部分。这种方式既生动形象，又把两位大师博大的胸怀表现得淋漓尽致。

争强好胜是人的本性，如果说话时或者得理不饶人，或者该低姿态时不放低姿态，其结果只能是嘴上占了上风，事情却没办成。不仅是办事儿，正常的人际交往中习惯于把话说满、不留余地的人，最不受欢迎。

苏格拉底曾说："谦虚是藏于土中甜美的根，所有崇高的美德由此发芽生长。"我国自古就有"满招损，谦受益"的古训。谦虚是一种美德，是人类高尚的品质。与人交谈最忌自吹自擂不知天高地厚，说话谦逊有礼，放低姿态才能显示自己的教养和美德。

放低姿态是中国传统的生存哲学。低头是一种大智慧，为争一时之气不肯低头，惹出事来恐怕就不是简单地低一下头、说两句认错的话就能解决的了。

第 4 天

语言智慧课：说好低头话，成就抬头事

——低调语言的艺术

在社会生活中，谦虚、低姿态之所以受到尊崇，就因为它是做人的美德及事业成功的法宝。

富弼，字彦国，是北宋仁宗时的宰相，因为为人大度，上至宋仁宗，下至文武官员都称赞他品行优良。

一次，一个穷秀才想当众羞辱富弼，便在街心拦住他道："听说你博学多识，我想请教你一个问题。"

富弼知道来者不善，但也不能不理会，只好答应了。

秀才问富弼："请问，欲正其心必先诚其意，所谓诚意即毋自欺也，是即为是，非即为非。如果有人骂你，你会怎样？"

富弼想了想，答道："我会装作没有听见。"

秀才哈哈笑道："竟然有人说你熟读四书，通晓五经，原来纯属虚妄，富彦国不过如此啊！"说完，大笑而去。

富弼的仆人埋怨主人道："真是难以理解，这么简单的问题我都可以答上，怎么您却装作不知呢？"

富弼说道："此人乃轻狂之士，若与他以理辩论，必会言辞激烈，气氛紧张，无论谁把谁驳得哑口无言，都是口服心不服。书生心胸狭窄，必会记仇，这是徒劳无益的事，又何必争呢？"几天后，那秀才在街上又遇见了富弼。富弼主动上前打招呼。秀才不理，扭头而去；走了不远，又回头看着富弼大声讥讽道："富彦国乃一乌龟耳！"

有人告诉富弼那个秀才在骂他。

"是骂别人吧！"

"他指名道姓骂你，怎么会是骂别人呢？"

"天下难道就没有同名同姓之人吗？"

他边说边走，丝毫不理会秀才的辱骂。秀才见无趣，低头走开了。

以谦逊态度去对待别人，即使对无理取闹者也能以低头说话的方式轻巧避开其锋芒，随着时间的推移，会逐渐改变对方的态度，使矛盾得到缓和，成就事业。

如果双方是一种竞争的关系，而在你养精蓄锐的当儿又不想引起对手的注意，多说一些低姿态、谦虚的话，摆出一副低姿态，不失为一个明智之举。

有人说，谦逊的话该说的时候自然该说，可是我有了大功劳，正是别人对我感恩戴德或欣赏有加的时候，何必说低姿态的话自我作践呢？持这种观点的人只知其一不知其二，对人情世故仍是不甚了了。照他这种观点和做法，估计用不了多久，感恩戴德和欣赏有加就变成了你死我活的仇视。说到底这些人还是打心眼儿里把自己看得太高了。

明朝的王守仁平定了宁王朱宸濠的叛乱以后，权奸江彬等人嫉恨他的功劳，散布流言飞语说："王守仁以前是与朱宸濠同谋的，等到已经听说各路大军开始征伐了，才擒拿了朱宸濠以自脱。"王守仁听了这种传说，于是把朱宸濠交给了协同参战的张永，使皇帝能够亲自擒获朱宸濠，满足其御驾亲征、生擒逆首的虚荣心。后来张永也在皇帝面前极力称赞王守仁的赤胆忠心和谦让功劳的美德，皇帝明白了事情的真相，于是更加信任王守仁。

现实中的人情和算计其实也是虚虚实实、捉摸不定的。我们常说要透过现象看本质，人前低姿态，说谦虚的话也是这样。如果不能去很好地应对，不能一时低头，就会被无情地挤兑出来，更不要说掌控局势，成为有用之人了。必须正确分析情势，准确判断何种情况下谦虚话是必不可少的，才能使自己立于不败之地。

要很好地运用谦虚的说话方法，首先是要放低姿态，不可沾沾自喜，更不能盛气凌人。本着这种精神来表达，就可以给人留下说话得体、巧妙聪明的良好印象。总之，要时刻牢记，自己说话的目的是创造一个和谐的人际环境，是通过说话做成自己想做的事，所以能忍能让才更显说话的真本事、真功夫。

语言训练心得

放低姿态是说话高手的绝招，可以采用以下几种方式：

1. 巧打比喻法

直言谦虚，固然可贵，但弄不好会给人一种虚假的感觉。遇到这种情形，你不妨用一个比喻方式，巧妙地表达谦虚。

2. 巧改词语法

在称赞和夸奖你的语言上做文章，也不失表现谦虚的一种好方法。

3. 转移对象法

当受到表扬或夸奖的时候，如果你感到在众人面前窘迫的话，你不妨想办法转移人们的注意力，使自己巧妙地"脱身"，把表扬或夸奖的对象"嫁接"到别人的身上。

4. 自轻成绩法

任何称赞和夸奖，都不可能毫无缘由。这时你不妨像绘画一样，轻描淡写地勾勒一笔，却在淡泊之中愈见神奇。

5. 相对肯定法

面对别人的称赞，如果把自己说得一无是处，不但起不到谦虚的效果，反倒给人一种傲慢的感觉。由此看出谦虚要掌握好一定的分寸。

真诚的道歉

某公司董事会里一位董事说话得罪了玛丽，玛丽打电话给董事会主席伊丽莎白，希望她有个解释或是道歉。不料，通完电话之后，她却更不舒服。电话里，伊丽莎白只轻描淡写地说："好吧，我道歉。"听起来毫无诚意。玛丽继续解释为什么她很生气，伊丽莎白语气冰冷地说："我可以再道歉一次。"然后坚持那位董事没做错任何事，玛丽的告状只不过在给她添麻烦。对话就这样下去，只听伊丽莎白又冒出一句："我第三次道歉。"没多久："我第四次道歉。"讽刺的是，每次伊丽莎白口气冰冷、重复道歉字眼时，似乎暗示玛丽在无理取闹、没完没了。玛丽这么做，只不过是因为对方的道歉根本不像道歉，毫无诚意。因此，随着道歉次数的增加，玛丽愈发怒不可遏。而伊丽莎白居高临下的姿态如火上浇油，令玛丽心理更加失衡。

很多时候，别人对你的感觉并不在于你说了什么，而在于你说话时表现出来的态度。倘若你发现自己错了，假如只在行为上表现诚意嘴里不用道歉字眼，仍能被看成诚意道歉；那么，反过来说，即使口里说抱歉，而对方听起来却感到没诚意，说了也等于白说。"对不起"三个字若说得怪腔怪调，则暗示着对方的抱怨是无的放矢，或是太夸张了，自然不能令对方满意。能真诚地向对方道歉，就一定会得到对方的谅解与尊重。

人生在世，难免会有做错事的时候。出现这种情况时，有些人往往不愿道歉，怕丢面子。尤其是作为领导，在一般人心目中，即使有了错误为保持颜面也很难向下属道歉，其实如果领导者能掌握道歉的艺术，不仅能够密切与下属的关系，同时也有助于树立自己的威信，使下属认为你是一个坦诚、敢于承担责任的人。

要是下属犯错，起码领导是犯了监督不力或委托有误的错误。何况领导的义务之一，就是教导下属做事。在这种情况下，适当地向下属表达歉意，或是冷静地向他分析整件事情，告诉他错在什么地方，比一味地责怪下属的效果要好得多。无论原因是哪一种，切忌向下属大发雷霆，尤其是在大庭广众之下。你尊重对方，下属就会更内疚，更敢于正视问题，也避免了日后跟你闹情绪。

凯莉在总公司负责审核保险经纪人送来的保单。一次，凯丽发现丽莎的保单上还缺一些关键的资料。她不说："丽莎，有些资料你没给我。"而是说："我有个地方不懂。"在她点出问题之后，丽莎担起责任："是我的错，我不应该那么写的。"进而澄清了问题。虽然凯莉表明她的困惑，但是，并未因此而丢了面子，反而让丽莎主动承认了错误。

凯莉和她的许多女性属下多年来始终是朋友，当年几乎同时进公司，经常一起吃饭、喝咖啡，交情很好。可是凯莉升迁之后，手握大权，可以评估这些手帕之交的工作表现。长久以来的友谊，以及平等的关系，使得凯莉以低姿态同丽莎说话。似乎她摆低姿态"我有个地方不懂"是想避免对方难堪，或者是与丽莎的友谊使她相信，在她摆低姿态之后，丽莎不会不识相地让她僵在那里。

许多时候，人际关系调节的关键只在于人们交往时的姿态。每个人都会有对不起人的时候。勇于承认自己的错误，有时候还能加深彼此的关系。承认自己不对，心里会很难受，脸上挂不住，做起来更不容易。不过你一旦决心面对现实，不再倔犟，便会发现，认错是消除宿怨、恢复感情的灵丹妙药。

衷心的道歉是真挚和诚意的表现，它不仅可以弥补人与人之间感情上的裂缝，而且还可以增进友情，帮助互相进步，促进事情的进展。

1940 年在苏北，陈毅结识了一个朋友，是个参政员。有一次，这位朋友当面批评陈毅偏听偏信一些贪污腐化的干部的话，陈毅听不进去，勃然变色，还严加怒斥。事后，陈毅冷静下来，愈觉不妥，便登门致歉，从此两人友谊日增。事隔多年，陈毅以诗抒情："难得是诤友，当面敢批评。有时难忍耐，猝然发雷霆。继思不太妥，道歉亲上门。于是又合作，相谅心气平。"

一句道歉往往能让人感到对他的尊重，并促进彼此之间友好的关系，促进事情的发展。其实道歉并不难。关于敢于承认自己的过错，著名的美国口才大师卡耐基就说过："向别人道歉是件比较容易的事，只要你向别人真诚地道歉，那么同样可以运用交际口才，得到朋友的信赖和他人的尊重。"

道歉并非是示弱，它反映出一个人的大度与明智。有时，我们迟迟不道歉是因为怕碰钉子，碰了钉子就更没面子了。如果我们由于自身的孤傲和不安全感宁可让交情出现裂痕也不愿意说"我错了"这句话，那实在是愚蠢之至。原谅别人可以祛除心里的怨恨，帮助事情往有利的一面发展。诺曼·皮勒说过："真正的道歉绝不只是简单地认错，而是对你说过或做过的有损友好关系的言行表示真诚的歉意，并真心实意地希望友谊得以修复。"

由此可以说，真诚道歉是一个人的优良美德，是促进人际沟通，成就事业的重要方面。

语言训练心得

我们要学会道歉的技巧，认识到这是一门安抚自心、避免创伤的生活艺术。应该道歉的时候，就马上道歉，越耽搁就越难以启齿，有时甚至追悔莫及。如果你觉得道歉的话说不出口，可以用别的方式代替。例如，吵架后，送给对方一束鲜花或是一件小礼物就能令前嫌冰释。

假如你认为有人得罪了你，而对方没有致歉，你就该冷静应付，你若能减低对方道歉时的难堪，他往往就会表示歉意，说不定他心里也不好过的。

装可怜，激发他人同情弱者的心理

一天，卓别林带着一大笔款子，骑车前往乡间别墅。半路上突然遇到一个持枪抢劫的强盗，用枪顶着他，逼他交出钱来。

卓别林满口答应，只是恳求他："朋友，请帮个小忙，在我的帽子上打两枪，让主人相信我真是被抢劫了。"强盗照办，卓别林又说："谢谢，不过请再向我的衣襟打两个洞吧。"强盗不耐烦地扯起卓别林的衣襟打了几枪。卓别林鞠了一躬，央求道："太感谢您了，干脆劳驾将我的裤脚打几枪。这样就更逼真了，否则主人不会不相信的。"

强盗一边骂着，一边对着卓别林的裤脚连扣了几下扳机，但不见枪响，原来子弹打完了。卓别林一见，连忙拿上钱，跳上车子飞也似走去了。

幽默大师卓别林，不光演技突出，而且在生活中也是一位特别机智的人物，懂得适时地装可怜。对于一个突发性事件，任何人都无法预计它什么时候降临，然而卓别林用自己可怜的请求迷惑了强盗，不仅本身毫发无伤，也没有损失任何金钱。

古往今来，人们总是很容易同情和怜悯弱者，也较容易答应弱者的要求。装可怜虽然不是一种被人常用的方法，但却是非常有效的方法。很多时候，温柔的言辞比强硬的反抗能起到更好的效果，平息风波的更好方式莫过于以柔克刚来对抗恶人恶语。

所以，当我们在劝导和说服别人或者有求于人时，一定要放低姿态来与对方沟通和交流，多说些可怜话来打动对方。你的说法让对方觉得真实可信，他们很可能就会心软让步。

一位名叫韦斯的小伙子爱上了一位姑娘。但不幸的是韦斯是一名身有残疾的人，而姑娘却美丽动人。因此，姑娘几乎都不愿正眼看他一眼。

一天，饱受相思之苦的韦斯决定鼓起勇气向这位姑娘表达爱意。韦斯找到那位姑娘，诚恳地问道："你相信姻缘天注定吗？"姑娘很随意地答了一句："这个我当然相信。"

于是，韦斯继续说道："其实，每个男孩出生之前，上帝便会告诉他，将来要娶的是哪一个女孩。我出生的时候，上帝也将未来的新娘配给了我。并且告诉我，我的新娘是个残疾人。听到这个消息后，我当即向上帝恳求：'仁慈的上帝，对一个女孩来说，身有残疾将是一件多么不幸的事情，请您赐予她像其他人一样健全的身体和美丽的容貌吧。我愿意替他承受不幸。'于是，上帝便将残疾的不幸转移到了我的身上，我便成了现在你看到的这个样子。"

当韦斯说完这些话时，那位姑娘开始仔细地打量起他来。他看到韦斯的眼睛里充满了真诚，也发现了韦斯的可怜之处，这种可怜是需要爱来弥补的。于是，这位姑娘将自己的终生幸福交付到了韦斯的手上。

同情弱者几乎是人类共有的天性。一般来说，温柔怜惜的言辞总是很难让人拒绝。所以，如果你想说服强大的对手，不妨用争取别人同情的技巧，做个可怜人，以情乞悯、以弱克强，这样才能打好基础，蓄足力量，达到目的。

很多事情并不难办到，只要能够运用适合的说话技巧，就很可能会达到你的目的。而博取同情、做个可怜人的说话技巧，听起来有一些贬义，但却是十分有效的途径。

在一些访谈节目中，我们经常会看到这样的情景：一个已经成名或者生活过得非常富足的明星、富豪，却在舞台上含着热泪诉说着自己的过去是如何地艰辛，一路走来是多么不容易。住在潮湿阴暗的地下室里，三天只吃一包泡面，找不到一个可以依靠或帮助自己的人等。而作为观众的我们在听到这样的叙述之后，总是会感慨其成功来之不易，佩服他们坚持不懈、吃苦耐劳的精神。同时，会不自觉地在心里给他们加上一些印象分。

另外，通过抬高对方、暴露自己的弱点的方法把有关请求等表达出来，会显得你彬彬有礼、十分有素质。例如："隔行如隔山，我一点儿也不知道人家那边的规矩。你是内行，你能帮帮我吗？"

不管怎样，你都要让对方感觉到你是弱者，而对方则处于相对强势的位置上。要放低姿态、多说可怜话，而不是一味地咄咄逼人或者强硬说教。西方有一句古谚："一滴蜂蜜所黏住的苍蝇，远远超过一桶毒药。"在试图打动别人时，我们都应该学着做蜂蜜，用温和的语言去感化别人的心。

语言训练心得

装可怜的低头话说起来肯定不那么舒服，但事到临头该低头时能低头也是办事情的一种策略。装可怜的话不仅要能说出口，还要会说，只有说好可怜话才能唤起别人的同情心理。

大部分的人都会同情弱者，利用他人善良的同情心说可怜话，如果运用方法恰当，即使那个人铁石心肠，也能收到"以情感人"的奇效。

第5天

语言协调课:让矛盾在你面前消于无形

——化解矛盾的语言艺术

四两拨千斤：化解无谓的争执

一个人在商店里买东西的时候，错把一位短发的女售货员当做男售货员招呼，当售货员转过身时，此人才发现人家分明是黛眉朱唇的小姐。

售货员小姐看到他难为情的样子，便打趣说："明天，看来我只得穿裙子来上班了，不然恐怕连我的男朋友从背后也认不出我了。"

小小的玩笑，既显示出了这位女售货员的善解人意和幽默风趣，也让可能发生的争执烟消云散。

人与人之间若都能够心平气和、友好相处，那自然是一件无上的美事。但并非事事尽如人意，有些人就十分热衷于抬杠、找碴儿，在口舌的较量间体验胜利的乐趣，却破坏了原本美好的心情。面对这样的人，我们多半都会觉得怒上心头。但是，轻易地发怒会让人失态，说气话也只会让自己蒙羞，而且，这样的方式并不见得能够解决争执，反而会将它引至更加激烈的境地。

无论是企业家、外交官、政治家还是普通的老百姓，能够掌握一点四两拨千斤的说话技巧，都可以避免很多无谓的争执，给自己的工作和生活带来便利。

美国有位总统马辛利，因为用人问题，遭到一些人强烈反对。在一次国会会议上，有位议员当面粗野地讥骂他。他极力忍耐，没有发作。等对方骂完了，他才用温和的口吻道："你现在怒气应该平和了吧，照理你是没有权利这样责问我的，但现在我仍然愿详细解释给你听……"他的这种让人姿态，使那位议员羞红了脸，矛盾立即缓和下来。

试想，如果马辛利利用自己的职位和得理的优势，咄咄逼人进行反击的话，那对方绝不会服气的。聪明的人总是会像马辛利一样，说话化解争执，却不失风度，更不会让坏情绪成为自己的致命伤，而且往往能够让对方在哑口无言中承受致命一击，从而轻巧取胜。

　　所以，当面对别人无礼的挑衅时，为了不让自己成为易怒的疯子，我们应该学会控制自己的情绪，不仅仅是愤怒，一切冲动的情绪都要得到控制。

　　我们经常会碰到一些意想不到的事情，要么是自己失言失态，要么是对方反应不如预料的好，要么是周围环境出现了没有预料到的变化等。有时候当人们因固执己见而争执不休时，造成僵局难以缓和的原因往往已不是双方的看法本身，而是彼此的好胜心和较劲心理在作怪。因此，我们在化解争执时要抓住这一点，帮助争论双方换一个角度来看待争执，灵活地分析问题，为对方找好台阶，这样就能平息争论。

　　在一个机场售票厅里，许多乘客都秩序井然地在排队购买机票。突然，一个衣着笔挺的人穿过人群，气势汹汹地挤到了最前面，粗暴地指责售票员工作效率太低，耽误了他的时间，要求售票员为他优先办理。

　　售票员微笑着礼貌应答："十分抱歉，先生，我们会尽可能节省时间，请您按照顺序排队等候。"

　　听到售票员拒绝了自己的要求，他顿时火冒三丈地喝道："你们知道我是谁吗？"

　　售票员依旧微笑应对："这位先生好像有些健忘，您是已经不知道自己是谁了吗？"接着她作势向后边排队买票的旅客问道："请问谁认识这位先生？能帮助着回忆一下吗？他已经忘了自己是谁了。"

　　排队的人群立刻爆出一阵哄笑，而那位无理取闹的顾客已经羞得满面通红，无言以对，只好低头退回到队伍后边去排队等候了。

　　人际间的交往总是纷繁复杂的，什么样的情况都可能发生，总有一些无聊的人时时地翕动着他那张无聊的嘴，向公众发起挑战，给人们正常的社交生活制造各种困难。作为一个在社会中行走的人，无论对方的言谈多么令你反感，你也应该努力保持自己的良好交际形象。要记住，巧妙地利用一些技巧，为自己轻松解围，化解矛盾争执，才是聪明的选择。

如果属非原则性的争论，双方各执己见，而这场争论又没有必要再继续下去。这时，不妨岔开话题，转移争论双方的注意力。

南齐太祖萧道成提出要与当时的著名书法家王僧虔比试书法。君臣两人都认真地写了一幅楷书。然后齐太祖傲然地问王僧虔："你说说，谁第一，谁第二？"王僧虔不愿贬低自己，又不敢得罪皇帝，于是答道："为臣之书法，人臣中第一；陛下之书法，皇帝中第一。"齐太祖听后，只好一笑了之。

王僧虔这种分而论之的回答是相当巧妙的，表面上是顾及了皇帝的尊严，君臣不能互相比较，实际上是回避了不愿贬抑自己，又不敢得罪皇帝的难题。

生活中，我们也会遇到很多类似的情况，针对不同情况下的矛盾，我们要用不同的方式去化解，以合情合理的解释来证明自己或他人有悖常理的举动在此情景中是正常的、无可厚非的，这样一来争执就解除了，从而维护了交际活动的正常进行。

▶▶▶ 语言训练心得 ◀◀◀

生活中我们常会遇到一些争端，这些争端以常规方法往往不能轻易解决，比如别人会因为无意中伤害到你而感到羞愧万分、左右不是，这时你不妨用恰当的言辞宽容待之，换一种思路，找到能消除障碍的法宝，让他卸下包袱，问题自然迎刃而解。有些事情，你非要硬去较真，就会愈加麻烦，相反你若用"四两拨千斤"的方法，来他个"难得糊涂"，"无为而治"，也许会有满意的结果。

用暗示表达自己的不满

有一位夫人请了几位工人为自己做几件家具。开始的几天，她下班回家后，发现草地上都是锯木的碎木屑。可她并不想直接批评这些工人，因为他们的家具做得非常好。为此，她总是等工人走后，再和孩子们一起将这些碎木屑捡起来，并整齐地堆放在屋角。次日清早，她将领班叫到身旁说："我非常高兴，昨晚的草地上那么干净，又没冒犯到邻居。"此后，工人们便每天把木屑捡起来堆好放在一边，草地上再也看不到木屑了。

这位夫人的确很聪明，她没有直接去批评那些工人，而是用委婉暗示的方式表明了自己的不满，这样一来，既尊重了工人们的劳动，又使其及时弥补了自己的过失。

几乎在每天的生活中，我们都会遇到很多这样那样的事情。在这些事情中，有令我们感到高兴的，自然也就有令我们感到委屈和不满的。多数人有了不满的时候，总是习惯抱怨或者直接发泄出心中的愤懑，但是直言不讳刺激性大，容易伤害对方的自尊、得罪人，造成许多矛盾，不容易被对方接受。既然如此，那么就不如换个方式暗示对方，提醒对方注意自己犯的错误。这比直接的教训和谩骂要高明许多倍，既避免了双方之间产生矛盾冲突，又更容易达到自己的预期目的。

人在生活中总会遇到众多与自己相左的意见，面对这些不同的意见，你自然会申述自己的主张。但是，不同的表述方式所带来的效果却不尽相同。同样是表达不满，直接表达虽不一定算是恶语，但一般人听来都会觉得有些不舒服。而巧妙地暗示对方注意自己的错误，他多半会真诚地改正错误。

在后备军和正规军之间，最大不同的地方就是理发。后备军人认为他们是老百姓，因此非常痛恨把他们的头发剪短。

当陆军第542分队的士官长哈雷·凯塞带领了一群后备军官时，他要求自己解决这个问题，跟以前正规军的士官长一样，他可以向他的部队吼几声或威胁他们。但他不想直接说出他要说的话。

他开始说了："各位先生们，你们都是领导者。你必须为尊重你的人做个榜样。你们该了解军队对理发的规定。我现在也要去理发，而它却比某些人的头发要短得多了。你们可以对着镜子看看，你要做个榜样的话，是不是需要理发了，我们会帮你安排时间到营区理发部理发。"

结果是可以预料的，有几个人自愿到镜子前看了看，然后下午就到理发部去按规定理了发。次日，凯塞士官长讲评时说，他已经看到，在队伍中有些人已具备了领导者的气质。

表达自己不满的时候要采用委婉含蓄的方式，不要太直接了。暗示他人的过错，能激发起他人的羞愧之心并使之心存感激，从而使其在以后的工作中能更加兢兢业业，能积极努力地去纠正自己的过失，从而使境况大为改观。

用委婉暗示表达不满有以下几种方法：

1. 以笑话进行暗示

有一次，几位老干部共同反映说晚上休息不安静，楼上的小青年很不注意，总是在夜里发出很大的动静。而这种情况则是属于两代人的生活习惯问题，如果将这个问题当面说开，那么就会使老干部与青年人之间产生不愉快。

于是老干部就给青年人讲了个笑话：楼下住着一个老头，楼上住着一个年轻的小伙子，楼下的老头晚上很难入眠，而楼上的小伙子却是经常晚归，并且每天晚上回家，就把鞋用力一甩，结果总是会发出"噔噔"的声响。于是好不容易睡着的老头就被惊醒了，之后老头提出了意见。当晚小伙子下班回来时，又是习惯性地将鞋一甩，到第二只时，他忽然想起老头的话，随后便轻轻脱下了第二只鞋。次日早晨，老头对小伙子抱怨道："你若是一次把两只鞋甩下，我还能重新入睡，你偏留下一只不甩，弄得我等你甩第二只等了一夜。"笑话一说完，小伙子便意识到这个笑话是有所指的，之后便改正了自己的错误。

2. 切勿指责

指责只会让人与人之间陷入恶劣的情绪之中，导致影响理智和判断力。这样的话最好以后不要再说了："我都跟你说过多少遍了？""你为什么总犯同样的错误呢？""我看你真的是无可救药啦！"

3. 进行换位思考

谁愿意犯错误呢？特别是当事人内心已经很自责时，他们更加需要别人的心理支持。

语言训练心得

我们之所以表达不满多是为了改变现状。所以，一旦与对方产生分歧，如果是正面地争论，所有人在正面争论中都只能充当失败者，无论他愿意与否。因为，十有八九争论的结果都只会让双方比以前更相信自己的观点绝对正确，或者即使认识到了自己的错误，也不愿意在对手面前俯首认输。那么，我们的问题就没办法得到有效解决了，甚至还会为此蒙受更大的损失。

因此我们要想劝阻一件事，就要记住永远避开正面的批评与指责。如果有必要的话，我们不妨用委婉的语言去暗示对方。对人正面的批评与指责，会伤害了他人的自尊心。如果用委婉的语言提醒某人的错误，使对方知道你的用心良苦，他不但会接受你的意见，而且还会从心底里感激你。换一种方式来表达，这样，既不会令对方感到难堪，也达到了自己想要的效果，何乐而不为呢？

宽容理解化矛盾

抗日战争胜利不久，国民政府当时还在重庆。戴笠向蒋介石推荐陈颖来蒋的官邸作英文秘书。陈颖上任不久，就和蒋介石打得火热，她名义上是英文秘书，实际是蒋介石的情人。

过了一段时间，这事被宋美龄发现了。一天深夜，宋美龄突然来到陈颖房中，陈惊慌失措，以为大祸将至，但宋美龄却显得若无其事，坐下来温柔地对她说："孩子，你还小啊！才20多岁，风华正茂。记得《诗经》里的几句话吗？'吁嗟鸠兮，无食桑葚；吁嗟女兮，无与士耽。'我常常叹惜我们女人命苦，所以我们更应珍惜自己。孩子，不要只顾眼前，要想想漫长的一生啊！"陈颖深为感动，一边抽泣，一边说："我错了，夫人，给我指一条路吧！"宋美龄从包中抽出一张支票，递给陈颖，就道："这里不是你安身之所。你去美国吧！这50万美金送给你，算是我的一点心意。你的护照和机票我已代你办好，明天一早就走吧！"

陈颖突然离去，蒋介石一肚子不愉快，虽不能明说，但难免流露。宋美龄趁机讽喻："你以为能瞒天过海，能瞒得了我吗？我这样做，你难道不明？一定要我捅到大庭广众中去，丢你这个元首和领袖的丑吗？"蒋介石只得不了了之。

宋美龄考虑到身份、地位和家族利害等，没有亲自捉奸，大闹一场。而是认为家丑不可外扬，用宽容的态度找到一个解决问题的两全之策。

夫妻之怨宜解不宜结。其中根本的一点是：任何情况下都不要有给对方一点颜色看、惩罚对方一下，非让他（她）低头认罪不可的这种不良心态。

不仅维护夫妻关系如此，在化解人与人之间的矛盾时，也需要宽容理解去打破僵局。

小李和小张是多年的老朋友了，两人有个共同的爱好，就是喜欢看书，都是书迷。

　　可最近她们却因为谈论所看的书而伤了感情。小李喜欢看武侠小说，而小张喜欢看散文。于是小张便对小李冷嘲热讽，把武侠小说批得体无完肤，认为那是登不得大雅之堂的东西，远没有散文所包含的文学养分，并劝小李转变读书的兴趣。但小李很不服气，两人争执不休，不欢而散。

　　我们现实生活中不乏小张这样的人，这些人从自身立场去看待他人的一言一行。一旦他人的思想、语言、行为与自己不一致时，就认为不可理解，于是便肆行非议，甚至让朋友完全地与自己的思想和行为吻合。这种不善于理解他人、过分挑剔人的人，又怎么能拥有他人的友谊呢？

　　既是朋友，就应该宽容理解对方与自己不同的方面：例如色彩，有人崇尚鲜艳，喜欢大红；有人却以素色为美。我们交友，不能要求别人在各个方面都完全符合自己的意愿，我们只要取其志同道合、情投意合的一两点，便可以与他交朋友了。求大同存小异，不要以自己的观点和思想意识去猜度甚至左右他人，这样，只能使自己孤立起来。

　　与人相处，要有一点宽容和善良之心，不要把别人的观点、做法看得一无是处。

　　有时你面对一个突发事件或一个刁钻的问题，试图一五一十地把问题解释清楚也不是一个好办法。这时最好面不改色心不跳，同时迅速作出反应，以简单而又能避其锋芒的语言予以化解。

　　果戈理有一句话："理智是最高的才能，但是如果不克制感情，它就不可能获胜。"如果说，我们在遇到尴尬的局面时都心慌意乱，不能控制自己的感情的话，自然会穷于应付。这时，我们不妨来个将错就错。

　　或许人人都有好奇心，他们有时会问一些根本就不适合问的东西，也许他们是无意的，但你却可以不答。比如说，一些很私人化的问题，一些涉及某方面的机密问题等。但不管是有意的还是无意的，假如你较重地伤害了别人，应立即承认并向别人道歉，并作自我批评，希望得到宽容，然后闭口不语，不要在其他时间再去谈论这件事。而我们对于别人的冒失，

第5天　语言协调课：让矛盾在你面前消于无形
——化解矛盾的语言艺术

也应表示不在意，并迅速和尽可能地使他感到自然。

可见，给别人台阶下是一个非常高明的举动，它体现了你对别人的宽容和谅解，又给自己赢得了朋友。总言之，为人不可太固执，对待他人包容理解，人们最终会承认你的正确观点，并称道你的宽宏大量。

▲▲▲ 语言训练心得

世界是缤纷多彩的，事物是错综复杂的。人与人之间的思想见解也往往如此。它不可能统一在一个尺度上。那么针对相互间的差异需要的不是排斥或强求，而是宽容与理解。

你不可能完全避免受到尖酸话的攻击，试试把一些伤人的话作为人们失意时的正常发泄，而失意是人人都会有的。我们大多数人都会尽量不去侮辱人，不过偶尔也会犯错。失言，是容易被人谅解的，因为有很多是出于无意的。

丰富多彩的说话方式让矛盾消失于无形

有一个商场女营业员，遇一个中年男子来退一个电饭锅。那锅已经用得半新半旧了，他却粗声粗气地说："我用了一个多月就坏了，这是什么鸟锅？你再给我换一个！"营业员耐心解释，他却大吼大嚷，并满口脏话说什么"我来了你就得给退，光卖不退算个鸟！"营业员虽然占理，但为了不使争吵继续下去，便温和地对他说："这种电饭锅已经用一段时间了，又没有质量问题，按规定是不能退的。可是你执意要退，那就干脆卖给我好了。"就在她掏钱的时候，那个粗暴的男顾客脸红了，他终于停止了争吵，悄然离去。

显然，营业员的宽容与退让说话方式起了良好作用。因为它反衬出对方的无理和低劣，从而从容地制止了事态的扩大。平息风波的较好方式，莫过于得理勇敢地站出来，主动承担责任，以自责的说话方式对抗恶人的恶语，以柔克刚。

俗话说"冤家宜解不宜结"。人生活在一起难免有些磕磕绊绊。这时候，就需要你改变说话的方式，打破僵局。说话方式丰富多彩可以化解矛盾，增进彼此之间的感情。

人无完人，犯错误是难免的。不少时候，人和人之间的相互发火，是因为互不了解、有失沟通造成的。这时候得理的一方切不可因对方的错怪而以怒制怒。最好的方式是多加解释，想法沟通或者道歉、劝慰，与对方达成谅解或共识。

一所医院里，患者挤满了候诊室。一个患者排在队伍中，将手里的报纸都看完了也没有挪动一步，于是他怒火万丈，敲着值班室的窗户对值班人员大喊："你们这是什么医院？这么多人排队你们看不见吗？为什么不想办法解决？我下午还有急事呢！"值班员面对患者的怒火，耐心解释说："很抱歉，让你等了这么久。是这样的，医生去开刀了，抢救一个危重患者，一时脱不了身。我再打电话问问，看看他还要多久才能出来。谢谢你的耐心等候。"

患者排长队得不到及时诊治，责任并不在那个值班员身上，但是面对患者的错怪，她却沉住气一面解释，一面劝慰，这就比以怒制怒、火上浇油的回答好多了。所以，如果一方所犯的不是实质性、原则性错误，大可不必指责。只要让有问题的一方知道自己的问题，就可以了。

人与人之间本来是平等的，一方希望另一方去做什么事或怎样去做，应当用协商的口气，而不是命令口气。比如："我有点头痛，你可以帮我倒杯水好吗？"这样说的效果比命令对方："快点给我倒杯水！"的效果要好得多。这是因为命令式的说话会给对方一种不平等感，不利于人的感情交流。

小茜一直很注重跟老公之间的感情沟通，可是最近的几个月，她却发现丈夫对自己越来越不重视了，白天忙着工作，晚上不是忙着出去应酬，就是上网逛论坛，彼此几乎连最基本的沟通都没有了。

于是，这天吃过晚饭之后，小茜问丈夫："一会儿准备干什么？"

"看电视呀，新闻联播时间马上就到了。"

"看完电视以后呢？"

"一个同事约我 8 点上网，他今天刚申请了 QQ 号加了我，想向我请教一些问题。"

"然后呢？"小茜继续问。

"没有了。"

"那等你办完这些事之后，能不能陪我聊一会儿，我想跟你说说孩子的教育问题。"

丈夫一听，立刻认识到自己的错误，向妻子道歉说："对不起，亲爱的，最近我光顾着忙自己的事情了。对你和孩子关心不够，以后我一定注意，保证不再这样了。"

在这段夫妻间的对话中，小茜先是耐住性子，等对方把缺陷充分表现出来之后，再以委婉商量的口气将问题指出来，希望丈夫可以多陪陪家人，引发对方发自内心的愧疚感，可谓极具讲话的技巧。不仅避免了夫妻之间因此所可能产生的矛盾，同时又令丈夫意识到了问题所在。

同样的问题，表达同样的意思，以不同的说话方式出现，结果是完全不同的。所以要学会改变自己说话的方式，化解矛盾，加深感情。

绝对式的话最伤人心，也最不符合事实。生活中常有一些人特别固执己见，十分容易为些小事情同别人争论，而且火药味浓烈。这时候，应当有容人的雅量，可以一面解释一面折中调和，最好使用不带绝对性的"各打五十大板"或者"你好我好"的语言形式，以避免冲突的扩大。

有一位先生，一次上岳父家吃饭，进餐时翁婿两人聊起了一条高速公路的修建问题。那位先生强调：高速公路的进度一再推迟，是有关方面的一个严重错误；而岳父则不同意，认为高速公路本来就不该兴建。两人你一言我一语，争论渐趋激烈。后来那位泰山大人把问题扯到"年轻人自私心重，没有环保意识"上面，显然是在批评那位先生。那位先生怕再争论下去会伤了和气，便开始缓和下来，他婉转地说："可能我们的看法永远也不会合辙，可是，那没有什么，也许我们都是对的，也许我们都是错的，这也是未可知的事。"

这位先生的一席话，不仅给自己搭了台阶，也给争论双方打了圆场。避免了双方争论不休，矛盾扩大，影响感情。试想，如果那先生意气用事地与岳父争论下去，结果会如何呢？很可能惹火老岳父，被臭骂一顿。

就大多数人际关系而言，双方是都不愿在冷战中打持久战的。有话说话，有理讲理，宁要争吵也不要冷战，这是构建和谐的人际关系的一条老经验。而一旦处于冷战中无人主动来给你们调解，那就靠双方"系铃人"通过丰富多彩的说话方式，来努力解开沉默无言这个"结"了。

若是说话不当，给对方的自尊心造成伤害，那么对方的"自卫反击"也会给自己造成伤害，从而产生矛盾。因为被击中痛处对任何人来说，都不是一件令人愉快的事。尤其是对于他人所犯的错误或是身体上的缺陷，更不能轻易提及。无论是什么人，只要你触及了他的伤疤，他都会采取一定的方法进行反击。

我们不可能乞求有一种完美、和谐、符合逻辑的人际关系的存在。现实中，每个人都会经常遇到一些无法料到的困境，比如谣言、被冒犯等。明智的做法就是不必太较真，因为你越是在公开场合为自己辩解，人们就会越相信那些谣言，结果越抹越黑。有许多很有才气的人，都是被恶意的指控所陷害，又拼命去解释，结果是跳进黄河也洗不清。

所以，永远不要在所有问题上都钻牛角尖，即使赢得了一场争斗又怎么样呢？相信一定不会有人因为你的胜利而对你的口才和学识大加赞赏。相反，只会让别人觉得你是一个不懂人情世故的人，引起别人的反感。

而如果你能懂得照顾对方的自尊心，不在小事上与其僵持不下，那才是处世圆滑的做法。假如你能用巧妙的言语将一个人从尴尬的境地解救出来，那么他会对你感激不尽。

古时候，吴国有个滑稽才子，名叫孙山。他与同乡的儿子一同参加科举考试。考完后，孙山先回到了家，那个同乡的父亲就向孙山打听自己的儿子是否考上了。孙山笑着回答说："解名尽处是孙山，贤郎更在孙山外。"

孙山的回答委婉而含蓄，既告诉了结果又没刺到对方的痛处：如果孙山竹筒倒豆子，直告对他儿子落榜，那么对方的反应就可想而知了。

当你太过于计较，伤害到别人面子时，自己也会被别人捉弄，而引起你们之间的矛盾。所以，聪明人会尽量不去钻"牛角尖"。我们一定要记住，不要总是"较真"，特别是在一些无关紧要的小事上应尽量睁一只眼、闭一只眼。因为处处给别人留足面子，给别人一个台阶下，就等于给了自己一个世界。

语言训练心得

要解决僵局，实现交往正常化。你应该乖乖地学学下面的几招：

①不把话说得太绝，为对方留有余地。

②请朋友做客或约对方看电影，借机搭话。

③热脸贴冷屁股，向对方大献"殷勤"。

④打个电话，找个借口说说话，可减少尴尬。

⑤求对方帮个小忙，打破"坚冰"。

⑥佯装生病或不舒服，让对方来关心。

做善于消解争端的"和事佬"

刘复才为江夏县知事，为人极为敏捷，常常在两方争执不下之际，他一两句话就双方打了圆场。都督张之洞和抚军谭继洵平时意见就不太一致。这天。刘复才在黄鹤楼设宴，张、谭二公及其他客人都在座。酒过三巡，诸人都有不少醉意了。忽然，一位客人不知怎么谈到了武汉江面有多宽的问题。谭继洵说有五里三分宽，他的话音未落，张之洞就说道："不对！我记得确实，是七里三分宽。"

两人顿时争执起来，互不相让，旁边坐着的诸位客人劝说也无济于事，一下子都不知道怎么办好，只好任由他俩争执。

刘复才坐在末座，看见席间这番争执，感到不妙，继续争下去，搞得不欢而散可就糟了。他急中生智，徐徐举起手来，说道："江面水涨，则宽七里三分。水落，则五里三分宽了。张公是就水涨时说的，谭公则是就水落时说的。两位先生都没有错。"

张之洞和谭继洵听到这话，顿时哈哈大笑起来，顿时恢复了原有的轻松气氛。旁坐的客人为刘复才的片语解纷的机敏而折服。

人间需要"和事佬"。有机会充当这样的角色，是很有意义的事。有时候，双方陷入僵局，相持不下，顾及脸面，谁也不愿放低姿态，给对方一个台阶。这时"和事佬"就大有用武之地了。"和事佬"最高超的功夫，就是"打圆场"。

所谓"打圆场"，是指交际双方争吵或处于尴尬境地时，由和事佬出面站在第三者角度进行调解。打圆场近似于捧场，同是圆滑乖巧行为，但它没有捧场那般肉麻，而且在了结现实矛盾、平息事端的功效上，远比捧场高上一筹。"打圆场"运用得好，可以融洽气氛，联络感情，消除误会，缓和矛盾，平息事端，还有利于应付尴尬，打破僵局，解决问题。

凡事都有诀窍，打圆场也有打圆场的学问。专家指出，打圆场的学问主要有以下几点：

1. 说明真情，引导自省

当双方为某件小事争论不休，各说一套，互不相让时，"和事佬"无论对哪一方进行褒贬过分的表态，都犹如火上浇油，甚至会引火烧身，不利于争端的平息。因此"和事佬"此时只能比较客观地将事情的真相说明清楚，而不加任何评论，让双方消除误会，从事实中反省自己的缺点或错误，引导他们各自多作自我批评，使矛盾得到解决，达到团结的目的。

2. 归纳精华，公正评价

假如争论的问题存在较大的异议而双方又都有偏颇，眼看观点越来越接近，但由于自尊心，双方又都不肯服输，那么"和事佬"应考虑双方的面子，将双方见解的精华归纳出来，也将双方观点的糟粕整理出来，作出公正评论，阐述较为全面的双方都能接受的意见。这样，就把争论引导到理论的探讨、观点的统一起来了。但不能"各打五十大板"。因为，所谓"各打五十大板"是不分青红皂白、是非曲直的，那样乱批一气不利于解决问题，因此不可取。

3. 调虎离山，暂熄"战火"

有的争论，发展下去就成了争吵，甚至大动干戈，如果双方火气正旺，大有剑拔弩张、一触即发之势，"和事佬"即可当机立断，借口有什么急事（如有人找，或有急电），把其中一人调走支开，让他暂时脱离争论，等他们消了火气，头脑冷静下来了，争端也就趋于平息了。

语言训练心得

假如你想让两个过去抱有成见的人消除前嫌；假如你的亲人突然遇到过去关系很坏的人而你又在场；假如你作为随从人员参加的某个谈判暂处僵局……作为第三者，你应首先联络双方的感情，努力寻找双方心理上的共同点或共同感兴趣的问题。一幅名画，一张照片，一盘棋，一个故事，一则笑话，一句谚语，一段相同或相似的经历，乃至一杯酒、一支烟都可能成为双方感兴趣的话题，都可以成为融洽气氛、打破僵局的契机。

第6天

语言魅力课：带给他人耳朵一场盛宴

——赞美和批评都能如此好听

人人都爱听好话

　　某家具公司的推销员小吴得知一家文化公司刚装修完办公室，于是，上门来向项目负责人董经理推销办公家具。

　　一进门，小吴便赞叹道："哟，您这办公室真漂亮，我大大小小的公司跑了不少，还从没见过您这么有品位、懂情趣的老板。"

　　董经理顿时喜上眉梢，嘱咐助理沏了一杯茶请小吴坐下细谈。小吴用手摸了摸椅子的扶手，说："这可是上等红木，这在我们家具界也不太多见，看来，我今天真是来对了，能遇到您这样识货、懂货的人！"

　　"呵呵，我也只是一直都比较喜欢这些玩意儿。"董经理的自豪感油然而生。

　　之后，董经理带小吴参观了整个办公室，并兴致勃勃地拿出了几件心爱的木质藏品让小吴赏鉴，还细致地介绍了自己公司此次装修和配备家具的规划。结果可想而知，小吴很顺利地拿到了订购合同。

　　在日常生活中，人们常存在偏见，那就是将那些善于说赞美话的人一律称之为"马屁精"，好像这类人人格多么低下，多么不齿于与之相提并论似的。其实，这是对人际关系的一种误解。在人的心中，都有着爱听赞美话的天性，经常受到称赞的人，信心也随着增高，这是人之常情。人的内心最强烈的渴求就是受到他人的重视，因此，每个人都无一例外地希望受到赞美，一旦别人帮助他实现了或让他体验到了这种感觉，他就会对这个人感激不尽。

　　我们仔细观察就不难发现，周围的人或多或少都在说着赞美别人的话，只不过赞美的方式多样而已。就人际关系日益复杂的今天来说，多说赞美话不仅不是坏事，而且是好事。

小王在一家鞋店当导购，她的销售业绩总是最好的，原因就在她那张巧嘴上。一次，商店里走进来一位身材匀称、面容姣好的女顾客，小王热情地迎上去帮她介绍新上市的鞋。

顾客在试穿时看中的一双橙色凉鞋时，小王看见顾客脖子上戴的小熊链子亮晶晶地从衣服里滑了出来。

"你的小熊链子真漂亮!"小王笑着说。同时，她的眼睛里流露出不加掩饰的喜欢。顾客看着小王，内心也是一片欢喜，因为这同以往的赞美不一样，之前每次别人都会说她长得漂亮、有气质。听得久了，也就对这样的夸赞完全没感觉了。这次有人赞美自己佩戴的饰物，心中当然觉得格外高兴。

就因为这一句赞美，顾客很爽快地掏钱买下了这双鞋。

在这个社会上，会说赞美话的人，似乎比较吃香。因此，说赞美话是与人交际必需的技巧，赞美话说得得体，会使你在交际中更受欢迎!

美国著名的女企业家玫琳·凯说过："世界上有两件东西比金钱和性更为人们所需——认可和赞美。"几乎从来没有人会拒绝别人的夸赞，它总是能在短时间内便俘获人心，有效地缩短人与人之间的心理距离。

人的年龄有长幼之别，认知也有高低之分。因而，赞美的内容也要因人而异。对于生意人，可称赞他头脑灵活，生财有道；对于儒雅的学士，可称赞他知识渊博、宁静淡泊；同辈人之间，可以把赞美的侧重点放在能力、学识、思想和品行上；而对长辈，则应注重赞美其经验、成就和精神、健康……但这一切的宗旨是应依据事实，切不可虚夸。所以，赞美应该多动动脑子，去发掘对方的独特之处。称赞一个人时，与其称赞她最大的优点，不如发现她最不显眼，甚至连她自己也未曾发现的优点，这样的称赞总显得弥足珍贵。

法国总统戴高乐曾于1970年访问美国。美国总统尼克松为他举行欢迎宴会。尼克松夫人为了迎接贵客，费尽心思布置了一个漂亮的鲜花展台。

在马蹄形的桌子中央，有一个精致的喷泉，周围衬托着五彩缤纷的鲜花。戴高乐总统一走进宴会大厅就看到了它，明白这是为了欢迎自己而精心布置的，于是他对尼克松夫人说："夫人为举行这次正式的宴会，肯定花了很多时间才能将展台布置得这么漂亮、雅致。"尼克松夫人听了当然很高兴。

尼克松夫人一直记得戴高乐总统对于这件小事的赞美，在很久以后，她还曾经回忆起这件事："许多来访的大人物对于这些细节或不加注意，或不屑为此专门向女主人道谢，而他总是想到并赞美别人。"

戴高乐身为法国总统，却能对他人的良苦用心体察入微，这令他受到人们的格外尊敬。当看到尼克松夫人精心布置的那个鲜花展台，戴高乐总统并没有如其他大人物那般视而不见，而是马上领悟到了对方用心良苦，并及时对这番好意表示了肯定和感谢。虽然戴高乐总统的赞美很简短，但却打动了尼克松夫人的心。

虽然人人都爱听好话，但是如果称赞不得法，反而会遭到排斥，因此，要恰如其分地赞美别人确实是件很不容易的事。为了让对方坦然说出心里话，必须尽早发现对方引以自豪、喜欢被人称赞的地方，然后对此大加赞美，也就是要赞美对方引以自豪的地方。在尚未确定对方最引以自豪之处前，最好不要胡乱称赞，以免自讨没趣。

比如在职场中，如果我们能把同事的一些不为人知的优点告诉领导，那么该同事可能会对我们充满感激。赞美这种既成的事实与交情的深浅无关，对方也比较容易接受。也就是说，不是直接称赞对方，而是称赞与对方有关的事情，这种间接奉承有时比较有效。

要想言之有物，我们必须具备一定的观察力。在人际交往中，我们应善于发现细微处的美丽，并且不失时机地用赞美与感谢的话来回敬别人的良苦用心，以加深彼此的感情。如果我们能从对方身上找出连对方本人也没能注意到的优点，那么这样的赞美就会赢得对方的好感。

当一个人听到别人的赞美话时，心中总是非常高兴，脸上堆满笑容，即使事后冷静的回想，明知对方所讲的是赞美话时，却还是抹不去心中那份喜悦！由此可见，即便是一句简单的赞美之词，也能收到良好的效果。真正聪明的人总是善于称赞别人。

小事往往很容易被人们忽视，所以你必须做一位有心人，善于发现赞美的题材，发掘潜藏于小事背后的重大意义。学会从小事赞美对方，会给别人出乎意料的惊喜，它是送给别人最好的礼物和报酬，是搞好人际关系的隐性投资。

另外，要特别注意赞美对方新近的变化，如："我发现最近你的皮肤变白了。""哇，你又瘦了，身材越来越完美了。"还要注意赞美对方潜在的优点，如："你真的很细心。""没想到你不但长得好看，钢琴还弹得这么好。"不要发愁该赞美别人什么，只要你愿意找，会说话，那么总有一顶"高帽"可以送出去。只要送得好、戴得妙，就能瞬间赢得人心，成为一个说话、办事左右逢源的交际达人。

赞扬的节奏：好话的时机与方法

吕岩去参加研讨会，遇到他的老对手张启，他俩的观点向来是针尖对麦芒。对于这次张启的发言，虽然吕岩仍旧不能赞同，但是他那认真探索的精神、自成体系的推演以及流畅简洁的表述，着实令吕岩佩服。中途休息时，吕岩很想对张启说："虽然我还是不能同意你的观点，但是我非常欣赏你刻苦钻研的精神。"但当吕岩走到张启面前时，又改变了主意，他突然担心这样的话语会招来误会。吕岩开口还是说出了毫不相让的话，一如既往。

这是多么可惜的事例啊，它们那么真实地发生在我们的周围。实际上，赞美别人最重要的就是及时。有些事情，只要时过境迁，就失去了原来的意义。赞美的语言是美丽的，真诚的赞美仿佛用一支火把温暖了别人的胸膛，也照亮自己的心田，有助于发扬被赞美者的美德和推动彼此友谊健康地发展，还可以消除人际间的隔阂和不愉快。

我们想要找对说赞美话的方法，就要找准赞美的时机。赞美是一件好事，但绝不是一件易事。赞美别人时如不审时度势，不掌握一定的赞美方法和时机，即使你是真诚的，也会变好事为坏事。说话也是一样，就算你说的是好话，也要找准时机说。时机对了，那就是成功的助力器；时机不对，不仅得不到应有的重视，还会遭人厌恶。

所以，赞美别人要善于把握时机。要把赞美的话及时说出口，拖延只会造成遗憾。一旦看到别人有值得赞美之处，我们就应该立刻对他进行赞美。

作为一种沟通技巧，赞美他人并非只是随意说几句好听的话那么简单。其实赞美也有一定的方法。

赞美的灵魂就是准确真切。

虽然人人都喜欢听赞美的话，但并非任何赞美都能使对方高兴。能引起对方好感的只能是那些基于事实、发自内心的赞美。相反，你若无根无据、虚情假意地赞美别人，他不仅会感到莫名其妙，更会觉得你油嘴滑舌、诡诈虚伪。

准确是指赞誉之词应该得体，并且恰到好处，赞就要赞到点子上，否则过犹不及。赞美得过头了，难免有吹捧之嫌；赞美得不够，就很乏味，白费力气。

恩格斯曾经遇到过一个年轻人，此人写信给恩格斯，信中表达了他对恩格斯的崇拜之情。他用了很多诸如"伟大""无与伦比"的词语来赞美恩格斯。恩格斯读完信后感到哭笑不得，于是就给他回信说："我不是什么伟大的导师，我的名字是恩格斯。"

古今中外，无论是在哪种文化背景下，阿谀谄媚都属于卑劣的行为，为人所不齿。孔子曾在《论语》中说："巧言令色鲜矣仁。"就是说善于阿谀谄媚者往往都是没有仁义道德的人。

赞美能招致别人的荣誉心，而荣誉心令人产生满足感，这是大家都喜欢被赞美的原因。但当别人对自己的赞美言过其实时，又会感觉受了愚弄。因此，当我们要赞美他人时，为避免引起类似的误会，必须确认是否真有其事。

而且赞美他人一定要真诚。英国社会关系学家卡斯利博士曾说过："大部分人选择朋友都是看对方是否具有诚意。"不管处于何种文化背景的人，都珍视真心诚意，真诚是人际交往中最重要的一点。

在日常生活中，人们有非常显著成绩的时候并不多见。因此，交往中应从具体的事件入手，善于发现别人哪怕是最微小的长处，并不失时机地予以赞美。赞美用语越翔实具体，说明你对对方越了解，对他的长处和成绩越看重。

要想赞美准确，我们必须对要赞美的对象进行细致的观察和深入的分析，并且善于抓住其本质特点。让对方感到你的真挚、亲切和可信，你们之间的人际距离就会越来越近。

另外，如果对方满意你的赞美时，不要就此结束，应改变表达方式，再三地赞美同一点。因为仅仅一两次的赞美，会被认为是一种奉承，而反复的称赞，可信度会提高。所以，赞美对方时，一定要三思，并随时注意对方心情的变化。

总之，掌握好赞美的时机和方法，是每个想掌握高超言谈技巧的人的必修课，想要对方愉快地接受我们的话语，就要先把自己的情绪调整好，把嘴管好，即使是说赞美的话，也要掌握好方法和时机。这样做，才能很好地让语言为我们的目的服务。

语言训练心得

如何赞美才算及时呢？

第一，善于发现他人的优点和长处。我们只有能及时发现他人的优点，才可以及时地对其进行赞美。如果不知道他人哪些事值得称道，那么赞美的话就说不到点子上，就不能引起他人的共鸣，甚至会有阿谀奉承之嫌，反而得不偿失。

第二，发生在特定情境下的事要及时赞美。如果我们发现了别人的优点，那么一定要毫不犹豫地把赞美的话说出口，不要总是想以后再说，或者没人时再说。

第三，赞美他人要有远见。赞美之词不仅要符合现实情况，而且要高瞻远瞩，具有一定的前瞻性与预见性。同时，在一件事情还没有最终完成之前，我们也一定要慎用赞美。要知道，问题常常会出现在最后关头，导致前功尽弃。

黑脸红脸：赞扬中的批评

斯坦丁是美国著名的飞行员。一次，他在距地面90多米高的空中准备降落时，突然发现有两个引擎同时失灵，幸亏他经验丰富、反应灵敏，才没有造成重大的事故。

平安着陆后，他立即对飞机进行了检查，果然不出他的意料——飞机用油装错了。斯坦丁立即找到了那位负责保养的年轻机械工，机械工已经因为自己的重大失误而紧张不已，一见斯坦丁竟吓得大哭起来。

然而，斯坦丁并没有对他大加指责，反而拍拍他的肩膀说："你的维修保养技术我一直很赞赏，我相信这次只不过是你的小小失误，为了证明你干得好，我想请你明天帮我的F系列战斗机做维修。"

自那以后，那位维修工一直都兢兢业业、一丝不苟，再也没有在维修中出现过任何差错。

每个人都希望别人能够看到自己的优点，得到他人的赞美，而不希望被人批评。对他人的适度赞美，可使对方产生亲和心理，为友好的交往提供前提。假如斯坦丁一开始面对机械工的失误时，就大加指责，那么机械工一定会产生逆反心理，从而要不怨恨在心不认真工作，要不产生惧怕心理辞职不干。让机械工自己去知错、改错。这样，既照顾了对方的面子，又让对方因欠了一份人情和信任而更加努力工作，可谓高明至极。

人难免因一时糊涂做一些不适当、错误的事。遇到这种情况时，如何去处理，可以很好地体现出一个人的经验与智慧。

没有人愿意挨批，不管你说的有多对，所以批评常会产生一些负面效应。但是，有些人能够很恰当地把握批评的方法尺度，使批评达到春风化雨、甜口良药也治病的效果。

美国南北战争时期，属下向林肯总统打听敌人的兵力数量，林肯不假思索地答道："120 万～160 万人之间。"下属又问其依据何在，林肯说："敌人多于我们三四倍。我军 40 万，敌人不就是 120 万 - 160 万人吗？"为了对军官夸大敌情、开脱责任提出批评，林肯巧妙地开了个玩笑，借调侃之语嘲笑了谎报军情的军官。

这种批评显然比直言不讳地斥责要好多了。

要知道，每个人都渴望被理解，尤其是犯了错的人。如果他已经认识到了自己的错误，你仍然得理不饶人，那么就可能会激化矛盾，让双方都站在不能逾越、不能通融的死结上，甚至会使他原来的负罪感转化为对你的不满。而恰到好处的调侃、暗示，却更能使他人接受而取得意想不到的效果。

在日常生活中，人们常常借用京剧脸谱的含义将严厉、不讲情面的人称为"黑脸"，将温和、起到矛盾调和作用的人称为"红脸"。而在交往的时候，若能合理地运用"红脸"和"黑脸"战术，在称赞中批评，也能取得出人意料的效果。

董老师刚调来某校某班当班主任不久，就发现班上有个叫高文星的孩子十分调皮。他不但跟男生打架，欺负女同学，还喜欢搞恶作剧，对老师也十分无礼。但董老师发现高文星有一个优点，就是领导能力强，班上的其他男孩都愿意跟随在他身边玩。

于是，董老师在一次班会上这样评价班里的同学："宋瑶瑶，你这周为班级画的黑板报真漂亮；李琳，恭喜你又一次拿到了班里的纪律流动小红旗……"当她念到高文星时，她直视着高文星，对他说："高文星，虽然你现在还有些调皮，但我觉得你是一个天生的领导人才，所以今年我要靠你帮助我把这个班变成年级最好的一班。你一定很有信心做到这一点。对吧？"

得到了这样从未有过的夸奖，高文星真的认真负责地维护起了班里的纪律，并且一点点地改正着自己的坏毛病。到了期末的时候，他已经变成一个十分讨人喜欢的孩子了。

妙就妙在董老师一开始先做了一次红脸，先留给高文星一个和蔼可亲的印象。这样一来，之后的批评就显得容易接受了许多。这番赞美中批评，既充分肯定了高文星的本事，又表明了他顽皮的一面，很快便拉近了两人之间的心理距离。

卡耐基曾说过："你希望对方怎么做，就要先把他标榜成什么样的人。"一般来说，当一个人意识到自己犯了错误时，通常会感到不安或沮丧。如果这时候你再对他大加斥责，一定会挫败他的自信，甚至使他产生逆反心理。但如果你采取这种"标榜"的方式，效果就会好很多。因为恭维是用来协调人际关系的调和剂，巧妙地恭维可以为办事提供很大的方便。

不论是大人还是孩子，渴望被肯定是每个人的天性，所以在现实生活中，人们普遍存在着喜欢"戴高帽"、吃软不吃硬的心态。因此，在说服他人时，用抬举、赞扬的方式，就好像牙医用麻醉剂一样，病人仍然要受拔牙之苦，但麻醉却能消除苦痛而达到治病的目的。如果一个人发现自己朝着哪个方面发展会受到肯定，那他多半会全力朝着那个方向前进，但埋怨或者斥责却完全起不到这样的作用，甚至会适得其反。

美国最伟大的牧师、演讲家亨利·华德比奇尔于 1887 年 3 月 8 日逝世。华德比奇尔影响力巨大，被世人评价为"改变了整个世界的人"。为了纪念他，一个演讲纪念大会将举行，而莱曼·阿尔伯特应邀向那些因为华德比奇尔的去世而哀伤不语的牧师们演说。

由于急着想表现出最佳状态，阿尔伯特把自己的演讲稿改了又写，写了又改。在作了严谨的润色后，他读给妻子听，让她提些意见。妻子感觉写得很不好，又不便直接说，固而委婉地说："莱曼，这篇演讲稿如果刊登在《北美评论》杂志上，将会是一篇极佳的文章。"

莱曼·阿尔伯特一听就明白了她的意思，她称赞了这篇演讲稿写得很好，但同时又很巧妙地暗示，要是用这篇讲稿来演说，将不会有好的效果。于是，他把自己精心准备的原稿撕掉，后来演讲时甚至都不用讲稿了。

不要直接批评、责怪和抱怨他人。要学会用暗示的语言提醒某人的错误，使他人感到我们并不认为他们不聪明或无知，绝不要伤及人的自我价值感。要做到这一点，就需要委婉或间接地提出你的看法，这样对方更容易接受。

其实，许多时候批评的效果往往并不在于言语的尖刻而在于形式的巧妙，正如一片药加上一层糖衣，不但可以减轻病人的痛苦，而且使病人很愿意接受。批评也一样，如果我们能在必要的时候给其加上一层"外衣"，也同样可以达到"甜口良药也治病"的目的。

有一天中午，查理·夏布偶然走进他的一家钢铁厂，撞见几个工人正在吸烟，而在那些工人头顶的墙上，正挂着一个"禁止吸烟"的牌子。夏布没有直接地批评工人。

他走到那些工人面前，拿出烟盒，给他们每人一支雪茄，然后请他们到外边去抽。那些工人已知道自己破坏了规定，可是他们钦佩夏布先生不但丝毫没有责备他们，而且还给他们每人一支雪茄当礼物，工人们觉得受到了尊重，再也不在工厂里吸烟了。

我们要劝阻一件事，应躲开正面的批评，这是必须要记住的。如果有这个必要的话，我们不妨旁敲侧击地去暗示对方，对人正面的批评，会伤害他的自尊，如果你旁敲侧击，对方知道你用心良苦，他不但会接受，而且还会感激你。

◆ 语言训练心得 ◆

在开始批评别人之前，要先真诚地赞美对方，然后一定要接一句"可是"，再开始批评。这样黑红脸交替的方式，可以让对方愉快地接受自己的建议或批评。

这样赞美与批评交替的方式不仅适用于处理日常矛盾和说服他人，对于比较严肃、正规的商业谈判来讲，也是一个不错的招数。

所以，要想改变一个人而又不伤感情，不引起憎恨的情绪，应该学会以抬举、称赞和让对方感到高兴的方式达到目的。

忠言不逆耳，良药不苦口

一位部门经理在已经知道部下尽了最大努力但还是把事情办砸的前提下，尽管没有对部下做太多的指责，还是忍不住要向他提出诸如"下次再不能重复上次的错误了"之类的忠告。他的部下有的很伤心，心想自己那么努力，不能得到好的结果也并非所愿；有的人则想部门经理本人站着说话不腰疼，有本事他自己去试试。之后大家的工作热情日渐冷却，这样的忠告效果显然是失败的。

后来部门经理意识到了这一点，再遇到这样的事情时，他稍微改变了说法："你们已经尽力了，事没办好我也有责任。"并把自己的责任和需要注意的事项都列出来，感觉是在做自我检讨，实际上起到了提醒的作用，反而不会让部下产生抵触情绪。

由实例可见，逆耳的忠言不一定就有良好的效果。人们都愿意听好话，而逆耳的忠言多是挑他人的刺，所以自然是不大中听的。以致与对方善意的有理性的认识形成认识上的交错，这就促成了逆反情绪的产生，越是忠言越觉得逆耳。如此看来，"逆耳"的忠言往往达不到预期目的。

民间有一句名言叫："良药苦口利于病，忠言逆耳利于行。"但是，为什么良药就非要苦得让人难以下咽呢？忠言为什么就一定要让人听了难受呢？医药科学发展至今，许多"良药"或包糖衣，或经蜜炙，早已不苦口。语言科学发展至今，讲究批评的方式方法与语言艺术，也可做到"忠言不逆耳"，老少皆喜听。

美国经济学家、总统罗斯福的私人顾问亚历山大·萨克斯，在1939年受爱因斯坦等科学家的委托下，企图说服罗斯福重视原子弹研究，以便抢在纳粹德国前面制造出原子弹。尽管有科学家们的信件和备忘录，但罗斯福反应冷淡，他说："这些都很有趣，不过政府若在现阶段干预此事，看来为时过早。"但他为表示歉意，决定邀请萨克斯于第二天共进早餐。

早餐开始前，罗斯福就提出，今天不许再谈爱因斯坦的信。但萨克斯含笑望着总统，说："我想谈一点历史。英法战争期间，在欧洲大陆上不可一世的拿破仑在海上却屡战屡败。这时，一位年轻的美国发明家富尔顿来到了这位法国皇帝面前，建议把法国战舰上的桅杆砍掉，撤去风帆，装上蒸汽机，把木板换成钢板。但是，拿破仑却想，船若没有帆就不能航行，木板换成钢板船就会沉没。他嘲笑富尔顿：'军舰不用帆？靠你发明的蒸汽机？哈哈，这简直是想入非非，不可思议！'结果富尔顿被轰了出去。历史学家们在评论这段历史时认为，如果当初拿破仑采纳富尔顿的建议，19世纪的历史就得重写。"萨克斯说完后，目光深沉地注视着总统。

罗斯福沉思了几分钟，然后斟满一杯酒，递给萨克斯，说道："你胜利了！"萨克斯终于说服了总统，揭开了美国制造原子弹的第一页。

把话绕个弯说，就没那么逆耳了。仅有"为别人好"的善意献言还不够，要使献言变成对方能接受的忠言，献言者就必须掌握说话技巧，否则就会收到反效果。

长期以来忠言被人们有意无意地扭曲成某种定义化的东西了，因此才形成这种思维定式——忠言必须要逆耳。其实，忠言只是其内容，而非形式，我们同样可以运用一种使对方乐于接受的说话方式来表达，做到"忠言不逆耳"。

某天午后的一堂语文课上，教授刚开始讲了十多分钟课，就发现很多同学已经在打瞌睡了。于是，他拍了拍桌子说："在这个闷热的午后，听我这样一个老头子唠叨，瞌睡是在所难免的。大家可以安心地睡，但我有两个要求：一是睡姿要优雅，不能趴在桌子上；二是不准打呼噜，影响其他同学休息。如果有人违反了这两点，可就要受到惩罚了！"

话音未落，全班同学哄堂大笑，再也没有一个人趴在桌子上不认真听讲了。

这种诙谐的忠言不仅能缓解被批评者的紧张情绪，还能增进彼此之间的感情交流，让批评不仅能达到教育对方的目的，也能创造一个轻松、愉快的气氛。

经验和事实告诉人们，世界上还没有哪个好心人，愿意把对他人的劝语故意说得像要割人耳朵般难听，即使是家长对小孩的教育，也并非只以骂来解决问题。诚如一个作家所言，察纳忠言，固然是应有的雅量，但不上道的忠言，还是不听为好！

当然，逆耳的忠言不是没有，但它只是整个"忠言系"当中一个小小的部分，而且献言者大多数还带着情绪或仅仅是为自己找一种悖论的借口。更多的有效的忠言，还是来自友好与善意的诱导。所以，逆耳的忠言并不是最好的忠言。

忠言不能和药类相比。药是治疗身体病症的，苦药可以药到病除；而忠言主治的则是人的心理病症，正常人的心理不喜欢接受逆耳的忠言。如果实在要说忠言是药，那么这种药也是顺耳的比逆耳的更具备治愈能力。人心总是因为多听逆耳之言而更加脆弱，只有顺耳之言才能鼓起人们发奋的斗志。

所以，无论你面对的是朋友，是同事，是亲人，还是一般熟人，献"忠言"也要让人觉得易于接受，不仅要根据环境、对象的不同，还要根据不同个性采取不同的方式。只要能够因人而异地进行对号入座式的进言，做到这一点，你所献的忠言就一定不逆耳。

批评有度，做人留情

曹禺先生的话剧作品《日出》中，有这样一段对话：

方达生："竹均，怎么你现在会变成这样——"

陈白露："这样什么？"

方达生："呃，呃，这样地好客，——呃，我说，这样地爽快。"

陈白露："我原来不是很爽快吗？"

方达生："哦，我不是，我不是这个意思……我说，你好像比以前大方——"

陈白露："我从前也并不小气呀！哦，得了，你不要拿这样好听的话跟我说。我知道你心里是不是说我有点太随便，太不在乎。你大概有点疑心我很放荡，是不是？"

其实在这段对话中，方达生的本意是想要批评陈白露"太过随便"，但又怕这样说会伤了对方，因此使用了"好客""爽快""大方"等词语，有度地批评了陈白露，使其自然地警觉起来，从而便达到了批评的目的。

批评要做到情理结合，切不可挖苦讽刺、侮辱人格。过于直接的批评方式，会使对方自尊心受损，大跌送颜面。因为这种方式使得问题与问题、人与人面对面地站到了一起，除了正视彼此以外，已没有任何的回旋余地，而且，这种方式是最容易形成心理上的不安全感和对立情绪的。

批评有度往往更能取得良好的效果，这样既不会让对方产生误解，也不会造成隔阂。事实上，通过间接的途径表达自己的意见反而更容易被人接受，这就是古人以迂为直的奥妙所在。原因其实是很简单的，间接的方法很容易使你摆脱其中的各种利害关系，淡化矛盾或转移焦点，给对方留下情面，从而减少对方对你的敌意。在心绪正常的情况下，理智占了上风，他自然会认真地考虑你的意见，不会再先入为主的将你的意见一棒子打死。

卡耐基在《人性的弱点》一书中就提出，每个人都会犯错误的，每人也都有自己的自尊心。对事不对人是批评有度的一个重要原则。这样可以缓解被批评者的心理压力，要是把矛头指向当事人，很容易在无意中给其造成伤害，不但于事无补，有时还造成严重后果。如在某个企业里，一个职员因为不小心做错了一件事情，经理便批评她，还要扣发她的奖金，结果那位职员自杀了。在某小学里，一个学生被老师批评后，为了证明自己是清白的，于是用红领巾上吊自杀了。在某个家庭里，儿子由于受不了父母的批评指责，挥刀将其父母杀死了。诸如此类的悲剧，如果讲究一点批评的方式，或许能够避免。

当批评别人时，我们要时时刻刻反问自己："我是否在人身攻击了?""我是否针对当事人了?""我是否忽略失误本身了?"。

而不会批评的人往往加大批评的力度，随便行使权力、耍威风，最后只会让问题变得更复杂、更糟糕。如果批评无度，不给对方留面子，或者不分场合批评，那么实际上对自身也是一种损害。

在某公司的圣诞晚会上，受到邀请的人都是和公司有生意往来的合作伙伴，因为这个晚会就等于是一个非正式的商务宴会。当时，公司的某高级职员穿了一件不够得体的晚礼服，之后，被正在和大客户谈话的公关部经理看见了，他马上中断了谈话，走到那位职员面前。

"你怎么穿成这样？"虽然声音不大，但还是有人能听见。

"对不起……因为之前准备好的衣服不小心弄坏了，所以我就……"

"那你也不能穿这样的衣服来呀！"经理十分嫌弃地看着职员身上的衣服说，"真是给公司丢脸。"

该职员面对这位咄咄逼人的经理，脸色十分难看。

"不用再解释了，立刻去换一件，要不就离开这里，省得在这里丢人。"

于是，这位被说得无地自容的职员只好狼狈地离开了会场。而目睹了这一切的大客户觉得这个经理做得实在是太过分了，他想这个经理在现在的位置上，应该不会待太久了。果不其然，没过多久，这个经理就被公司调去了外地的分公司，理由是不能与下属很好地相处。

要知道，批评的目的是为了让人认识到自己的错误，而不是对其进行负面攻击。很多事实均已说明，选择恰当的力度进行批评对优化批评效果是很有帮助的。如果批评的目的与内容都正确，只是一味不当的批评，那么同样也会导致批评的负面效应。因此，在批评别人的时候，我们一定要分清轻重，保留情面。

在我们习惯性的思维中，批评总是件十分严肃的事情。提到批评，我们最先想到的就是严厉的训斥。事实上，并非所有的批评都要暴风骤雨一般猛烈。

批评的目的是教育，在批评别人的时候，我们要明白，批评是为了帮助对方认识错误，改正错误，积极把事情做好，而不是要制服别人或把别人一棍子打死，更不是为了拿别人出气或显示自己的威风。每个人都有自尊心，所以我们在批评别人时，哪怕动机是好的，并且有充足的理由，也不能忽略了对对方自尊心的维护。因此，批评也要讲究一点艺术，用含蓄的方式，间接暗示对方，提醒其注意自己犯的错误。

那么，在纠正别人错误时，究竟应采取怎样的说话方式才易于被对方接受呢？

第一，对别人要有极大的同情心，体谅别人的难处，这样我们就不会在批评别人时吹毛求疵。

第二，批评时语气应温和委婉，千万不能用刺激性或是让人听了不舒服的字眼。

第三，纠正别人错误的话说得越少越好，最好是说一两句就能让对方明白，然后转到别的话题，如若不然，对方就会产生反感。

第四，别人做错了事，我们固然要指出来，但同时也需要对其可取之处加以赞扬，这样才能使其保持心理平衡，从而心悦诚服。

第五，在改变别人意见时，我们最好能在不知不觉中将自己的意见告诉对方，让对方觉得是自发改变了，而不是因为接受了我们的批评。

第六，对于别人出现的过失，我们应站在朋友的立场给予友善地提醒，千万不能过于严厉地指责对方。

第七，纠正别人的错误时，我们千万不能用命令的口吻，最好是委婉地表达出来。

第八，用旁敲侧击的方法暗示别人所犯的错误，以维护对方的自尊心，使其自觉地改正过失。

语言训练心得

批评别人时，我们可以参考以下两种方法：

1. 弄清事情的来龙去脉

我们只有弄清事情的来龙去脉，才能知道对方错在哪儿，从而有针对性地对其提出批评，使对方认识到自己的错误，使其易于接受批评。

2. 用提问的方式来批评

对于那些思想比较成熟的人来说，用提问的方式进行批评是最合适的。因为这些人通常都有一定的思考能力，大多数情况下，只要将批评信息传给他们，他们就会加以注意，并且在思考中认识到自己的错误。

第 7 天

有的放矢课：射箭看靶子，说话看对象

——看人说话的语言技巧

"见人说人话，见鬼说鬼话"

在一家会计师事务所，张平遭遇了最"惨痛"的一次面试。那次的考官是个小伙子，问了他几个常规问题后，话锋一转开始问他的兴趣爱好。张平平时爱看法国小说，就随口说起了法国小说，结果考官来了劲，张口雨果闭口巴尔扎克的和他聊了起来。

话题轻松，聊的又是张平的"强项"，因此张平很放松，有恃无恐。原定半小时的面试，他们聊了一个多钟头还没尽兴。眼看临近中午，年轻考官干脆站起身来："走！咱们边吃边聊！"

吃饱喝足后，考官乐呵呵地说："回去等消息吧。"张平也乐呵呵地说："希望以后有机会再聊。"张平回去后乐悠悠地等啊等，最后居然等到一封拒绝信！他简直傻了眼，怎么也想不通，最后他拨通了那个考官的电话，对方回答说"这个岗位要求员工性格比较稳重……"原来是张平的话太多了。

不久后，张平又去一家电讯公司面试，这回考官还是个小伙子，他感到要再次遭遇"不幸"了：谈了几个技术问题后，考官突然问："×××是你们辅导员吧？那个傻人是我哥们，什么好事他也没干过，现在居然当老师了噢！"傻，傻人？又是陷阱？张平傻了眼，一时想不好该如何作答。年轻考官一眼就看出了他的尴尬，大大咧咧地拍他的肩膀说："紧张什么，该问的都问完了，不过是随便聊聊嘛！但是，我们公司向来很宽松的，你好像太拘谨了一些噢……"

从那以后，张平再遇到这种"毛头小子"就开始紧张：这回是放松点，还是戒备点？

从这个的例子中可以看出，张平之所以连连失败，是因为他没能了解对手，没能运用好"见人说人话，见鬼说鬼话"这个技巧。年轻的考官往往善谈，肢体语言丰富，面试时想法随意，大有天马行空之势。对付这样的人，最好的"武器"就是以不变应万变——坦诚相待，尽量表现出自己真实和精彩的一面。

"见人说人话，见鬼说鬼话"有两个不同层次的意思：从心术而言，有虚伪之意，待人缺乏诚意，属贬义，当然是不可取的；从技术、沟通、外交层次而言，有灵活应对之意，是为"褒"义，有可取之处，故而应该提倡。我们所主张的当然是后者。

"见人说人话，见鬼说鬼话"是一个"沟通"的秘诀，也是和人相处、交朋友、给人好印象、了解对方的秘诀，这是一种技巧，一种艺术。

"见人说人话，见鬼说鬼话"在人际交往中之所以行得通，是因为它抓住了人们常以自我为中心的弱点，在语言上让对方得到自我满足，放松防卫意识，并且能使对方因为你的"关心"（对他的客套、亲切）而对你产生好感。

商场也好，谈判也好，谋事也好，走到社会上，谁都离不开与人打交道。每见有人谋事处人，诸多阻滞，其中一个原因就是与人不合拍、不默契；相反，有人善于解决难题，也在于合拍、默契。因此，在人际交往中，善于"见人说人话，见鬼说鬼话"就能轻松接近对方并和对方建立初步关系，从而轻松的达成交谈目的。

小李到一家软件公司应聘。考官一开口就劈头盖脸地"砸"来一堆技术问题，小李都轻松地应付过去了。但最后一题，却被卡住了。小李想来想去，觉得该题好像和 Linux 系统搭点边，所以他随机胡扯了几句，心想"错了也不要紧，反正你前面问的都没难倒我！"

正当小李伸长脖子准备挨他一刀时，考官却毫无反应，只是高深莫测地"嗯"了几声，似乎还在等下文——只要稍懂点 Linux 皮毛，就会听出小李是在瞎讲。难道这个考官不懂？

小李大喜，想乘胜追击，出一出刚才被"砸"的恶气。话到嘴边又咽了下去，改成很谦恭的微笑："当然，我对 Linux 系统也是略窥门径，这个问题，我可能没法更进一步回答……"

小李顺利过关，后来他得到证实，那个考官确实不懂 Linux。

像小李这样，遇到一个不太懂行的考官，一定要见好就收，大致发挥几句，让他知道你博学多才就可以了。让考官没面子可不是件好事，气量小的可能直接就把你从名单里勾掉了。就算他心胸宽大，一样有足够的理由拒绝你：不懂得收敛和谦虚的人，进了公司也会很难和同事合作。

小芳是一个学电子学的本科毕业生，她有幸被一家公司选中，进入到最后一轮面试，考官是公司的香港大老板，四十多岁，相当精干。当小芳进门时，那个老板从一堆文件里抬起头来，"努力"向她和善地笑笑，他的笑容很僵硬，就像一件被"浆"硬了的衬衫，挺有型，但是不自然。

笑完了，他如释重负地板起了脸，开始问些"你的个人发展计划是什么""你为什么选我们公司"之类的问题。小芳都机械答完后，他沉吟了一会，突然问道："如果一台联网的打印机坏了，你会怎么解决？"小芳按最直接的思路回答："先检查一下打印机，如果没问题，再去检查网络。"

"不对，应该先检查一下网络。"小芳话音刚落，他就皱着眉头，干脆利落地给了小芳当头一棒。咦，这有什么关系，查打印机不过是一会儿的事，查网络倒要花很大的工夫，反正两边都要查，干吗不从简单的入手？万一这边查来查去没问题，跑过去一看原来是哪个家伙把打印机关掉了，岂不是要让人吐血？虽然不服气，小芳也没有回嘴。

接下去的十几分钟简直是场噩梦，他不停地问技术问题，小芳不停地回答，却不停地听到"不对，应该是……"两个人都怨气冲天，但是考官是有资格摆脸色给求职者看的，而求职者却只有拼命冲他那张扑克脸微笑再微笑，苦苦地支撑……

"唉，这次肯定没戏了，"小芳脸色难看地回了家。谁知一周后，这家公司的 offer 从天而降。

大老板的风格一般会走两个极端：

一种是严谨派。他一般不会刻意刁难你，但会固守自己的一套思维模式，只要你的思路不合他的要求，他便毫不留情地指出。这时切记不能被他打压住，如果你彻底丧失信心，显得唯唯诺诺，在他眼里你非但业务不行，连人品也不上档次。

另一种是随和型。这种人喜欢和你拉些家常，不管你说什么他都会频频点头，只要你不拘谨就问题不大。不过得意之余尤其记住不能话太多，任何老板都不喜欢轻浮的人。建议你多表现自己稳重的一面，哪怕立刻能答，也要稍稍"思考"一下再开口。

"物以类聚，人以群分。"同一个圈子的人和同一层次的人，多有共同的无形规范，共同的标准，彼此间比较容易理解和沟通。但很多人不明白，你这个圈子或者阶层是有局限性的，而社会往往是很复杂的，故此，以我为核心，是很难"合拍"的。"合拍"的前提就是要有"自利利他"之心，当自己的需求与对方的需求"合拍"时，就一拍即合，水到渠成，得来全不费工夫。所以，在与人交际中要灵活应变，将"见人说人话，见鬼说鬼话"的技巧贯穿始终。

说话要看清对象、因人而异，这是说话的基本要求。世界上没有两个完全相同的人，因为人有性别、教养层次、性格、心境、地域、文化背景等的区分。人与人之间的差异有时是惊人的。不同的对象对同一句话会产生不同甚至相反的效果。所以，与不同的人交谈，就要采取不同的说话方式，就是俗话所说的"射箭要看靶子，弹琴要看听众"。

1. 看性别说话

俄罗斯有一句谚语说："男人靠眼睛来爱，女人靠耳朵来爱。"这就指出性别对于接受是有影响的。性别不同，对言辞的接受也有一定的差别，无论是言辞涉及的内容，还是言辞表达的程度、声调都是如此。

在现实生活的社交场合、会议间隙、公益活动中，人们在礼节性的互致问候之后，通常喜欢三个一群、五个一伙地聚在一起交流。而这三个、五个的，又总是按性别组合——男士与男士侃，女士与女士谈。我们时常注意到这样一个情况，男士的话题大而广，女士的话题小而狭。通常来说，男士爱谈的是时事、政治、法律、体育、文化、社会问题、经济动向等；而女士爱谈的则是孩子、丈夫、日常经济、消费心得、风流艳闻等。因此说话者必须依据性别选择说话的内容，努力使自己的言辞吻合接受者的性别需求。

在说话者言辞接受的程度上，通常来说，男士较能承受率直、干脆、粗放、量重的话语；而女士则喜欢委婉、轻柔、细腻、量轻的话语。因此说话者必须依据接受对象的性别选择自己的表达方式与程度。

在一般情况下，说话者假如是男士，而接受者又并非是自己的妻子、恋人或关系很密切的姐妹，那么，言辞就应当严格把握分寸，在内容上、方式上都要充分注意女性的接受特点。对一些可以向男士说的话，就不一定能向女士说；对一些可以向男士使用的表达方式，就不一定用之于女士。

2. 看性格说话

言辞表达的内容与方式必须因人而异，要符合接受对象的脾气、性格，才有可能产生"同声相应，同气相求"的效果。性格外向的人易于"喜形于色"，性格内向的人多半"沉默寡言"。同性格外向的人交往，你可以侃侃而谈，而同性格内向的人交往，则应注意循循善诱。

有一次，孔子的学生仲由问："听到了，就去干吗?"孔子回答说："不能。"另一个学生冉求也问："听到了，就去干吗?"孔子说："干吧!"公西华听了感到疑惑，就问孔子："两个人问题相同，而你的回答却相反。我有点儿糊涂，想来请教。"孔子答："冉求平时做事好退缩，所以给他壮胆；仲由好胜，胆大勇为，因此我要劝阻他。"

由上述例子可见，在两千多年前，孔子就注重针对学生的不同性格来回答他的问题。因而我们在日常交往、公关交往活动等各方面的交谈也要注意这一点。

3. 看教养层次说话

教养是指接受对象的一般文化和品德水准，包括文化程度、知识积累、生活阅历、涵养气度等。教养层次的不同，对说话者言辞的接受程度也不同。有些话说出来，甲听得懂，理解得很好，乙也许会听不懂，理解不了。

作家丁玲的小说《太阳照在桑干河上》中的人物——工作组组长文采的演讲，就是没有区分接受对象的教养层次和实际的需求，而致使"言者谆谆，听者藐藐"。

因此，说话者在进行言辞表达的时候，要认清自己的接受对象的教养层次怎么样，盲目表达不仅达不到交流的目的，甚至会弄巧成拙，贻笑大方。在现实的交往中，从我国现阶段的国情来看，接受对象更多的还是文化程度不高、知识欠丰富的较多。说话者面对这样的接受对象，一时间还不能确定其教养程度时，所表达的言辞，应力求通俗化、大众化；那种故作深沉、吊书袋的做法，是不可取的。

4. 看对方心境说话

心境通俗地称为心情，是一种比较持久的、微弱的，但能影响人的整个精神活动的情绪状态。大家都知道，在听觉方面，声波在耳蜗内转变成一种可供神经系统使用的密码。通过神经系统的处理，听者就把这些编了码的信号感知为能够表达说话者意思的词汇。既然听者要将接受到的信息通过神经系统处理，那么，听者的心境，必然会影响到语言的交流效果。

人际交流中往往会有"言者无意，听者有心"的情况，说话不注意洞察对方的心理状态，通常会出现意外的问题。

《红楼梦》第八十三回写到大观园中一个婆子教训自己的外孙女："你这不成人的小蹄子！你是个什么东西，来这园子里头混搅！"这话恰好被黛玉听到，她误认为婆子骂她，于是大叫一声道："这里住不得了！"直气得"两眼一翻亡去"。

婆子的话本来是不让外孙女到大观园中来，但黛玉不这么想，她那种寄人篱下的特定处境和心态使她产生了误会。因此，同样一句话，不同的人听来感受会完全不同。

5. 看地域说话

地域指的是接受对象所处的地理位置，包括国别、省别、族别等。不同的地域有不同的地域文化，彼此在认识、观念、习惯、风俗上都有区别，因此不同地域的人对说话者言辞的接受就会有所不同。所以说话者在进行言辞表达时，应当认清接受对象的地域性，才会产生良好的交际效果。

因地域不同而产生的表达差别，甚至在同一个民族、同一个省区的不同居住位置，也有表现。比如，都是汉族，居于大陆者与居于台湾者对同一个概念的表达与接受就不一样：接班人——传人，大学新生——新鲜人，表演——作秀……又如，同贵州人，对西红柿的称呼，贵阳人叫毛辣角，遵义人叫番茄，兴义人叫酸角，独山人叫毛秀才。说话者如果不区分这些地域上的差别，说话目的就难以实现。有些严重的差异，如不分清，甚至还会对说话者产生严重的后果。

6. 看文化背景说话

随着社交范围的不断扩大，我们的交际对象也将会有不同国家、不同民族、不同地区、不同阶层的人，要适应交际的广泛性，就要考虑不同文化背景下说话的特点，使我们说出来的话与特定的文化背景协调一致。

比如，交际场合的称呼语，受文化背景的制约尤为明显。各民族在长期的社会发展中，形成了各自的称呼习惯，能使交际对象产生良好的心理效应。如英、美人习惯称已婚妇女为"夫人"，未婚女子为"小姐"，在比较严肃的场合，一般统称为"女士"。如果错称已婚者为"小姐"，在比较严肃的场合一般会被谅解：理由是由于西方女性认为这是一个"令人愉快的错误"。可是，在日本，妇女一般不称"女士""小姐"，而称"先生"，如"中岛京子先生"。

✦✦✦ 语言训练心得 ✦✦✦✦✦

说话要看对象，是一个常识，也是一个原则。有位伟人曾经生动地说过："射箭要看靶子，弹琴要看听众，写文章说话就可以不看读者不看听众吗?"写文章要看读者，说话更要看听众。为了使自己的话引起对方的重视或取得对方的认可，顺利达到说话的目的和效果，说话时就必须看准对象、因人而异。

我们应该学会"见人说人话，见鬼说鬼话"的技巧，应付不同类型的人，抓住他们的习惯和喜好，使他们被你的语言所征服。

在什么山上唱什么歌，见什么人说什么话

有两个老工人平时爱开玩笑，几天没有见，一见面就说："你还没有'死'呀？"对方也不计较，回一句："我等着给你送花圈呢！"两个人哈哈一笑了事。后来甲因重病住进了医院，乙去医院看望，一见面想逗逗他，又说："你还没有死呀？"这一次，甲的脸一下子拉长了，生气地说："滚，你滚！"把他赶了出去。

有些人在交际中对人说话直出直入，惹人生气，把事情办砸，完全是主观上缺乏场合意识的结果。他们对人很诚实，遇事时往往只从个人主观感觉出发，心里有什么嘴上就说什么，不管什么场合环境就往外捅，结果有意无意地冒犯了人。最后自己还莫名其妙，不知道毛病出在哪里。

就像上面的例子，甲工人正在病中，心理压力很大。乙工人在病房里对着忧心忡忡的病人说"死"，显然是没考虑说话场合，人家怎能不反感、恼火？其实，这位乙工人说这话也是好意，想给对方开开心，只可惜他缺乏场合意识，开玩笑弄错了地方，才闹出了不愉快。

这个事例说明，有些人说话所以惹恼人，并不是因为他们不会说话，而是场合观念淡薄，头脑中缺乏这根弦。所以，对于这些人来说，当务之急在于增强场合意识，懂得不同场合中对说话内容和方式的特定限制和要求，时时不忘看场合说话。应当努力做到在每次进入交际活动时，要把场

合大小，人数多少，及其相互关系搞清楚，据此确定自己的说话内容和方式。在具体说法上，既要考虑自己的交际目的，又要顾及他人的"场合心理"，追求主客观的高度一致。

心理学原理告诉我们，在不同场合环境中，人们对他人的话语有不同的感受、理解，并表现出不同的心理承受能力。比如，在小场合和大场合，家庭场合与公众场合，人们对于批评性说法的承受能力有明显的差异。同样的批评通常在公众场合中最易引起人们反感。如果批评只是在两个人之间进行的，对方一般不会顶撞，可能会很平静地接受批评。

正因为受特定人际关系和场合心理的制约，有些话只能在某些特定场合里说，换一个场合就不行。同样一句话，在这里说和在那里说也有不同的效果。因此，在人际交往中，说什么，怎么说，一定要顾及场合环境，才有利于沟通。不顾及场合的心直口快是不值得提倡的。为了追求理想的表达效果，对于心直口快者来说，除了开头所说的场合意识外，起码还应注意这样几个问题：

1. 要自觉摆脱谈吐上的惯性

人们的言行往往带有一定的习惯性。有些不当的话语并不是主观上想这样说，而是受习惯的支配一不留神顺嘴说出来了，这就造成与场合环境的不协调，事后连他们自己也感到后悔。

小李陪妻子高高兴兴上街买东西。在熙熙攘攘的商场里，妻子兴致很高，从这个柜台到那个柜台，买了这件，又看那件，快到中午了仍没有打道回府的意思，小李有些不耐烦了。当妻子提出再买一件高档羊毛衫的时候，他忍不住生硬地说："你还有完没完，见什么买什么，你挣多少钱哪？"这句话刚出口，就引来顾客们都朝他们身上看，妻子本来微笑的脸顿时变了样，生气地反驳道："怎么，我还没有花够钱呢，你急什么？我就要买，怎么着！"直把小李顶得说不出话来，场面难堪极了。接着发怒的妻子什么也不买了，蹬、蹬、蹬地自个走出商店。使小李不解的是，妻子的性格本来很温顺，在家里从来不大声说话，更不要说发火了，说她什么都不计较，可今天为什么她的火气这么大呢？

妻子之所以发这么大的火，明显是小李忽略了场合因素，把在家庭中惯用的说法拿到公众场合来，用生硬口吻指责妻子，刺伤了妻子的自尊心，才引发妻子为维护自己的面子表现出的强硬态度。

所以，心直口快的人必须有意识摆脱自己口语表达上的惯性，养成顾及场合，随境而言的良好表达习惯。在交际活动中，要把交际对象、交际场合、交际时间等多种相关因素都考虑进去。想一想如何张口，选择最恰当的方式说话，以使自己的谈吐既符合场合要求，又符合对象的接受心理，最大限度地实现与交际对象的沟通。

2. 要善于控制自己的不良情绪

经验证明，人们忽略场合因素，造成语言失控，还常常发生在情绪冲动之时。比如，有的人喝酒之后，或遇到兴奋事情时，情绪十分激动，甚至忘乎所以，不能自控，便会说出一些与场合气氛不协调的话来，造成不良后果。有个特能侃的青年，在朋友的婚礼酒席上，大侃自己的见闻，逗得人们哈哈大笑。不料他心血来潮，讲起了一个新婚之夜新郎杀死新娘的奇闻。还没等他说完，新娘的脸色就变了，新郎见状也火了，不客气地把他轰了出去。这个青年的失言就是由于情绪失控造成的。在喜庆场合卖弄自己的口才，说与场合气氛很不协调又不吉利的话题，难免会惹恼人。

同样一句话，你对甲说，甲能全神贯注的听；而你对乙说，乙可能会顾左右而言他。这个时间对甲说，甲乐于接受，那个时间对甲说，甲可能觉得不耐烦。这除了表示甲乙两个人的生活环境不同，也表示甲前后的心情不一样。

当年赵高要陷害李斯，对李斯申说秦二世的行为不对，劝李斯进谏，并约定趁二世有闲时候，代为通知李斯。有一天李斯应约进宫，二世正与姬妾取乐，看见李斯进来，心中很不高兴，而李斯却茫然无所知，正言进谏，二世只好当场敷衍一下。等李斯一退出，二世便开始发牢骚，说丞相瞧不起他，什么时候不好说，偏在这个时候来啰嗦！

李斯的杀身之祸也就是因为如此。

可见你要向对方说话，应该注意选择适宜的时间。对方正在工作紧张的时候，不要去说话；对方正在焦急的时候，不要去说话；对方正在盛怒的时候，不要去说话；对方正在放浪形骸的时候，也不要去说话；对方正在悲伤的时候，更不要去说话。只要有上述几种情形之一时，你去说话，一定会碰一鼻子灰，不但说话的目的达不到，而遭冷遇，受申诉也是意料中的事。

你有得意的事，就该与得意的人谈，你有失意的事，应该和失意的人谈。和失意的人谈你得意的事，你不但不知趣，对方会认为你是在挖苦、讥讽他，他对你的感情，只会更坏，不会变好的。和得意的人谈你失意的事，他至多与你作表面的应付，绝不会表示真实的同情，有时还可能引起误会，以为你是要请他帮助，他会预先防备，使你无法久谈。所以你要诉苦，应找同情形的人去诉，同病自会相怜，不但能得到精神上的安慰，亦可稍叙胸中不平之气。你要谈得意事，应该向得意的人去谈，志同道合。作为年轻人，或许涵养功夫不够，稍有得意的事，便逢人就说且自鸣得意，结果招人骂你器小易盈，笑你沾沾自喜，无意中还会惹起别人的妒忌。偶有不如意使你觉得满腹牢骚，如有骨鲠在喉，不免逢人就诉，结果惹人讨厌，说你毫无耐性，甚至笑你活该。

▰▰▰ 语言训练心得 ◂◂◂◂◂◂◂◂◂◂◂

要说话，先要看准对象。如果对象不对，还是不说为好；如果时候不对，还是不说为好。说话的成功与失败，诚然与你的说话技巧有关，而是否得其人得其时，也有很大的关系。多说话，别人未必当你是能干，少说话，别人也未必当你是呆子。

在人际交往中，说什么，怎么说，一定要顾及场合环境，才有利于沟通。不顾及场合的心直口快是不值得提倡的。

与不同的人说话要用不同的措辞

英国的维多利亚女王与丈夫阿尔伯特相亲相爱，关系融洽。但由于妻子是一国之王，常常忙于公务，而丈夫又不太关心政治，所以，两人有时也难免闹些别扭。

一天深夜，女王办完公事，回到卧室，只见房门紧闭，只好咚咚咚地敲起来。

阿尔伯特问："谁?"

女王回答："我是女王。"

房门没有打开。女王耐着性子再敲。阿尔伯特又问："谁?"

女王回答："我是维多利亚。"

房门还是没有打开。女王想了想，再次敲门。

阿尔伯特再问："谁?"

女王回答："你的妻子。"

门"吱呀"一声开了，同时张开的，还有阿尔伯特的一双温情的手臂。

维多利亚女王的三次回答告诉了我们一个道理，对不同的人应该使用不同的措辞。维多利亚虽然是全英国民众的女王，但是回到家里她却是阿尔伯特的妻子，妻子和丈夫说话显然不能用平时在公众场合下的措辞。"你的妻子"才是最适合夫妻间的言语措辞。

我们在与人交往的时候，如果所讲的事情能够带来心灵的变化，那么，其结果也将改变人际关系。听了这话，或许你会反驳说："难道所讲的事情都必须是好事?""难道跟每个人说话都一定要很客气吗?"其实，有这种想法是过于单纯。你所讲的事情与你讲话的方法，应该视与对方的交情深浅而变化。这也是说话的技巧问题。

是否能正确地衡量他人与自己的关系，这是各人的教养，也是为什么有教养的人说起话来总让人感到如沐春风的关键所在。要正确衡量自己与他人的关系，要做到以下三点。

第一，应先了解对方的一些经历情况和生活状况。由于思维方式的不相同，也要特别了解他的生活愿望，生活观点。

第二，必须注意对方的心境特征。如果在交谈当中，不顾对方的心理变化，而一味地将自己的想法统统搬出来，那么，你是得不到对方的认同的。一相情愿的谈话往往会让对方厌恶。

不该说话的时候说了，是犯了急躁的毛病；该说话的时候却没有说，会失掉了说话的时机；不看对方的态度便贸然开口，叫做闭着眼睛瞎说。在交谈过程中，双方的心理活动是呈渐变状态的，这就要求我们在和人交谈中应兼顾对方的心理活动，使谈话内容和听者的心境变化相适应并能同步进行，这样才能让交谈达到明朗化，引起对方的共鸣。

性格外向的人易"喜形于色"，和他可以侃侃而谈；性格内向的人多半"沉默寡言"，而他们谈话应注意委言婉语、循循善诱。

第三，必须考虑到各种忌讳。比如，有位外国旅游者在旅华期间自杀了，为了减少话语的刺激性，经再三推敲，最后医生在死亡报告书上回避了"自杀"两字，而用了"从高处自行坠落"这一委婉语。在中国北方，老人故世了，以"老了"讳饰，老干部故世了，以"见马克思去了"讳饰，类似有不下几十个同义讳饰词语。再如，生活中对跛脚老人，改说"您老腿脚不利索"；对耳聋的人，改说"耳背"；对妇女怀孕说"有喜"。总之，在语言交流中讲究讳饰，也就是"矮子面前莫说矮"，应做到"哪壶不开就别提哪壶"。又如，长途汽车停车路边，让旅客如厕以"让各位方便一下"来避讳，用餐时需上厕所，一般以去"洗手间"来避讳。在社交场合用这些讳饰式的委婉语，临场可不至于大煞风景。

除了注意以上几点外，与不同的人说话也要有不同的方式。

1. 如何与名人交谈

我们与大人物接近，最重要的就是不要忽略了他们也是人，对待他们，完全要像对待平常人一样。他们也有欢乐，有悲伤，有缺点，有痛恨，有惊恐，和平常人一样有感情，他们并不是上帝或神的傀儡，他们并不因为有了地位就不再是人。

因此与名人说话时，不要有害羞畏怯的心情，只要真正表现自己内心的意思，你就能与任何名人进行对话。有些人对名人只是一味地说些奉承话及空洞话，这样是不能使对方愉快的。如果你是真诚的，那就把深烙在内心的印象，说给他听，他会感到很愉快，但要注意所用的措辞和说话的态度要得体。他也是实实在在有血有肉的人，并不是什么超人，像任何人一样，有时也敌不过疲倦，承受不住伤害。他可能比你更脆弱，而且与你一样害羞。

名人往往比寻常人作出更多的奉献，但他们也有私人的嗜好。当你准备去拜访某位名流时，可以预先作点谈话内容的准备，如果他是位知名度很高的名人，那么，你可以向有关方面的人去打听。比如，他被邀来本地作演讲，而你想与他结识，那你即可向邀他来的单位或个人，索取他的有关资料。

2. 如何与有钱人说话

与有钱人说话也要注意措辞的准确性。俗话说"财大气粗"，如果说话不注意分寸，必定会得不偿失。有钱人比名流还要敏感，他的富有往往是别人与他谈话发生困难的关键，他的财富使你对他敬而远之——不只是心理上，实际上你的生活方式就和他有很长的一段距离。

当你遇到有钱人时，你可以设法让他说往事。过去的工作是否比现在更有趣？他得到现在这个地位的关键是什么？谁是早年助他成功的英雄？他的百万财富是不是他自己创造的，以及他怎样赚到他的第一桶金的。如果这些问题问得他不大自在，你就准备跳到其他问题上去吧。不要盯着追问，那会让人很不愉快的。

在社交场合，我们不宜向各种专业人员要求提供免费的建议。即使你的问法很有技巧，那也是一种冒犯，也瞒不过专业人员。男人常喜欢在交易场合和律师谈他们与敌手之间的问题，女人则喜欢在公共场合和医生谈她们的孩子和丈夫。这其实与我们经常所遭遇到的向电器商人索取免费的电器，并无不同。

当你和银行家、鞋店老板或任何孩子的母亲谈话时，你均不宜过分直率。坦直是无可厚非的，但适当的含蓄更值得学习。当我们说，你是怎么能使这么多人来光顾你这地方？和我们说你这地方何以总是乱成一团，往往所表示的意思是一致的，但是，前者的问法是不会使人难堪，而后者常会引起听者的羞怒。那么，我们何以不取前者呢？

说话不是竞争，不是斗嘴。商人把他的时间和金钱都投资在他的事业之中，并与其他的同行竞争，这是他们为争生存所付的代价，其中有些人发达起来了，有些人仍奋力维持。如果他们能遇见一位能和自己交换意见而没有敌意的人，他们会觉得幸福和快慰的，如果你能发现他们可引为尊荣的地方，以及他觉得自身有成就和有价值的地方，那么，他在你的眼前会开花结果的，你们就能缔结有建设性的友谊。

3. 怎样与老年人谈话

现实生活中，喜欢与老年人交谈的青年，甚至中年人都太少了。他们或者埋怨老人说话啰嗦，或者认为他们所说的话题陈旧，或者认为他们思想保守，孰不知他们错过了分享老人智慧和经验的大好时机。

一般人是很难跟比自己年长三十岁以上的人谈得来的。三十年是一段很长的时间，生活方式，兴趣爱好，教育程度，社会风俗以及思想观念都发生了剧烈的变比。各方面距离都那么远的人，实在很难有共同的志趣。当然，这也不是绝对的。

一般来说，说话时采取以下几种方法是比较受老年人欢迎的：

其一，从老年人过去光荣的历史谈起。比如，谈谈老年人过去得到的荣誉，老年人最喜爱的纪念品，老年人最清楚的历史事件等。

其二，从老年人感触最深的话题谈起。比如，老年人的经历和今昔对比，老年人过去唱过的歌，老年人的日记或他们所读过的书等。

其三，从老年人最关心的问题谈起。比如，老年人的衣食住行，老年人的保健及体育活动等。

其四，从老年人最尊敬和最关心的人谈起。比如，老年人所尊敬的爱国英雄，无产阶级革命家，他们的老上级，他们的老师等。

语言训练心得

有关措辞的使用，对于上级或不太亲近的人，要用敬语，对小孩就用对待小孩的语言。也就是说，如果对任何一种人都用同样的措辞，同样的口气说话，人家岂不会认为你这个人有毛病？也可能你在使用敬语时，对方会说"你竟然这样对我说话，这还算是朋友吗？"或是"千万别说那种见外的话，我们交往了多年，应该说是好朋友了。"这就是你的措辞不当造成的。

因此，正确的措辞和表达方式，是依靠彼此心理的亲疏而定的。不管何时，如果对任何人都以同样的方式进行交谈，总会发生矛盾，重要的是在交谈前就要分清楚。

分辨说话对象，因人而异说不同的话

销售代表小王是一个说话高手，他周围的人没有不被他的能言善道所折服的，他最擅长的就是辨明对手，然后因人而异说不同的话。当他面对的是像"人"的客户时，他会很客气地说话。

小王："李总，您好。我是小王。"

李老板："你好，最近忙吗？很久不见，最近有什么新政策？"

小王："公司最近出来了一个奖励计划，要和您谈谈。"

李老板："还要你多关照呀，具体怎么操作呢？"

小王："是这样的……"

如果遇到的客户像"鬼"，就用"鬼"的方式来对待他。

小王："你小子最近忙什么？好久不见，也不给我打电话。"

刘老板："你小子怎么不给我电话？我整天帮你卖货，我是为你打工，你要知道。你很滋润，和老婆享福，也不关心贫下中农的死活。嘿。"

小王："谈正经的，我们公司最近要出一个奖励计划。"

刘老板："快点，有话快说，有屁快放，我这里还忙着呢。"

小王："你小子急什么？是这样的……"

　　从上面这个的例子可以看出，小王面对不同类型的客户，选择了不同的说话方式，当客户是一个绅士时，他就用绅士的方式来对待；当客户是个"流氓"时，他也要变成"流氓"。这就是因人而异的说话技巧。

　　比如，销售人员在和客户日常交往及销售过程中就要恰到好处地运用语言技巧，准确、巧妙地表达自己的意思，说客户需要听、喜欢听的话，说有助于搞好客户关系、能促使销售顺利成功的话。

　　有位顾客到超市购物，可是东找西找就是找不到想要的东西。

　　售货员便走上前询问："先生，有什么需要我帮忙的吗？"

　　"我想买半棵白菜。"那人说。

　　"抱歉，本店只能卖整棵的。"

　　"不！我就是只想买半棵白菜！"

　　售货员没办法只好跑到经理室报告："经理，外面有一个混蛋硬要买半棵白菜……"售货员一转头，却看见那位顾客就站在自己后面！

　　"咳……而这一位先生呢，想买另外半棵……"售货员马上改口说。

　　之后，经理觉得此售货员反应快，就说："我想调你去凤凰城分公司当主管！"

售货员立刻不高兴地说："拜托！凤凰城那种地方只有妓女和曲棍球球员才会住在那里……"

经理顿时脸色大变："是吗？真不巧！我老婆住在凤凰城已经两年了……"

售货员一听立刻转向："嗯嗯……那……那你老婆是打（曲棍球的）哪一个位置？"

上例中这个售货员比较圆滑，或者说机智灵活，懂得"见人说人话，见鬼说鬼话"。这正是销售人员应当掌握的语言沟通技巧。特别是工程类项目中，销售人员需要沟通的客户不是一个人，而是多个人，所以销售人员必须察言观色，注意因人而异说不同的话。

具体地说，对不同的对象说话要考虑以下几个方面：

第一，区分性别说话——对男性，可以采取较强有力的语言；对女性，则应当温和一些。

第二，区分年龄说话——对年轻人，可以采用煽动性的语言以调动他们的激情；对中年人，应该讲明利害得失，以供他们斟酌；对老年人，应以商量的口吻，尽量表示尊重的态度。

第三，区分性格说话——若对方性格直爽，说话时便可以单刀直入；若对方性格迟缓，则要委婉含蓄一些；若对方生性多疑，切忌处处表白，应该不动声色，使其疑自消。

第四，区分文化程度说话——一般来说，对文化程度较低的人，应采用通俗易懂的语言、简单明确的说法，多运用一些具体的数据和实例；对文化程度较高的人，则可以采取抽象的说理，特别是多运用一些富于哲理的语言，更受欢迎。

第五，区分兴趣爱好说话——对一个球迷，只要你一提起打球的事，他都会眉飞色舞，兴致勃勃，并且对你产生好感；对一个对球赛根本不感兴趣的人大谈球赛，则无异于对牛弹琴，甚至导致他对你产生厌烦情绪。

第六，区分职业说话——不论遇到何种职业的人，只要你能运用对方所掌握的专业知识与之交谈，对方对你的信任感就会大大增强。

语言训练心得

任何交际，都不能离开特定的对象，与人说话，必须根据对象的实际情况，如年龄、身份、地位、文化教养、性格、彼此间的关系等，恰当地表达。如果说话不看对象，就难免事与愿违。

如与精明的人交谈，要思路广博、多方论证，避免纠缠一点不放；与知识广博的人交谈，要善于抓住重点、辨析事理；与地位高的人交谈，不要表现出一种自卑的气势；与富有的人交谈，要从人生意义、社会价值等方面来发挥；与贫穷的人交谈，要从如何获利的角度来探讨；与职务低的人交谈，要表现出充分的尊重来；与有魄力的人交谈，要表现出果敢的一面来；与愚蠢的人交谈，要从最有说服力的几个要点上来反复阐述。

对不同职位的人说话方式也不同

阿志是一名修理工，在经济不景气时，他和几名同事一起接到了老板的解聘通知书。面对这一无情的打击，早就对老板怀有怨恨的几名同事跑到老板那里，对老板进行了一番辱骂，临走时还踹破了公司的大门。老板很理解这些失业者的心情，因此没有和他们过分计较，但令老板吃惊的是，在解聘的人当中，唯有阿志没有参与这次"辱骂"行动，他便决定找到阿志问个明白。当老板找到阿志时，他还穿着那身油腻的工作服，正在车间修理一台机器。那认真的工作劲头，像丝毫没有接到解聘书一样。"你不怨恨我吗？"老板问。"哦，不，先生。我一直都非常感激你，感激你为我提供了这个工作机会，而你今天之所以这样做，我想是因为公司受大环境的影响，我相信你做出这个决定也是迫不得已的，因此，我很理解你，也很同情公司目前的处境。你看，现在离下班时间还有半个小时，我得抓紧时间干完再走。"阿志说完，又埋头工作起来。

3个月后，正在街头寻找工作的阿志忽然接到了前任老板的电话，说是公司经济开始好转，只要他愿意，马上可以回去上班。当阿志兴奋地回到公司时，才发现这次公司只招聘了他一个人，而当初和他一起被解雇的同事，却依然在人才市场上奔波。

毫无疑问，阿志之所以再一次得到这份工作，与他对待老板的态度是分不开的，因为不管在什么情况下，他和老板说话时都很有分寸、很得体。

世界上几乎所有的人都具有同情弱小和怜恤困难者的仁慈感情，找领导办事能否获得应允，有时恰恰是这种同情心在起作用。所以，不管你平常多么耿直自傲，在这时候必须低下头来说软话，摆出一副可怜相才行。

和领导说话时，换一种方式，讲一点策略，用委婉、礼貌的语气比旗帜鲜明地反对要有效得多。很多人都以为讲话不拐弯抹角是一种直爽、坦率，其实，也不尽然。特别是在和领导讲话的时候，如果你直言直语，不讲任何策略，那么你就有可能为自己招来麻烦。

阿军是一家汽车修理厂的员工。一天，老板把他叫到办公室，严肃地对他说："阿军，你曾经是本厂技术最强、最全面的员工，可最近一段时间，客户纷纷打电话，反映你修理的车子老是出毛病，能告诉我这其中的原因吗？"

"没有任何原因，是那些客户太挑剔了！"阿军冷冷地回答道。

"我承认，有些客户是很挑剔的，但并不是所有的客户都这样，不过现在是所有的客户都在投诉你！"

"那就让他们投诉去吧，我才不怕呢！"阿军说完，准备离开老板的办公室。

"阿军，我想你应该冷静下来，反省反省你自己的工作态度，看看问题到底出在你身上，还是客户身上。"老板提醒道。

"老板，我再一次向您说明，我的工作态度是一流的，问题当然是出在客户身上。"

"好吧，既然你如此认为，你可以带着你良好的工作态度另谋高就吧！"

"有什么了不起的？到哪里我都能找到工作……"阿军挥舞着拳头，咆哮并怒骂着，但老板却没再理会他，转身进了自己的办公室。

直到今天，阿军还在人才市场上找工作。

事实上，如果当初老板找阿军谈话时，他能理解老板的一番苦心，并反省自己，那么今天就不用为"饭碗"而发愁了。

在工作中，要想赢得领导的肯定和支持，让领导感受到你的坦诚是很重要的一点。工作中的事情不要对领导保密或隐瞒，要以开放而坦率的态度与领导交往，这样领导才觉得你可以信赖，他才能以一种真心交流的态度与你相处。以理服人不是说服领导的最高原则，如果没有让领导感受到你的坦诚，即使你把一项事情的道理讲得非常明白，实际上一点用也没有，因为人是有强烈感情色彩的动物，生活中情大于理的情况比比皆是，在感情与道理之间，人往往侧重于感情，领导者当然也不例外。来到一个单位后，第一件需要做的事情就是要与人坦诚相待，给人留下坦诚的印象。

1. 与同事相处要尊重对方

身处于职场之中，除了要与上级打交道外，主要的还是要与同事打交道。和谐的同事关系会让你和你周围同事的工作和生活都变得更简单，更有效率。

在人际交往中，自己待人的态度往往决定了别人对自己的态度，因此，你若想获取他人的好感和尊重，必须首先尊重他人。

同事与你在一个单位中工作，几乎日日见面，彼此之间免不了会有各种各样鸡毛蒜皮的事情发生，各人的性格、脾气禀性、优点和缺点也暴露得比较明显，尤其每个人行为上的缺点和性格上的弱点暴露得多了，会引出各种各样的瓜葛、冲突。这种瓜葛和冲突有些是表面的，有些是背地里的，有些是公开的，有些是隐蔽的，种种的不愉快交织在一起，便会引发各种矛盾。

同事之间有了矛盾并不可怕，只要我们能够面对现实，积极采取措施去化解矛盾，同事之间仍会和好如初，甚至比以前的关系更好。

要化解同事之间的矛盾，就应该采取主动态度，尝试着抛开过去的成见，更积极地对待这些人，至少要像对等待其他人一样地对待他们。一开始，他们会心存戒意，而且会认为这是个圈套而不予理会。但只要你坚持善待他们，一点点地改进，过了一段时间后，你们之间的问题就如同阳光下的水，一蒸发便消失了。

2. 跟下属说话要放下架子

人是有级别的，这一点不可否认，但不把级别当资本却不是一般人都能做到的。有地位是好事，他是一个人工作能力和资历的体现，也是一个人事业有成的佐证，但切不可因此而趾高气扬，不可一世。一个好的领导者只有与下属打成一片，才能受到下属的拥戴，才能把工作做得更好。

第二次世界大战胜利前夕的一次进攻战役期间，美军将领艾森豪威尔在莱茵河畔散步，这时有一个神清沮丧的士兵迎面走来。士兵见到将军，一时紧张得不知所措。艾森豪威尔笑容可掬地问他："你的感觉怎么样，孩子？"士兵直言相告："将军，我特别紧张。"

"噢。"艾森豪威尔说："那我们可是一对了，我也同样如此。"

几句话，便把那个士兵精神放松下来，很自然地同将军聊起天来。

放下架子就是不要高高在上，这是一种领导艺术，他可以使领导与被领导者之间拉近距离，从而使下级觉得你平易近人，会对你越发的尊重。尤其是当你来到兄弟部门或公司面对对方的上下级之间发生窘迫之事时，更应该主动上前为人解围，这样不但为对方的上下级之间解除尴尬，而且无形中也为自己树立了良好的形象。

▲▲▲ **语言训练心得** ▲▲▲

　　身处于职场，若是身为下属，与领导沟通时主动的态度至关重要。与领导沟通能否成功，不仅能影响领导对你的好感，甚至会影响你的工作和发展。

　　身为领导者，在管理中免不了要与下级打交道。由于领导所处的地位、职能，说话的分量与影响力与一般人不同，同样一句话从领导口说出就更具权威性与信任感，这就要求领导无论说什么话都要把握分寸。否则，讲话随意，甚至信口开河，都会有损于自己的形象和威信，影响工作的进展。

第8天

幽默开心课：说幽默话，做幽默人

——培养愉人悦己的幽默谈吐

幽默是一门说话的艺术，让口才更有魅力

寝室，新生初到，争排座次。老七心直口快，与老八争执了半天，见比自己稍小几日的老八终于叨陪末座，便说道："好啦，你排在最末，是咱们寝室的宝贝疙瘩。你又姓王，以后就叫你'疙瘩王'啦。"说者无心，听者有意。原来老八长了满脸的疙瘩，俗称"青春美丽痘"，每每深以为恨，此时焉能不恼？老七见又惹来了风波，心中懊悔不已，表面上却不急不恼，揽镜自顾道："'蜷在两腮分，依在耳翼间，迷人全在一点点'。唉，老八，我这真是'一波未平，一波又起'呀！"老八听了，不禁哑然失笑。原来，老七也长了一脸的雀斑。

正所谓笑可以缓解人们的情绪，能表达出人类征服忧患的能力，也能增进相互间的友谊、信任和联系，而幽默的笑则是一种有趣的、高尚的、会心的、意味深长的笑。在演说、谈话中，一些就地取材的诙谐语言；灵机一动的智慧闪光；不露痕迹插进的成语典故和幽默笑谈，既使讲话者调节了节奏，也使听者解除了疲劳，从而给人以惬意的享受。

老舍先生说过："幽默者的心是成熟的。"幽默的语言能使矛盾的双方摆脱困境，使僵局打破，并在笑语中消逝。

英国戏剧家萧伯纳堪称幽默大师。有一天，年迈的萧伯纳在街头被一辆自行车撞倒，虽然没发生可怕的事故，但毕竟这一惊吓非同小可。骑车者立即扶起戏剧家，并连连地大声向他道歉。萧伯纳打断了他，说道："不，先生，您比我更不幸。要是您再加点儿劲，那就可以作为撞死萧伯纳的好汉而永远名垂史册啦！"

萧伯纳这几句戏语使本来紧张的气氛倏地消失于嬉笑之中。

有的幽默能启发人在忍俊不禁的大笑中引起思索，体会到蕴涵的哲理；有的幽默又能在人们嬉笑之后引以为自省。

有一次，生物学家格瓦列夫在讲课，突然，一个学生在下面学鸡叫，课堂里顿时一片哄笑。这时，格瓦列夫却镇定自若地看了看自己的挂表，不紧不慢地说："我这只表误事了，没想到现在已是凌晨。不过请同学们相信我的话，公鸡报晓是低等动物的一种本能。"

这种"张冠李戴"的幽默式批评，给学生们起到了警告的作用。

此外，幽默还有稳定情绪、减低愤怒、"化险为夷"的功能。在一个团队中，假如即将爆发尖锐的冲突，这时，如果有人插科打诨，运用几句妙趣横生的言辞，则很可能化干戈为玉帛，使剑拔弩张变为过眼烟云，从而避免发生一场"针尖对麦芒"的交锋。

在不尽如人意的生活中，幽默能帮助你排解愁苦，减轻生活的重负。用幽默的态度对待生活，你就不会总是愤世嫉俗，牢骚满腹，你就能通过幽默的方式学会苦中作乐。

幽默具有无穷的力量，有时甚至会超过伶牙俐齿。幽默的力量可用来释放自己，使自己的精神超脱尘世的种种烦恼。幽默可增加活力，使生活多一点情趣。幽默的力量能使你令人难忘，同时给人以友爱与宽容。除此以外，幽默还能润滑现实，超越用其他方法无法超越的限制，委婉表达自己的观点。

一天，索罗斯敲开邻居家的门："请把您的收录机借给我用一个晚上好吗？"

"怎么，你也喜欢听晚间特别节目吗？"

"不，我只想夜里能够安安静静地睡上一觉。"

如果你在处理棘手问题时，不敢勇敢地表达自己的看法，而是用一般的方式希望对方主动妥协，往往很难奏效。

与你的下属一起快乐，并不是以你自己为中心，而是以关心他人的方式来邀请他和你一起笑，进而引发足以激励他人的幽默力量。

幽默的力量是属于你自己的，是你和你在人生中所扮演的角色所拥有的。这种力量能使人解脱，使我们自由自在地表现自己，表达我们的想法，并表露我们的感受，而得以自由地去冒险，表现不平凡的作为，创造有意义的人生。

一个人的语言可以像优美的歌曲，也可以像伤人的邪火。幽默机智的话能给人以喜悦满足之感，在社交中适地适时地运用幽默将会使人们的关系更加和谐、亲切。可以说，幽默是人类特有的天赋，幽默与智慧相伴。古往今来，许多智者都不乏幽默感，他们的智慧中蕴涵着幽默，幽默中含有机智，正如俄国文学家契诃夫所说："不懂得开玩笑的人是没有希望的人！这样的人即使额高七寸、聪明绝顶，也算不上真正有智慧的人。"

幽默作为一种"错位"语言艺术，常常运用意外的甚至驴唇不对马嘴的移植或组合，构成令人捧腹的幽默，因此要突破常规思维，这样才能巧发奇中。平时要多留意以"错位"为特征的幽默言语，但要注意，幽默的俏皮话并非格调低下的哗众取宠，表达时要恰到好处，多用则令人生厌，近于油滑。幽默风趣的目的是"激活"信息输出机制，调剂人际关系，绝不是不顾场合的挖苦和嘲弄。高明的风趣和幽默能益智明理，折射出一个人的美好心灵，它是以不损害别人为前提的。

从困境中寻找快乐是一种愿望，但这个愿望的实现需要借助于相当勇敢的、超乎常人的丰富的想象。但是，有了这样的想象而不善于在想象中借助偶然的因素来构成某种荒谬的推理，也就很难成功地运用幽默的艺术。

很多时候，我们也会被他人误解，甚至被嘲笑，被轻蔑。这时，如果我们不能善于控制自己的情绪，就会造成人际关系的不和谐，对自己的生活和工作都将带来很大的影响。所以，当我们遇到意外的情况时，就要学会用幽默的力量控制自己的情绪，因为轻易发怒只会造成反效果。

有的人在与他人合作中听不得半点"逆耳之言"，只要别人的言辞稍有不恭，不是大发雷霆就是极力辩解，其实这样做是不明智的。这不仅不能赢得他人的尊重，反而会让人觉得你不易相处。保持虚心、随和、幽默的态度将使你与他人的合作更加愉快。

语言训练心得

怎样才能成为一个幽默的讲话者呢？简单地讲，就是说话时往往不用陈词套话，而要绕个弯子用俗语、谚语、外来语，或用比喻、比拟、反语、双关、移用等来说话。

如语言学家林语堂就很风趣："女士们、先生们：我觉得，绅士们的演讲，应该像女人们的裙子，越短越好……"

在人际交往中，当矛盾发生时，对于那些缺少幽默感的人，会把事情弄得越来越糟；而幽默者则能使交际变得更顺利、更自然。幽默是一种优美、健康品质的体现，一个幽默过人的人，往往在悲苦时会显得轻松，欢乐时会显得含蓄；危险时而显得镇静，讽刺时不失礼，孤独时不绝望。

不仅如此，幽默还可作为一种避免得罪人的"火力侦察"。当一个人准备向自己的友人提出某项要求又摸不准对方态度时，可用幽默之语"放气球"；若对方由于某种原因不能或不愿满足你的要求的话，可以用开玩笑的方式加以推脱，这样就不至于因为遭受拒绝而陷于尴尬境地，双方的自尊心也都不会受到伤害；若以幽默含蓄的方式提出的要求被对方应允了，则可以继而转入进一步的讨论，落实此事就不在话下了。

有幽默感的人倍受欢迎

约翰·亚当斯参加美国总统竞选时，共和党人指控亚当斯曾派竞选伙伴平克尼将军到英国去挑选四个美女做情妇。其中两个给平克尼，两个留给他自己：约翰·亚当斯听了哈哈大笑，说道："假如这是真的，那平克尼将军肯定是瞒过了我，全部独吞了！"

具有怎样特征的人才更吸引他人呢？一般人会说出友善、热情、开朗、宽容、富有、乐于助人、幽默、有责任感、工作能力强等许多的特征，但相关专家提出：在这些所有特征中间最重要的莫过于幽默了。这并不是说其他的特征不可贵，只是因为在人与人的交往过程中没有太多的机会展示那些特质。

假若把各种优良特质比做钻石的各个侧面，幽默感则是钻石直接面向我们的那一面，可以折射出智慧的光辉。

在古代，"桃李不言，下自成蹊"是为人称道的交往观念，意思是说：桃树、李树虽不说话，却因为它们的鲜花和果实而把人们都吸引过来，以至于树下都被踩出了小道。

在当今社会中，虽然人与人的交往也强调以吸引力为基础，但如果你不会"自我展示"，即使你再优秀再能干，也不太容易引起他人的注意。

因此，在有限的时间和空间之内，哪怕是初次见面和一次晚餐上，幽默都能让你一展才华，从而给人留下深刻印象。

幽默的特征之一是温和亲切，富有平等意识和人情味。学会运用幽默的方式，能够提升你的个人品位和绅士风度。

巴顿将军由于职业和性格的关系，他对自己家庭的内部管理，也采取了准军事的模式，凸显巴顿的军人风格。

儿子的卧室——写的是"男兵宿舍"

女儿的卧室——写的是"女兵宿舍"

客厅——写着"会议室"

厨房——写着"食堂"

那么，他们夫妻的卧室应该挂上一块"司令部"的牌子吧！

可是没有。那上面写的是——"新兵培训中心"。

能够在施展幽默时保持平稳，有绅士风度，能够控制好各种情绪波动，将幽默的语言平淡地说出来，这是高手。因为越是这样越能和一般的幽默所产生的效果形成强烈反差。因此温和亲切，不仅能提升自己的品位和风度，更能增强你的语言幽默效果。

幽默能带给你意想不到的吸引力。你总是可以在幽默中发现睿智的光芒。思路清晰、反应敏捷、妙语惊人是具有幽默感的人的共同特征，他们总是可以从容地面对各种纷繁的场合。运用幽默，可以让你口吐莲花，舌绽春蕾。

几个朋友交谈，急性子的甲总是打断乙的话，使乙无法完整地表达出自己的意思。这时乙站起来说："对不起，说话要排队，请不要中间插队好吗？"

这句话把大家的注意力都吸引到乙身上来了，甲发现乙抢了他的风头，便急中生智，也来了一句："请不要扳道岔！我现在重播一遍自己的观点。"甲也运用幽默的力量表现了自己，扳回了一局。可是乙又接着说："那好，我也把自己加了着重点符号的意见再说一下。"

在这样的层层幽默的推进下，不仅使在场的每一个人都受到了感染，甲乙两人也在互动的幽默中展现了自我的非凡魅力。

在当代家庭中，丈夫的事业，常需要妻子出面帮衬，以求事半功倍之效。

有一位丈夫，常在晚上把客商带到家里来，让妻子准备饭菜，边吃边谈生意，不到夜深人静不收场。时间一久，妻子吃不消了。尤其有了小孩之后，又操持家务又带孩子，女主人被疲劳压得透不过气来。

后来，她想出了一个好办法，就近找了家小饭馆，丈夫把客人带来时，妻子也出面接待，入席坐定后，她还为每个客人夹菜，一边笑着说："希望筷子的双轨，能给各位铺出一条财路！"

然后说明自己要回家照顾孩子，转身告退。

这位贤内助美好得体的举止，既赢得了客人的欢迎，也博得了丈夫的满意，因为她很好地表现了自己。

要想运用幽默手段表现自我，重要的是要懂得临场发挥，抓住每一个机会为自己所用。像上面的例子就是如此。只要你有足够的机智和智慧，懂得如何随着情境的变化而进行幽默，那么，生活中的每一个瞬间都是你表现自我的舞台。

在美国一个大饭店里，侍女在为一位顾客端上来一份芥末土豆糊时，顺便问道："您是干什么的？"

"我是葡萄牙国王。"

"噢。这个工作倒不错！"

这位侍女的幽默在于将当国王看做是一项工作，把自己上升到了和国王平起平坐的地位，也是很好地表现了自己。

幽默是展现自我魅力的极佳方式，只有具有幽默感的人才能在社交场合处处赢得他人的青睐和喜爱。

幽默还能够展示你的知识和品位。有句谚语说："笑是力量的亲兄弟。"而幽默的笑则是有趣的、意味深长的笑。"幽默是一种优美的、健康的品质。"幽默也是一种修养，一门学问。"世界上没有哪一位伟大的革命家、艺术家是没有幽默感的。"

知识是幽默的沃土，幽默是知识的产物。广博的知识使幽默得心应手，左右逢源。

我们看下面一个例子：

两个乡下财主站在村头说私房话儿，农夫老田见了，同他们打过招呼就走了。忽然，其中一个财主喊道："黑老田，站住！"

农夫站住了，对匆匆赶来的瘦财主说："您有什么事儿？"

瘦财主喘了喘气，无中生有地说："你打断了我们的话把子，赔三石谷，折合洋钱五十块，必须三日之内交清。"

老田回到家里，愁眉苦脸，茶饭不进，只差寻短见了。他的妻子问怎么了，老田照实说了。他的妻子就说："这有什么可怕的？到时由我对付！"

到了第三天，田妻叫老田上山打柴，自己便在家门口等着。瘦财主来了，劈头就问："你家老田呢？"

田妻不慌不忙地回答说："他上山挖漩涡风的根去了。"

瘦财主一听，喝道："胡说，漩涡风怎么还有根？"

田妻反问："那么，话还有把子吗？"

瘦财主无言以对，只得愤愤地走了。

幽默是建立在知识与经验的基础上，想成为一位幽默家，必须对古今中外、天南地北、历史典故、风土人情都有所了解，必须对天文地理、声光电化、文法哲经、名人轶事、影星趣闻都有所关注。

"世事洞明皆学问，人情练达即文章。"只有多读书多阅世，多积累知识，扩大知识面，懂得并熟练地按技巧操作，才能使幽默登堂入室，修成正果。

总而言之，幽默只有扎根知识的沃土，饱吸知识的营养，才能茁壮地成长起来。所以，一个幽默高手，一定要提高自己的知识修养。

——培养愉人悦己的幽默谈吐

幽默感作为一种能力，一种展现个人魅力的手段，像其他技巧一样，是能够通过后天的努力而获得的。它是随着人们阅历和知识的不断丰富以及对生活的不断认识而逐渐形成的。

自信、宽容、豁达、乐观的心理素质，是成为一个具有幽默感的人必备的素质。因为，只有这样的人才能正视现实，笑对人生，勇于战胜困难，从而取得胜利。幽默永远属于乐天派，属于生活的强者。另外，敏锐的观察力和丰富的想象力也是形成幽默感的重要因素。只有具备敏锐的观察力，才能明察秋毫，捕捉住生活中稍纵即逝的幽默素材；只有具备丰富的想象力，才能从平凡的生活素材中，找到别出心裁的幽默构思。观察力和想象力的综合运用，是一种创造力的展现。

用幽默进行有效反击

有一个贵族想邀请一位著名的小提琴手到他家去演出，但他又不想出钱，于是给这位小提琴手写了一封邀请函："亲爱的小提琴手，请明天中午10点钟，一定到我家来喝咖啡，注意，请你千万不要忘了带上你那把心爱的小提琴。"

小提琴手看完邀请函后，立即回函道："谢谢你的邀请，我一定去喝咖啡，但是我的小提琴就不去了，因为，它从来不喝咖啡。"

上例中本是拒绝对方的邀请，但顾忌对方颜面，便不明说，故意用荒诞的引申"小提琴不喝咖啡"来表明态度，既十分机智，又幽默无限，展现了小提琴手的高雅情怀。

在社交生活中，难免会遇到心怀敌意的人，对待他们的恶意攻击或挑衅，若直接回击，则可能导致事态恶化。其实，对付他人敌意的最有效武器是幽默，在敌意面前的幽默，不仅能钝化攻击，而且能更加显示自己的风度。

"做老实人说老实话"，本应该是一条为人处世的准则，但若一味地老实宽厚，反倒会迁就、纵容别人不适当的言行，因此，面对别人的无礼攻击和嘲笑挖苦，一定要学会适当的反击，维护自己的利益和尊严。反击的方式有许多种，其中最机智聪明的办法就是幽默的反击。

一个吝啬的老板叫伙计去买酒，却没有给钱。他说："用钱买酒，这是谁都能办到的；如果不花钱买酒，那才是有能耐的人。"

一会儿伙计提着空瓶回来了。老板十分恼火，责骂道："你让我喝什么？"

伙计不慌不忙地回答说："从有酒的瓶里喝到酒，这是谁都能办到的；如果能从空瓶里喝到酒，那才是真正有能耐的人。"

上例中，显然，老板只是想占伙计的便宜，假如伙计不能有效地反驳他荒谬的论调，就有可能遭到老板的严厉训斥，或者是自己贴钱给老板买酒，无论如何吃亏的人都是他自己，没准儿还会助长老板的嚣张气焰。

在现实生活中，假如我们遇到了这样无理取闹，蛮不讲理的人，也一定要学会用幽默反击，以子之矛攻子之盾，既巧妙地化解了对手无理取闹的行为，又让对手哑口无言、无话可说。

面对不讲理的人，要控制自己的情绪。以"骤然临之而不惊，无故加之而不怒"的大丈夫的涵养与气量，在气质上镇住对方。然后再冷静考虑对策，从中选出既幽默又有反击力度的最佳方案，找准打击点，在谈笑中让对手吃个哑巴亏，有口说不出。

在运用幽默反击时要冷静，切不可意气用事，可以采用旁敲侧击、指桑骂槐等方式，以谬制谬，抓住对手语言上的漏洞，一击制胜。

有个叫比尔的人，经常以愚弄他人而自得。一天早上，他坐在门口吃面包，看见杰克逊大爷骑着毛驴从远处哼呀哼呀地走了过来，于是他就喊道："喂，吃块面包吧!"

大爷出于礼貌，从驴背上跳下来说："谢谢您的好意。我已经吃过早饭了。"

比尔却一本正经地说："我没问你呀，我问的是毛驴，"说完，还很得意地一笑。

对比尔这一无礼侮辱，杰克逊大爷非常气愤，却又无法责骂这个无赖。他抓住"我和毛驴说话"的语言破绽，狠狠地进行了反击。

他猛然地转过身，"啪，啪"照准毛驴脸上就是两巴掌，骂道："出门时我就问你城里有没有朋友，你斩钉截铁地说没有，没有朋友，为什么人家会请你吃面包呢?""叭，叭"对准驴屁股又是两鞭，说："看你以后还敢不敢乱说?"说完，翻身上驴，扬长而去。

大爷借教训毛驴，来嘲弄无赖已和毛驴建立的"朋友"关系，使他有苦难说，张口结舌，哭笑不得，用幽默反击了比尔的挑衅。

幽默真是具有让人意想不到的功效，人与人之间的交往并非全都是友好的。有些人往往充满敌意，或者因为某些原因，使两人相处得很尴尬。在这些时候，幽默是解除这些窘境的最好方法。

运用幽默看上去像是防守，其实是更具有智慧的进攻，因为幽默不仅能以含蓄、婉转的方式达到最佳目的，而且在讽刺、攻击、挑衅时，让人感到尖利而不会正面冲撞，让人觉得辛辣又不会刺刀见红。

台奥多尔·冯达诺是19世纪德国著名作家。他在柏林当编辑时，收到一位青年作者寄来的几首没有标点的诗，随信说："我对标点向来是不在乎的，如用，请您自己填上。"冯达诺很快将稿件退回，并附信说："我对诗向来是不在乎的，下次请您只寄些标点来，诗由我填写好了。"

幽默贵在收敛攻击的锋芒，这是对一般情况而言，而在特殊情况下，就不尽然了。尤其是在极其卑劣的事和人面前，或者对外来的攻击忍无可忍之时，过分轻松的调笑，不但显得软弱无能，缺乏正义感，而且会导致对方更嚣张地进攻。

幽默的攻击性在这里要用到恰如其分，幽默感也并未因攻击性之强而变得逊色，这主要是依靠表面不动声色、貌似温和，而实际上却绵里藏针。

德国 19 世纪诗人海涅是个犹太人，为此常常遭到无礼的攻击。在一次晚会上，一个旅行家对他说："我发现了一个岛，这个岛上居然没有犹太人和驴子！"

海涅白了他一眼，不动声色地说："看来，只有你我一起去那个岛上，才会弥补这个缺陷。"

用幽默去骂人，比直接骂人要含蓄得多，且更有力量。因为这些话是从对方的话中推理出来并回敬回去的。对方要反击，需要取消自己说过的话，但"说过的话，泼出去的水"，谁能有办法收回呢？

反戈一击不难，反击得如此巧妙却是很困难的；接过对方带有侮辱性的话语，好像是要向对方屈服似的，不料突然一个反转，对方已经被自己击中。这样的幽默由于突然的反转就带上了戏剧性。

针对不义之人，仅有反击是不够的。刺刀见红的反击比不上智慧的幽默带来的讽刺。

《世说新语·言语》中记载孔融 10 岁时随父亲到洛阳一个名人家去。他应对自如，主人及来宾均甚惊奇，有一位姓陈的官员却说：

"小时候挺不错的，长大了不见得有多好。"

孔融说："看来你小时大概是挺不错的。"

在反戈一击时，要善于抓住对方的一句话、一个暗示、一个结论，然后把它反过来针对对方，把他本不想说的荒谬的话硬塞给他，叫他推辞不

第 8 天 幽默开心课：说幽默话，做幽默人
——培养愉人悦己的幽默谈吐

167

得，却又无可奈何。

反戈一击的幽默适用性非常广泛，对方一旦露出丝毫的恶意，可以用顺势而攻、借题反转之法还他同样的恶意。

有一则阿凡提的故事就是这样：

国王在宴会上赐给每个人一套华丽的衣服，同时叫来了阿凡提，把一块披在毛驴身上的麻布披在阿凡提身上。阿凡提恭恭敬敬接过麻布，再三道谢。然后高声向客人说："贵宾们，国王赐给你们的衣服虽然华贵，可都是从集市上买来的，可是赐给我的，却是他自己的皇袍。"

阿凡提把侮辱奉还给了国王，而且还彬彬有礼。反戈一击的幽默，相当于等量回敬，但是也完全可以根据情况，使还击升级。

这种幽默的反击有一个特殊规律，即反击的性质不由自身决定，而由发动攻击的对方决定。如果对方发动攻击时所用的语言是侮辱性的，则反击也是侮辱性的；对方如果话语中带着几分讥讽，反击时自然也就会带上几分讥讽；如果对方发动攻击时是调笑性的，那么，用反戈一击的方法演绎出来的幽默语言同样也是调笑性的。

幽默是化解攻击的"乾坤大挪移"，它钝化了攻击的锋芒，营造了和谐的气氛，缓和了紧张的关系，给自己的人际交往带来了莫大的好处。幽默是需要有高度的涵养、博大的胸襟和机敏的思维的。只有这样，才能把剑拔弩张的气氛消于无形，而转化成幽默的笑声。

在生活中，我们有时候会受到别人冷嘲热讽的言语攻击，如果我们也以同样的方式回击对方就可能会使矛盾激化，从而一发不可收拾。而使用幽默来进行十分巧妙地应对和隐蔽地反击，就能收到很好的效果。当然，这并不是一件容易的事情，在接过对方攻击性的话语后，先来个故弄玄虚，然后话锋突然一转，回击对方，这样的幽默由于突然的回转就带上了戏剧色彩。

总之，对于故意寻衅的敌人和尖酸刻薄的语言，我们一定要学会幽默地反击，而不能一味地忍让和宽厚下去，让他小人得意。为人要兼有软硬两手，才是处世自保并争取主动的处世真理。

用幽默进行反击的方法：

1. 夸张到荒诞的程度

不管对方的言行有多么荒谬，用不着针锋相对地和他争辩，只要把他的言行进行无限度的夸张，使其中的荒谬色彩更加浓厚，连他也无法争辩，他的言行就不攻自破了，他就会认识到自己的错误，而对抗的局面也不会出现。

2. 答非所问，向另一个方向引申

有时候，答非所问的方法能有效地改变当时的气氛，使人际关系得以和谐。转移攻击的锋芒，是在我们面临对抗的严峻处境时所进行的最佳选择。这样一来，幽默的情趣出现了，欢乐的气氛就又来到了我们身边。

幽默助你具备好人缘

据说有位大法官，他寓所隔壁有个音乐迷，常常把电唱机的音量放大到使人难以忍受的程度。这位法官无法休息，便拿着一把斧子，来到邻居门口。他说："我来修修你的电唱机。"音乐迷吓了一跳，急忙表示抱歉。法官说："该抱歉的是我，你可别到法庭去告我，瞧，我把凶器都带来了。"说完两人像朋友一样笑开了。

上例中这位法官当然并不是想把邻居的电唱机砸坏。他是恰当地表达了对邻居的不满——请注意：是对音响而不是对人——他的行为似乎是对音乐迷说："我们是朋友，我希望和你好好相处，至于电唱机是电唱机，可以修理一下。"当然，所谓"修理"只是把电唱机的声音开低些罢了。

幽默的确是调节人们感情和情绪的"润滑油"。

林肯总统才能出众而相貌不佳。他的竞选对手常攻击他是两面派。

林肯反驳说："如果我还有另外一张面孔，我会带着这副模样来见大家吗？"

林肯以一个自嘲式的幽默赢得了选民的信任和好感，最终获得了胜利。

幽默在文明社会中已经成为人们精神生活的一个重要方面。越来越多的人在谈论幽默和探讨幽默、使用幽默、感受幽默。

幽默可以使人付之一笑。笑，在社会生活中不仅对人体健康有益，而且在人群中可以增进友谊，缓冲矛盾，消除隔阂。笑还是增进友谊的桥梁和纽带，我们来看下面这个幽默。

马克思与诗人海涅有着十分深厚的友情。有一年，马克思受到法国当局的迫害，便匆匆忙忙离开了巴黎。临行时，他给海涅写了一封信，信中说："亲爱的朋友，离开你使我痛苦，我真想把您打到我的行李中去。"

把人打到行李中去这是不可能的事，马克思在同海涅开了个玩笑，显示了两人的珍贵情谊。

我们在个人生活中，总是不断地、交替地扮演着主人和客人的角色，因此我们有可能要去应付一些不合理的要求、令人不快的行为或者闹得不像话的场面。

有时候为了化解困境，没有任何合适的方式，只有依靠幽默的力量。因为幽默可以拉近你和他人之间的距离。

著名足球教练罗克尼，是个善于进行趣味思考的人。有一次球赛，罗克尼的诺特丹足球队在上半场输给威斯康辛队7分。可是他在休息室中一直与队员们开玩笑，直到要上场进行下半场比赛时，他才大喊："听着！"队员们惊慌失措地望着他，以为他要把每一个人都大骂一通。但是罗克尼接下去说："好吧。小姐们，走吧。"没有责备，没有放马后炮，也没有指手画脚强调下半场如何踢球。罗克尼的乐观、豁达，克服了队员们心理上的障碍，帮助他们忘掉艰难的处境。他的队在下半场创造了奇迹，踢出了一连串漂亮的、近乎幽默的球。后来罗克尼对采访他的人说："不是我赢了。而是我的趣味思考法赢了。因为我知道我们精神上赢了，那么球也赢了。"

还有一则故事：幽默作家班奇利，在一篇文章中谦虚地谈到他花了15年时间才发现自己没有写作的才能。结果一位读者来信对他说："你现在改行还来得及。"班奇利回信说："亲爱的，来不及了。我已无法放弃写作了，因为我太有名了。"

这封信后来被刊登在报纸上，人们为之笑了很长时间。事实是班奇利的幽默作品闻名遐迩，但他没有指责那位缺乏幽默感的读者。他以令人愉悦的、迂回的方式回答了问题，既保护了读者可爱的自尊心，也保护了自己的荣誉。

如果你对自己幽默的手法没有足够的自信，不妨学学孩子式的幽默。即使在50岁以后，我们也经常为孩子们由天真而产生的幽默所感动。孩子们是真正以坦诚待人，不会隐瞒任何事实的。当他们毫不掩饰地道出心里想的或事实真相时，人们一下子就会喜欢上他们，跟他们在一起会感到比跟任何人在一起都无法感到的轻松、愉快。

有一次，李卡克在家里请几位朋友吃饭。朋友来了，他妻子要他的小女儿向客人说几句欢迎的话。她不愿意，说："我不知道要说些什么话。"这时一位来做客的朋友建议："你听到妈妈说什么，你就说什么好了。"他女儿点点头，说："老天！我为什么要花钱请客？我们的钱都流到哪儿去了？"李卡克的朋友们大笑起来，连他妻子也不好意思地笑了。

这就是孩子式的幽默。女儿把母亲的想法以极纯真的方式说了出来，使大人们也不得不认真地检讨一下自己的想法，同时也减轻了我们对金钱方面的忧虑。李卡克从中得到了一点东西：孩子式的幽默能使我们显得格外真诚。

在沟通系统中，幽默艺术的运用效果不仅在于能够松弛紧张气氛、消除敌意，而且还能打开我们与别人的沟通渠道，让我们明白如何清晰地与他人沟通，提醒我们防止与人沟通的渠道阻塞。

幽默还是缓解人际紧张的安全阀，可有效地缓解紧张空气，缩短彼此间的距离，使我们从容地摆脱人际交往中的困境；幽默是健康生活的调味品，可使我们将内心的紧张和重压释放出来，提高压弹能力，健康身心，延年益寿。俗话说："笑一笑，十年少。"同时，幽默还是道德良心的清凉剂，讽刺卑俗而和颜悦色，道德缺失而心宽气爽，让人在笑声里领悟。当你在交际的过程中遇到意想不到的尴尬时，当你陷入沮丧烦恼的不良情绪中不能自拔时，当你想给无理的对手一个不失风度的回击时，幽默是你最好的选择。

从社交礼仪来看，幽默会使人产生不尽遐思的温馨，并留下较为深刻的印象。

斯库特去拜访一位女性朋友，女佣告诉："十分抱歉！小姐要我告诉你说，她不在家。"

斯库特说道："没关系，你就告诉她，我并没有来过！"

经过这样的幽默处理，斯库特以善意的话语表达了自己的心情，并对女主人避而不见的做法进行了刺谏。当他的那位女性朋友听到这种幽默出彩的答话后，还能沉得住气吗？我们可以预料，她一定会走出来与斯库特相见的！上面的故事就展现出幽默在社交场中的非凡魅力。

在社交场中，宴会是经常的活动，而宴会中又常常是生面孔多于熟面孔，往往会使人相当窘迫，但这也是我们练习幽默交际的最佳场所。你是否了解那些社交名人（那些交际手腕熟练的家伙们）和自己有哪些方面的差异呢？与社交水平一般的人相比，他们不仅仅是更加不怕与陌生人交流，也不仅仅是脸皮够厚，他们之所以能在社交场合中显得轻松自如，更重要的是他们大都掌握了多种关键的社交技巧，幽默就是其中很重要的技巧之一。

在社交场中与人交流时，要放得轻松一点。轻松之下自然能够产生相当的幽默感。像下面的这个幽默故事中的人物行为，相信您也有办法在社交场中演练一番！

某个盛大的自助餐式酒会上。因为事先预备了各式各样的美酒，客人们都赞不绝口。

某位被公认为酒仙的仁兄，在宴会一开始就在朋友之间来回的寒暄道辞，"哦！对不起，在下先行告退了！"

当他一路来到女主人面前时，女主人知道此仁兄是酒道高手，不禁诧异地问道："怎么，您要回家了呀！是不是有什么地方招待不周呢？""哦！不，不，我如果一开始喝的话，一定会分不出来东南西北的，所以我想先行告退……"

如果你也喜欢喝酒的话，你就会很容易看到这位仁兄的聪明幽默之处了。面对那么多的美酒，他当然是不愿意错过的，可是他又怕自己喝醉了以后会出丑，所以他就在喝酒之前为喝酒之后可能出现的情况做好铺垫，然后他就可以尽兴地享受美酒了，因为他明白主人当然不会因为他有可能喝醉而答应让他回去的。

幽默有助于社交活动。但社交中或许有不少的大牌人物在，这时候的幽默就要注意避免过于失格。

幽默还使人容易获得信任。

卡尔曾经担任过美国电话电报公司的最高行政领导。在他任职期间，有一次主持股东会议。会议中间人们对他提出了许多质问、批评和抱怨，气氛颇为紧张。其中有一个女人不断提出质问，说公司在慈善事业方面的投资太少了。

她厉声问："去年一年中，公司在这方面花了多少钱?"

卡尔说出一个几百万元的数字。

"我想我快要晕倒了!"她说。

卡尔面不改色地解下自己的手表和领带，放在桌上，说："在你晕倒之前，请接受这笔投资。"

在场的大多数股东笑起来。

他的幽默也表达了一个重要信息：即企业很重视人性的需要，他本人也确实对此十分关心。如果有必要的话他可以牺牲自己，但资金有限也是事实。卡尔在一分钟之内就使人产生了信任和同情——而他仅仅只采用了幽默的一个形式，戏剧性地表达自己的观点。那个女人也并不会晕倒。一句幽默的戏剧性语句和一个幽默的戏剧性行为，其效果远远超过了一份长篇小说般的工作报告。

所以，采用戏剧性的幽默方式表达自己的观点，往往能一下子给人以深刻的良好印象，使别人对你的观点从一开始就有了信任的基础。

幽默的方法很多，在此略举几种：

1. **借题发挥法**。由甲事谈乙事，既为甲事解围，又为乙事造势。

一群大学生郊游，一女生被蜜蜂蜇了一下，脸上鼓了个大包，女生哭泣不止，别人劝而无用，在大家一筹莫展时，其追求者赶到，"好了，好了，谁让你长的比花还美? 不仅我喜欢，连蜜蜂都不放过你。我该为我的眼光感到庆贺了!"女生破涕为笑，两眼放电。

2. 谐音双关法。用谐音言此意彼，让听者理解弦外音，话外意。

李鸿章一远亲，胸无点墨却热衷科举，参加科举考试时无从下笔，就在卷上写下："我乃李鸿章中堂大人亲妻（戚）"，指望录取，主考官阅此卷时微笑批道"所以我不敢娶你。"

3. 歪解妙释法。以轻松，调侃的语气，对话意，问题进行"歪曲"和"荒诞"的解释。

一男生成天泡图书馆，女友满腹幽怨地道："我要是一本书就好了。"男生不解地问为什么，"那你就天天把我捧到手上。"男生明其意，打趣道："那可不妙，我看完这本就要换新的……"

4. 自我解嘲法。笑的金科玉律是：不论你想笑别人怎样，先笑自己。在遭遇尴尬的情景时，如果适当地拿自己开涮，不仅能使自己摆脱尴尬处境，同时也能给对方轻松。

一男生欲出国深造，女友担心恋情有变而闷闷不乐，男生誓言旦旦苦劝无效，便说："瞧我这副尊容！罗圈腿，瓦刀脸，招风耳，灯泡眼，除了你谁瞧得上我？"女友扑哧而笑。

幽默是创造力的表现，使用幽默需要智慧，要有广博的知识，明锐的洞察力，丰富的想象力，以及优雅的风度和镇定自信、乐观轻松的情绪。善于幽默的男生，被称为"逗""开心果"，很受女生喜欢。不过使用幽默要看准对象，抓住时机而且不可滥用，如同用盐，适量可使菜味鲜美，过量则难以下咽。

幽默，来自拉丁文的意译，原意是在植物里起润滑作用的汁液。在摩擦太大难以转动的齿轮中加适量的润滑剂，齿轮会轻松咬合，自在运转；在处境困难的人际关系中来一点幽默，可大大降低彼此间的摩擦系数，使人际关系顺畅，交往和谐。

语言训练心得

为了取得理想的效果，幽默时要特别注意以下两点：
一是幽默必须真实而自然。

第 **8** 天 幽默开心课：说幽默话，做幽默人

——培养愉人悦己的幽默谈吐

175

二是敢笑自己的人才有权利开别人的玩笑。

笑自己的观念、遭遇、缺点乃至失误。有时候还要笑自己的狼狈处境。每一个迈进政界的人得有随时挨人"打"的心理准备，如果缺乏笑自己的反馈功能，那么他最好还是干自己的老本行去。

用幽默来调剂工作

小丽是一家大公司的总经理助理。她得应付访客、电话、同事和老板。空闲的时候，还必须打字。有时，某些自以为是的人来电话，还会给她出难题。因此小丽在繁杂的工作中更需要幽默，拥有它，并运用它。

一次，有位客户在电话中说："我要和你的老板说话。"

"我可以告诉他是谁来的电话吗？"小丽问。

"快给我找你的老板。"来电话的人坚持道，"我现在马上要和他说话。"

"很抱歉。"小丽温婉地说，"他花钱雇我来接电话，似乎很傻。因为十个电话中有九个是找他的。"

来电话的那个人笑了，然后把他的名字和电话号码告诉了她。

小丽巧用幽默，恰当地帮自己缓解了工作压力。

现代人工作压力大，工作中的人际关系头绪纷杂，这导致人们在工作中事事小心，身心疲惫。面对这种情况，在不影响工作的前提下，可以和同事、上司、下属开个适度的玩笑，幽默一下，活跃一下办公室的气氛。这也是控制情绪、激励自己处理人际关系的好办法。因此，打破严肃尴尬的气氛，给工作注入新鲜幽默的空气，不仅有助于提高自己的工作效率，同时也能赢得同事的信任和领导的信赖。

幽默作为自我调节方法中重要的一种，它能帮助我们消除因工作带来的紧张，驱逐挫折感，并解决问题。

马明一家人从事一项危险的行业，就是用炸药毁坏建筑物。我们可以理解他们做这一行工作，心理上会有多紧张。但是马明一家人用幽默力量来消除紧张——常和当地记者聊天，说些荒谬的故事。有一次在大爆破工作之前，新闻记者问他如何处理飞沙和残砾？马明一本正经地解释道："我们向一个生产包装袋的公司订制了一个特大的塑料袋，然后直升机在大楼上空把它扔下来。"

记者为这虚构的笑话笑弯了腰。而第二天马明兄弟从报上读到这一则新闻时，也爆发出阵阵笑声而松弛了紧张的心情。

幽默的语言可缓解人们在工作中的紧张情绪。用它来缓解工作压力，会比一些抽象的理论更奏效，由此显示出语言的最佳效能。适当的时候，与同事开开玩笑也能缓解工作中的压力。

甲乙两个保险公司的两个业务员的例子可以说明这一点。这两人争相夸耀自己的保险公司付款有多快。甲业务员说，他的保险公司十次有九次是在意外发生当天，就把支票送到保险人手里。

"那算什么！"乙业务员取笑说，"我们公司在李氏大厦的 23 楼。这栋大厦有 40 层高。有一天我们的一个投保人从顶楼跳下来，当他经过 23 楼时，我们就把支票交给他了。"

在与同事开玩笑的过程中，我们在缓解了自己的工作压力的同时，也用幽默帮助同事用更轻松的态度去完成工作。

不论你从事的是什么行业，不论你是个生手或熟手，老板或属下，幽默力量都能帮助你与他人的沟通和交往，帮助你解决工作中的问题并顺利渡过困难的处境。

工作中，面对自己的成就不能骄傲自夸，因为这会拉开你和别人的距离，使自己站在了所有人的对面，这时不妨运用幽默，调侃一下自己的光荣和优点。

1950 年，当布劳先生被任命为美国钢铁公司董事长时，有人问他对这个新职位的感想。他不愿表示兴奋，也不准备庆祝一番。

"毕竟，"布劳先生说，"这不像匹兹堡海盗队赢了一场棒球。"

布劳先生的幽默以对，显示出他为人不骄傲不自夸，能以新的眼光看待自己的荣耀，既强化了自我形象，也更能赢得别人的尊敬。

我们认为"谦虚是美德"，当然并不是说凡事都要过于谦让，不与人争。在靠着自己的才能取得工作成绩时，我们一方面在强调那是"幸运"或"大家的帮忙"取得的同时，另一方面也要用委婉的方式表明自己的努力也是取得成功的关键。必要时，甚至不妨幽默地吹嘘一番。

一位外语能力很强，兼通各国语言的人，他可以很幽默地自夸说："我可以用英语、法语、德语、西班牙语来保持沉默，可是一旦有话要说，则只说英语。"

乍听之下，好像他说的仅仅是很谦逊的话，事实上他幽默的话语中却充满着自信的自我宣传。有时候，对于工作成绩非常明显的人来说，即便是幽默的自我夸耀也是不必的，因为，他所做的一切都早已经在别人的眼里和心里了。这时候，他可以通过批评自己工作中的小失误的幽默方式来表现自己的谦虚，赢得员工、同事、上级等人的好感。

亨利在 26 岁时，担任了福特汽车公司的总裁。以前公司亏损严重，他上台后，大胆变革，扭亏为盈，虽然工作中也有许多小失误，但最终还是取得了很大成绩。

有人问他，如果从头做起的话，会是什么样子。他回答说："我看不会有什么非同寻常的作为，人都是在错误和失败中学到成功的，因此，我要从头来过的话，我只能犯一些不同的错误。"

亨利回避问话者的语言重点，故意避开自己的成绩不谈，反而拿自己在工作中的失误做谈论的话题，给人谦虚和平易近人的感觉。

陈鹏在一个会计部门任职员。有一次发薪水的时候，他竟然收到了一个空的薪水袋。他没有暴跳，也没有破口大骂。他只是去问发薪部门的人说："怎么回事？难道说我的薪水扣除，竟然达到了一整个月了吗?"原来是发薪水的工作人员忘了装薪金。当然，陈鹏得到了补发的薪水。

陈鹏表现了对同事偶犯的错误持一种宽容的态度，而不把它看成一件了不得的事情，批评谩骂同事的愚蠢。他以自己的幽默与同事分享了轻松愉快的果实。这也正是不为所动、泰然处之的幽默所要收取到的效果。

我们如果不能领略到别人的幽默对自己的裨益，也就不太可能以自己的幽默来激励别人。为了表现我们重视别人所带给自己的好处，应该时时保持乐观的态度，同别人一起欢乐。

语言训练心得

幽默是一种最生动的语言表达手法，与幽默的人相处，谈话是一件非常有趣的事。在工作中遇到难题，如果以幽默调节，事情就很可能很快得以解决。如果需要改善与同事们的关系，你可以利用幽默的妙语来表明自己的观点。

使用幽默语言的人，大都有温文尔雅的语气、亲切温和的处事态度。这样的幽默才使人感到轻松自然。

如果你已经利用幽默力量来帮助自己取得了成功，你也就能对挫折一笑置之，坦然开同事的玩笑，并且关心他们。

让幽默成为你的表达方式

有一次，美国总统林肯在某个报纸编辑大会上发言，指出自己不是一个编辑，所以他出席这次会议，是很不相称的。为了说明他最好不出席这次会议的理由，他给大家讲了一个小故事：

"有一次，我在森林中遇到了一个骑马的妇女，我停下来让路，可是她也停了下来，目不转睛地盯着我的面孔看。

她说：'我现在才相信你是我见到过的最丑的人。'我说：'你大概讲对了，但是我又有什么办法呢？'她说：'当然你生就这副丑相是没有办法改变的，但你还是可以待在家里不要出来嘛！'"大家为林肯幽默的自嘲而哑然失笑。

别人有事求你，你想拒绝，明言拒绝，会让人难堪，而运用自嘲，委婉拒绝，既能表达自己的拒绝意图，又会使对方乐于接受。

办事都要讲原则，不符合原则的事坚决不能办。不能为保持一团和气而丧失立场，不论什么样的关系，该拒绝的一定要拒绝，这叫坚持原则，但同时也要讲究说话方式的灵活性，根据人际关系的类型和特点，根据语言交往的内容、场合和时间等的不同，来采取灵活的策略，这就叫办事儿要有灵活性，办事儿一定要做到原则性和灵活性的统一。而讲究灵活性，很重要的一点是委婉含蓄。委婉拒绝是希望对方知难而退的有效策略。

幽默的妙趣，散落在生活的每个角落。幽默的妙用，伴随着人生的每个瞬间。如果用幽默的形式传递信息，表示自己内心感受和真实想法，常会收到出人意料的结果。

1. 巧用幽默表达看法

在任何情况下，以富有幽默感的评语来代替抱怨，都可以使你得到比较周到的服务，包括从餐馆点菜到抗议商店出售伪劣的商品。

有一次，安德鲁到一家旅馆去投宿，旅馆职员说："对不起，我们的房间全部客满了。"

安德鲁问："假如总统来了，你可有房间给他？"

"当然有！"职员说。

"好。现在总统没来，那么你是否可以把他的房间给我？"

结果安德鲁得到了住宿的房间。

当我们需要把别人的态度从否定改变到肯定时，幽默力量具有的说服效果是一种有效的特殊处方。真正的幽默不仅是在严肃与趣味之间达到相互的平衡，而且是要剥去虚假的关心、爱护的外衣，在爱与争取被爱的前提下摆脱不健康的"情绪"，认真思考一下，看到自己错误的想法、肤浅的观点和时而偏差的价值观，进而使我们的身心和周围的一切达成更和谐、更融洽的氛围，更好的实现人际沟通。

在公共汽车上，乘客和售票员经常处于对立的局面，一点小事都会引起激烈的舌战。如大腿被门夹住了，报站名没听到，错过站的乘客慌慌张张地擂门大叫："售票员，下车！"

而售票员瞪眼瞅他，正在酝酿几句一鸣惊人的奚落话。

如果这时有一位乘客及时插嘴说："售票员不能下车。售票员下车了，谁来售票？"

不仅那位错过站的乘客会报以微笑，可能连售票员也会变得和颜悦色起来。

2. 用含沙射影的幽默表达观点

在社交中，避开与他人的正面冲突，巧用他物加以发挥，用幽默来表达自己的观点，往往能得到让人意想不到的效果。

过去有个茶馆老板的妻子结婚 2 个月，就生了一个小孩，亲朋好友都赶来祝贺。茶馆老板的弟弟也来了，他拿来了自己的礼物——纸和铅笔。老板谢过了他，并且问：

"贤弟，给这么大的小孩儿赠送纸和笔，不太早了吗？"

"不，"弟弟说，"您的小孩儿太性急。本该 10 个月出生，可他偏偏 2 个月就出世了。再过 5 个月，他肯定会去上学，所以我才给准备了纸和铅笔。"

包括弟弟在内的所有当事人，对茶馆老板的"早"得贵子无疑是有类同的看法的，只不过大多数人是心照不宣而已。而好事的弟弟偏偏要"哪壶不开提哪壶"，当众揭发老板夫妇的丑。在这当儿，老板的疑问给了他一个借题发挥的机会。

由此可以看出，利用貌似"合理"的推理得出一个荒谬的结论，然后再将这个谬论作为进一步推导的前提，而其结论必然也是荒谬的。在上面的例子中，弟弟的用意显然是在于以"小孩儿太性急"影射"嫂子未婚先孕"。前者是虚，后者是实，二者相得益彰，幽默效果也就自然形成了。

借助他物，含沙射影地表达自己不便表达的观点，把自己的信息传达出去，不仅达成了自己的目的，还制造了幽默含蓄的喜剧效果。

需要指出的是，此种幽默法在运用上一定要注意场合和分寸，超出了这个界限，不仅使幽默本身失去意义，还有可能伤害自己和他人之间的感情。

3. 用幽默表达真正意图

在一家食品店里出现了下面的情景：

一个小男孩站在低低的柜台前面，凝视着一盒打开了的巧克力饼干。

"喂，小孩，你想干啥？"食品店老板跟他打趣问道。

"哦，没什么。"

"没什么？我看你好像是想拿一块饼干。"老板说。

"不，你错了！先生，我是想尽量不拿。"小男孩顽皮地回答。

老板不禁被他的机智和可爱逗得哈哈大笑，于是送给他一盒饼干作为"嘉奖"。本来他对美味望眼欲穿，馋得直流口水，但并不直说，而是直话曲说，"实话"巧说，表面上看去似乎是否定了老板的话，实际上等于将自己的意图变了个方式表达出来而已。

突破常规式样，达到幽默目的，也就是一个人在做某件事的过程中，采用了一种有别于常规的方式或方法而达到了完全相同的目的。不仅仅生活中是这样，就是我们日常所离不了的交流工具——语言也有类似的情况。

我们将能够突破常规的语言的特点运用到幽默当中时，它就成为一种很重要的幽默技巧。该种技巧之所以能够使整个幽默显得诙谐有趣，引人入胜，不在于它的雄辩，而在于它的构思新奇，不落俗套。

4. 在幽默中轻松说理

在生活中，很多时候需要说服对方，但却往往十分困难，这时不妨利用诙谐幽默，以轻松愉快的形式，将道理表达出来，使人从喜悦和谐的氛围中恍然醒悟。

在诙谐中轻松说理的幽默术的特点，即是以轻松愉快的形式，诙谐风趣的语言，表达庄重严肃的道理，使人在喜悦和谐的氛围中，接受道理，服从对方，从中表现出自己强烈的幽默感。

西汉时，东方朔滑稽多智，能言善辩。

一天，汉武帝议论"寿相"时对大臣们说："依我看，《相书》中有一句话很有道理：'人是否长寿，只要看看鼻子和嘴之间的人中长短。人中如果长一寸，就可以活一百岁'。"

众位大臣都应声说："对！陛下高见。"东方朔听后却仰天大笑。

有个大臣指责他胆大妄为，竟敢取笑皇上。东方朔辩解说："我哪里是笑陛下，我是笑彭祖的面长！"

汉武帝便问："彭祖面长有什么好笑?"

东方朔说："传说彭祖活到八百岁，如果《相书》真的很准，那么按人中长一寸寿百岁推算，彭祖的人中应有八寸长，而他的脸岂不是有一丈多长了？"

汉武帝听罢，想了一会儿，也不禁大笑起来。

东方朔的推算，使发怒的汉武帝由怒而笑，也使汉武帝在笑声中认识到了迷信相面的可笑之处，也达到了在诙谐中改正错误的幽默效果。

5. 用幽默表达仁爱之情

有时候，我们需要表达对他人的爱护、同情和安慰，但是这种表达如果使用方法不当，反而会使我们安慰的对象感觉我们是在可怜他们，因而使我们友善的表达收到相反的效果。这种时候，我们不妨运用幽默的方法，看看效果如何。

一个酷爱打保龄球的人说："我的医生说，我不宜打保龄球。"

他的朋友听了说："哦，他一定跟你较量过。"

对朋友的仁爱之情、安慰之意通过幽默的手法委婉曲折的表达出来，既不会对朋友的自信心造成伤害，又很好地达到了自己的目的。在个性迥异或一时闹了别扭的亲情手足之间，貌似嘲笑的幽默关怀总是来得更有效，每每快捷地弥补着彼此间的差异与裂痕，缩短着双方的距离。

幽默语言能化解人际关系的冰霜，增进人际关系的和谐，避免可能发生的冲突。幽默能帮助我们认识到：与社会和人生的重大问题相比，我们的某些矛盾显得微不足道，人与人之间的矛盾大多可以调解。如果我们能够轻松地看待那些日常小事，就可以免除许多不必要的争论和烦恼，使自己心情舒畅，还能以此开导他人，调解争端。

某大公司的董事长和财税局长有矛盾，双方很难心平气和地坐在一起，可是又必须把他们都请来，参加一个重要的会议。他们不得不来了，但是双方都视而不见，犹如两个瞎子。

这时会议主持人抓住他们的矛盾，进行了一瞬间的趣味思考。他向人们介绍这位董事长时说："下一位演讲的先生不用我介绍，但是他的确需要一个好的税务律师。"

听众爆发出一阵大笑，董事长和财务税局长也都笑了。

我们身处的是紧张运转的现代社会，繁忙的劳作再加上各种利益的纠葛，使得人们彼此间的矛盾冲突增多，日常生活的摩擦更是不断。如何松弛紧张情绪，避免争吵，让自己摆脱处世的烦恼，确是急需考虑的。而善于运用幽默力量的人对此就可轻松自如。

语言训练心得

在现实生活中，让幽默成为你的表达方式能给你带来极大的好处。含蓄是运用幽默的一种绝妙方式。不论是何种幽默的表达方式，都离不开含蓄。

许多人之所以缺乏幽默感，就是因为太习惯于直截了当、简洁明了的表达方式。而幽默则与直截了当不太兼容。要养成幽默感，就要学会迂回曲折的含蓄表达方式，在这样做的过程中，你得时时刻刻与自己想直截了当表现自己的洞察力作斗争。换个角度来表达你的意思。

常言道：大智若愚。即使你心里很明白事情究竟是怎么回事，但直接说出来可能会得罪人，这时不妨含蓄地以幽默的方式表达你的意思。

说话含蓄是一种艺术，也是幽默的一大技巧。含蓄地表达幽默，是把重要的、该说的故意隐藏起来，而且把幽默寓于其中，却又能让人家明白自己的用意。

第 **8** 天　幽默开心课：说幽默话，做幽默人
——培养愉人悦己的幽默谈吐

185

说话幽默的实用技巧

有一小孩饿得直哭。父亲安慰他说："你要吃什么？尽管告诉我，哪怕是龙肝凤胆也好，我都拿来给你吃。"孩子说："那些我都不要，我只要吃饭。"父亲骂道："不懂事的家伙，只拣家里没有的要。"

这位父亲真是好笑，穷得连饭都吃不上，还要振振有词地说给孩子吃龙肝凤胆，简直就是自相矛盾。而自相矛盾也是一种表达幽默的方法。

"矛盾"这个词是源于《韩非子》中那位卖矛和盾的生意人，表示事物之间的强烈冲突，有很强的喜剧色彩。现代生活中，我们常说的自相矛盾是指人物言行不一，言语前后冲突，行为相互抵触。

生活中这样的现象十分常见。但为了使戏剧性更强，取得更好的幽默效果，可以采用这样一种方法，就是在矛盾对转以前把即将转化的矛盾加以强调，以耸动别人视听。

生活中，有些人别出心裁地利用矛盾技法造句，这种语言为人们喜闻乐见。如：

"缺什么都行，就是不能缺钱。"

"什么都应有，就是不能有病。"

体现幽默艺术的方式还有很多，如果你留心观察，就会发现生活中很多人、很多事都洋溢着幽默的气息。

除了自相矛盾这种方法外，还有以下几种常见的幽默技巧：

1. 妙借修辞幽默法

修辞，不仅是使语言变生动的方法，还是一种幽默技法。掌握借用修辞的幽默技法，一定会使你的生活充满笑声。

（1）比喻巧妙

比喻是搞笑的重要方法，其主要功能是语言的形象性。那些使人感到别致、出乎意外、乖巧的比喻都是产生幽默滑稽的最佳材料。

在某次合作签约的庆祝会上，双方的总经理频频祝酒。一方的公关部主任站起来，对双方的合作进行了一番令人叫绝的介绍："我们两家公司，一家在海南，一家在河南，可以说是'南南合作'。

各位知道，国际上的南南合作是世界经济发展的共同体。我们两家公司的'南南合作'，是联谊发展的姊妹连体。我们南南相助，南南相连，南南相合。现在，我可以告诉各位，我们这种秦晋之好的合作已结出了丰硕成果，今天正好是七月七，喜鹊已把天桥架通，愿我们天天都在七月七中度过。"

公关部主任的这番话，巧妙地运用了"南南合作""姊妹连体"等比喻，生动地道出了两家公司配合默契的联合，并对发展前景作了愉快的预测，寓意十分深刻。

用比喻产生幽默要自然得体，不露痕迹，给人以天衣无缝之感，方可令人解惑。

（2）善用"仿拟"

"仿拟"，顾名思义，指在说话的过程中，有意仿照现成的句子结构或词组类型"造出"新的语句、词组。其直观、简便地表达方式和蕴涵讽刺的功效，深受人们喜爱。

甲：连长真有两下子，指哪儿打哪儿呀！

乙：你行吗？

甲：行，我能打哪儿指哪儿。

乙：噢！打哪儿指哪儿呀，那谁都会。

甲故意把平常的话题颠倒说，从"指哪儿打哪儿"到"打哪儿指哪儿"，结构形式相同而语意大变，词句的前后组合出现矛盾，顿时引起人们的笑声。

由于仿拟可以采用具体的事物加以模仿，比较直观、简便，同时又能使事物的矛盾对方情况凸显出来，因此极富有讽刺功效和幽默力量。仿词的仿拟大多是在已有的词语的对举下，采用反义词、近义词等相关的要素，临时仿造出新词，两个词语之间更换的依据是彼此的相关性、可对比性。仿拟幽默往往能给人带来尽兴的笑声。

（3）一语双关

一语双关，双关语都会含有潜台词和象征意味，并能体现某些深层的哲理意蕴。双关语的趣味，是依靠逻辑思维推理的指导，是人物丰富想象力的表现。

双关语可以巧妙地表达自己的态度，而不会引来对方的反感。在双关语中都会含有潜台词和象征意味的语句，并更能体现出一种深层的哲理意蕴。因为这一特点，双关语很少能引起大笑，而多数人是以微笑相待。其双关语的诙谐，需依靠逻辑思维推理的指导，是在人物丰富想象力帮助下取得的，因而，需要个人不断地加强语言修养，才能真正做到喻之切，意之深。

2. 偷换概念幽默法

"偷换概念"之所以能造成幽默效果，是因为幽默的思维主要不是实用型、理智型，而是情感型的。因此，对于一般性思维来说，如果是破坏性的东西，那么对于幽默来说则可能是建设性的。请看下面这样一段一个家教老师和一个孩子的对话：

老师："今天我们来温习昨天教的减法。比如说，你哥哥有五个苹果，你从他那儿拿走三个，结果怎样？"

孩子："结果嘛，结果他肯定会揍我一顿。"

从数学科学的角度来看，孩子的这种回答是十分愚蠢的，因为老师问的"结果怎样"很明显是"苹果还剩下多少"的意思，属于数量关系的范畴，可是孩子却把它转移到未经哥哥允许拿走了他的苹果的生活逻辑关系上去。不过，恰恰是因为偷换了概念才使这段对话产生了一种幽默的效果。

概念被偷换了以后道理上依然讲得通，显然这种"通"不是"常理"上的通，而是另一种角度上的通，但正是这种新角度的观察，显示了说话者的机智和幽默。

通常情况下，概念被偷换得越是离谱，所引起的预期的失落、意外的震惊就越强，概念之间的差距掩盖得越是隐秘，发现越是自然，可接受的程度也就越高。

3. 机辩善辩幽默法

许多情况下，不论是面对谈判的对手还是平常的交谈，许多话往往是不能够用直接的方式去说的，这就须以曲线的婉转方式去说。机辩善辩的幽默就是这种婉转表达自己意图的一种艺术方式。首先，机辩不等于或者不完全等同于善辩，所以，"机辩善辩的幽默"最少包含有两个层次的意思。机辩，直面的意思就是充满机智的辩解，或者辩解是充满机智的。善辩，就是对一个说话者来说，他有善于辩论的专长。机辩与善辩的关系是这样的：机辩不一定是善辩，善辩一定能够包含机辩。因为，有时一个人能够"机辩"往往证明他有敏捷的思维，但不一定能够像"善辩"者那样做得面面俱到。

北京实行单双号限行的第一天，公交车上超级拥挤。有一对夫妻站在门口，从车后面挤过来一个男孩要下车，跟那女的说了一句："让一下，下车"，那个女的没有动。男孩挤过去时就踩到她了。结果那女人不停地大声骂："神经病啊！你！神经病啊！你！"搞得全车人都看。

男孩一直没有说话，下车时忍不住了，回头对那女人说："复读机呀！

第8天 幽默开心课：说幽默话，做幽默人
——培养愉人悦己的幽默谈吐

你!"全车人爆笑!

后来，有个小妹妹也要下车，挤过去怯怯地说："我……我……我想……想下车，我不是神经病!"全车人再次爆笑!

那个女人没有说话，可是从边上飘来一句话："你是不是没电了!"全车人爆笑不止。

既能够把机辩与善辩统一起来，又把这种统一与幽默交互渗透贯通起来，用幽默的语言展开自己的机善之"辩"，这种口才艺术，在我们这里就给它命名为"机辩善辩"的幽默。

话中有幽默，生活才更有味道。王蒙说："幽默是一种酸、甜、苦、咸、辣混合的味道。它的味道似乎没有痛苦和狂欢强烈，但应该比痛苦和狂欢还耐嚼。"

4. 歪解原意，多向思维

如果人们在交际的场合中，都是有一说一、有二说二，没有任何的创新和变化，也没有奇巧和怪诞，要想取得幽默的效果是很难的。假如我们就某种现象进行说明或者就某个问题进行辩解时，讲出了别人没有想到的奇妙歪理，给人一种新奇的心理体验，相信一定能使人眉开眼笑、精神不禁为之一爽。用似是而非的荒唐道理去解释某种现象或问题的幽默方法，即是"歪解法"。你看下面这段对话是不是很有意思：

"您认为牛皮最大的用途是什么？"

"做皮衣。"

"不对。"

"做皮鞋。"

"还是不对！牛皮最大的用途是把牛包起来。"

上面这个类似脑筋急转弯的幽默故事，其实就是"歪解法"的一个具体运用，说话的时候我们用寻找新奇表现角度的方法来解释正常的现象，回答一本正经的提问，可以给人一种耳目一新的幽默感。"答非所问"也是一种歪解原意的方法，有时候，利用这种"答非所问"的方法也能造成新鲜的幽默效果。

5. 巧借人力，顺势而为

在生活中，幽默也可以通过借力的方式产生，我们可以巧妙地利用对方的话来为自己服务，这就是所谓的"借别人的梯子，登自己的楼"。这种方法多用于应对攻击性的话语。当对方从某一角度、某一方面对你进行嘲讽、侮辱时，你可以抓住其话语中的某个破绽，顺着对方的逻辑推下去，从而得出一个令对方无地自容的自然结论。这样既能使自己脱离困境，又能给对方有力的回击。下面就是一个典型的"巧借人力，顺势而为"的幽默故事：

有两个贵族青年，骑着高头大马在路上趾高气扬地行着，迎面走来一位驼背的老妇人，手里牵着两匹瘦骨嶙峋的小驴子。

两位年轻人打趣地向老妇人"致敬"："早安，驴妈妈。"

"早安，我的孩子们！"老妇人答道。

老妇人巧妙借用对方话中的"驴妈妈"这个词语，顺其之势，取其精髓，再把自己要说的话经过刻意地加工，平和而又幽默地回击了两个贵族青年的侮辱，在和缓的气氛中，既维护了自己的尊严，又对两个贵族青年给予温和的批评和教育。

"巧借人力，顺势而为"的关键在"借"和"顺"两个字上。首先要在别人的话语中发现可借之物，把握其内在的精神，然后顺着这种内在的精神，运用可能前后并不协调的话语，表达出乎对方意料的意思，幽默也就此轻松产生了。

6. 自吹自擂，夸大其词

自吹自擂的幽默作为一种"厚脸皮"的幽默技巧，能广泛地用于日常生活中。不管你处于什么样的情势，都可以毫不脸红地把自己吹嘘一番，当然，你所"吹"所"擂"的东西应与现实情况有较大差异，并且表意明确，让对方很容易通过你的话语看出你是名不副实，这样，幽默才能顺利产生。

有一次，萨马林陪斯图帕托夫大公打猎，闲谈之中萨马林吹嘘自己说："我小时候也练过骑射，即使说不上精通，也算得上箭不虚发。"

大公要他射几箭看看，萨马林再三推辞不肯射，可大公非要看看他"箭不虚发"的本事。

实在没办法，萨马林只好拈弓搭箭。

他瞄准一只麋鹿，第一箭没有射中，便说："罗曼诺夫亲王是这样射的。"

他再射第二箭，又没有射中，说："骠骑兵将军是这样射的。"

第三箭，他射中了，他自豪地说："瞧瞧，这才是我萨马林的箭术。"

自吹自擂往往与现实形成反差，幽默就从其间产生。自吹自擂的时候，可以毫不脸红，却免不了误打误撞，言过其实。不过，从制造幽默的角度来说，情况与事实有出入而自己却津津乐道，恰能透出浓浓的幽默情趣。

自吹自擂是夸大其词的一种。夸张之所以能造成幽默效果，是因为这些话题与内容经过夸大之后，变得不合常理，大大出人意料，从而造成幽默效果。很多幽默的成功，都在于对关键的地方，用语言进行恰到好处的夸张。

7. 巧设连环，请君入瓮

"请君入瓮"是个成语，指设好圈套等别人来钻。把这种计谋用在幽默上，它就发展成为一种富有意味的幽默技巧，或者说是语言技巧。它的突出特点就是：用故弄玄虚连续地问或答，使对方一步步进入自己的话语迷宫，营造出一种幽默的氛围，同时也使他人开窍。下面这个故事就运用了这种幽默技巧：

一考生骑驴赴京赶考。路上问一个放牲口的老汉："嗳，老头儿！这儿离京城还有多远？"

老汉看他穿戴得倒是挺排场，就是问路不下驴，说话没礼貌。老汉心里想：这算什么书生！老汉本来不想理他，可又想教训他一下，就答道："京城离这儿180亩。"

书生感到好笑："喂牲口的！路程都讲'里'，哪有论'亩'的？"

老汉冷笑道："我们老辈子的人都讲里（礼），现在的后生娃没有教养，不讲里（礼）！"

书生脸一沉，说："你这个老东西，怎么拐着弯骂人呢？"

老汉说："喂牲口的老东西本来不会骂人。只是今天心里不痛快，我养的一头母驴，它不生驴仔，偏偏生下了个牛犊。"

书生不明白老汉的意思："你这个人真是稀里糊涂的，生来就该喂牲口。天下的驴子哪有下牛犊的道理？"

老汉还是耐心指教书生说："是呀，这畜生真不懂道理，谁晓得它为啥不肯下驴咧。"

书生听出了话里的意思，面红耳赤，没有作答就扬鞭绝尘而去。

幽默的表达是包含意蕴的。故事中的老汉，通过曲折的暗示故弄玄虚，吸引对方思绪，诱使对方上当，是请君入瓮法运用的典范。

在日常生活中，这种艺术使幽默更加显露出它固有的机智与思辨色彩。由于这个原因，在生活中的舌战场合，这种巧设圈套的幽默技巧也被广泛地应用。

运用这种幽默技巧必须突破常规思维，而对方则是按照正常的思维去推理，根据你的设计，出奇制胜地将对方引入你的圈套中。

"请君入瓮"的幽默技巧能够体现出一个人高超的智慧。这种幽默还有一个很明显的特点，那就是施用此术的人总是能在与对手的较量中占据主动，先发制人。从一开始，就稳固地占据主动地位，吸引对方的注意力，让对方总是跟着自己走，这样，最后的一击才会显得幽默有力和富有戏剧性。

语言训练心得

幽默是人类共同的文明成果。世界各民族丰富的语言文字，为幽默提供了妙趣横生的表现形式。而千百年来习传至今的修辞方法，更为幽默创造了多姿多彩的使用技巧。幽默借用精妙的语言修辞，更能使寓意深刻，出奇制胜，效果强烈。

第9天

出奇制胜课:奇言奇语有奇效

——拒绝也可以如此受欢迎

拒绝一定要讲究艺术

历史上有这样一个故事，甘罗的爷爷是秦朝的宰相。有一天，甘罗看见爷爷在后花园走来走去，不停地唉声叹气。

"爷爷，您碰到什么难事了？"甘罗问。

"唉，孩子呀，大王不知听了谁的挑唆，硬要吃公鸡下的蛋，命令满朝文武想法去找，要是三天内找不到，大家都得受罚。"

"秦王太不讲理了。"甘罗气呼呼地说。他眼睛一眨，想了个主意，说："不过，爷爷您别急，我有办法，明天我替你上朝好了。"

第二天早上，甘罗真的替爷爷上朝了。他不慌不忙地走进宫殿，向秦王施礼。

秦王很不高兴，说："小娃娃到这里捣什么乱！你爷爷呢？"

甘罗说："大王，我爷爷今天来不了啦。他正在家生孩子呢，托我替他上朝来了。"

秦王听了哈哈大笑："你这孩子，怎么胡言乱语！男人家哪能生孩子？"

甘罗说："既然大王知道男人不能生孩子，那公鸡怎么能下蛋呢？"

甘罗作为一个孩童，能如此得体地拒绝秦王，并让秦王不得不放弃自己的无理请求，实在是大出人们的预料。也正因为如此，秦王才有"孺子之智，大于其身"的叹服。以后，秦王又封甘罗为上卿。现在我们俗传甘罗十二岁为丞相，童年便取高位，不能不说正是甘罗的那次智慧的拒绝，才使秦王越来越看重他的。

拒绝别人是一件很难开口的事，特别是拒绝你的上司，更是难上加难。虽然如此，也不可敷衍了事，因此拒绝一定要讲究艺术。

人生就像是在完成上帝出给我们的试卷，在这张试卷里出现的是一道道的单项选择题。对一个选项的肯定，就是对另一个答案的否定。要选择一个答案，就要勇敢地对具有诱惑性的另一个选择说"不"！那么，如何去说"不"呢？

　　钱钟书在拒绝别人时用了一个奇妙的比喻：一次，钱钟书在电话里对想拜访他的英国女士说："假如你吃了个鸡蛋觉得不错，又何必认识那个下蛋的母鸡呢？"用下蛋的母鸡比喻自己，不但巧妙生动，而且表现了钱钟书平易和蔼的性格，委婉而风趣地拒绝了拜访。

　　俗话说有理走遍天下，只要行得正，坐得端，不必畏惧权势，可以断然拒绝他人的一些无理要求。当然在拒绝他人的时候要讲究一些技巧。

　　北洋军阀统治时期，杭州城有个杜宝林，外号"小热昏"，以唱独角戏闻名全城。杜宝林以卖梨膏糖为生。当时为了招徕买主，他编了滑稽小段在湖边上一边演出，一边兜售梨膏糖。由于他的演出时而说，时而唱，妙语联珠，生动有趣，南腔北调，手舞足蹈，因而观者无数，许多人按时等候在他演唱的地方，风雨无阻，四季不分。

　　浙江警察厅长夏超仗势欺人，私生活又糜烂不堪，杭州百姓无不深恶痛绝。杜宝林决计代民解恨，搜集了夏超的种种丑闻秽行，编成节目，用嬉笑怒骂方式给以嘲讽，并在桌围上大书"小热昏警世笑话"七个字。杭州百姓听了他的笑话，无不捧腹大笑，拍手称快。杜宝林因此声誉鹊起，成了杭州城妇孺皆知的人物。

　　因为杜宝林的演出，刺痛了夏超，杜宝林的厄运接踵而至。一天，他突然被浙江警察厅传讯，罪名是"招摇撞骗，煽动闹事"，勒令不许再演，"如不听令，立即枪决"。杜宝林不为所屈，把戏中过分明显的地方改得隐晦一些，照旧在街头巷尾演出。夏超得悉后，再次传讯他，问他何以不服从命令。面对万分恼火的夏厅长，杜宝林笑哈哈地回答说："夏厅长何以如此当真，我本就是热昏颠倒，说三道四，说说笑笑，所以叫小热昏，厅长是浙江头面人物，教养极高，难道会相信热昏颠倒的人说三道四？"经他这么一说，夏超竟然语塞无对。杜宝林继而一本正经地说："我若不热昏颠倒说三道四，谁来买我的梨膏糖？一家老小岂不是要活活饿死？夏厅长只要答应养活我一家七口，我就不做小热昏了。"夏超啼笑皆非，就放他走了。

此后，夏超虽派密探盯梢，也无济于事。因为杜宝林的独角戏实在精彩非凡，那些密探常常被杜宝林的表演吸引住了，竟然忘了自己的任务，与观众一起捧腹大笑。禀报时便说杜宝林已改邪归正，循规蹈矩。

这个故事妙就妙在杜宝林运用自己的职业特点，说自己是热昏颠三倒四之人，为的是有人看自己的演出，从而养家糊口，厅长是有教养的人，怎么能相信热昏颠倒的人说三道四呢？您让我停演，我的一家老小谁养，如果厅长答应养的话，我就不演了。杜宝林的话环环相扣，不卑不亢，入情入理，使警察厅长毫无办法。这就是语言的威力。要做到巧言拒绝，必须有胆量，有信心，倘若杜宝林面对很有势力的警察厅长，在心理上就惧怕三分的话，就不会有巧言拒绝成功的事儿，因为只有惧怕而压根儿就没有胆量说话了，只能说"是，是"，然后就再也不演了。如果是这样，就不会有杜宝林的故事流传了。

语言训练心得

口才是思想交流的工具，它千变万化，要驾驭它的确需要艺术。就说"不"吧，它表达否定的意思，但并非所有的否定都要用它来表示。现实生活微妙复杂，你既可以斩钉截铁地拒绝某人的无理要求，说一声"不行！"你也可以态度鲜明地在会议表决中表明"不同意"。而在更多情况下，在拒绝时，要讲究方式、方法，处处依礼而行，要给对方留有退路，使其有台阶可下，而切忌令人难堪。

不要为一时情面接受自己做不到的事

　　某教师刚分到某中学工作，市教委就向该校抽人，对全市的中学实地考察，并写出调查报告。因某教师还没有安排授课，就抽了他去作调查。起初，他感觉为难，自己刚刚走出校门，不仅对本市教学情况不熟悉，就是对教育工作本身，又能知道多少呢？本不想参加，无奈校长已经开口，只好勉强服从。

　　一个半月过去了，别人都按分工交了调查报告，唯有他一个，由于不谙世故，又缺乏经验，对自己分工调查的三个中学连情况都没摸准，更不用说分析了。市教委主任很恼火，责备校长，怎么推荐这么一个人。某教师面子受不了，又是气又是羞愧，一下子病倒了，在床上躺了两个多星期。

　　这位教师由于当初不好意思拒绝，不但最终面子难保，而且身心都受到了伤害。这对他是个值得吸取的教训。

　　如果为了一时的情面接受自己根本无法做到或无法做好的事情，一旦失败了，同事、亲友、上司就不会考虑到你当初的热忱，只会以这次失败的结果来评价你。

　　如果你认为这次上级拜托你的事不好拒绝，或者害怕因拒绝会引起上司不高兴而接受下来，那么，此后你的处境就会更艰难。所以，无论做什么，都要量体裁衣，自己感到难以做到的事，要勇敢地鼓起勇气，说声："对不起，我实在无能为力，您是否可以另找别人？"或者"实在抱歉，我水平有限，只能让您失望了。我想，如果我硬撑着答应，将来误了事，那才对不起您呢！"否则，如果不懂得拒绝，将来丢脸的肯定是你。

第9天　出奇制胜课：奇言奇语有奇效——拒绝也可以如此受欢迎

199

在这个世界上，我们毕竟不能独来独往。做自己的事情时，很多时候要涉及别人的利益。因此，我们在人际交往的过程中，必须全盘衡量，把握分寸，协调好各方面的利害关系。

有些事情，不该做时就不能做，一旦做了，可能就违法、违情、违理，使自己或别人遭受名誉、经济或地位的损害。当有人托你办风险很大的事时，你也绝不能贪图一时之利，而不负责任地答应他，纵容他，而一定要慎重考虑可能引起的后果。如果有人想整治别人，编造假的事实，求你出面作伪证，或者有人想让你同他一起干违法乱纪的勾当，如果你不想与其同流合污，就应有勇气拒绝这类对自己不利的要求。

另外，有人请你代其完成工作时，如你的同事把自己份内的工作往你身上推，此类情况，都应拒绝。因为，形形色色的人们在社会舞台上都扮演了不同的角色，每一个人都有自己的责任和义务。既然承担了某种社会责任或契约，就应该践约。

不过，当你经过深思熟虑，知道答应对方的要求将会给你或他带来伤害时，那么，就应该拒绝，而不要为了面子问题，作出违心的事来，结果对双方都没好处。

语言训练心得

在交际中你必须知道：当亲友或上司委托你做某事时，一定不要不假思索地满口应承，能推就推。就算感到抹不开面子，至少也要冷静1分钟，在大脑中转一个圈子，考虑这件事自己能不能办得到，办得好。把自己的能力与事情的难易程度以及客观条件是否具备结合起来统筹考虑，然后再做决定。

在与人交往的活动中，有时难免要办一些为难之事：办不是，不办也不是。聪明人的做法是推一推，拖一拖。虽然也会惹人不高兴，但毕竟只是不高兴而已。

会拒绝是社交语言技巧成熟的标志

美国总统富兰克林·罗斯福在就任总统之前，曾在海军部担任要职。有一次，他的一位好朋友向他打听在加勒比海一个小岛上建立潜艇基地的计划。罗斯福神秘地向四周看了看，压低声音问道："你能保密吗？""当然能"。"那么"，罗斯福微笑地看着他，"我也能"。

富兰克林·罗斯福用轻松幽默的语言委婉含蓄地拒绝了对方，在朋友面前既坚持了不能泄露的原则立场，又没有使朋友陷入难堪，取得了极好的语言交际效果。以至于在罗斯福死后多年，这位朋友还能愉快地谈及这段总统轶事。相反，如果罗斯福表情严肃、义正辞严地加以拒绝，甚至心怀疑虑，认真盘问对方为什么打听这个、有什么目的、受谁指使，岂不是小题大做、有煞风景，其结果必然是两人之间的友情出现裂痕甚至危机。

委婉的拒绝能让对方知难而退。

有人想让庄子去做官，庄子并未直接拒绝，而是打了一个比方，说："你看到太庙里被当做供品的牛马了吗？当它尚未被宰杀时，披着华丽的布料，吃着最好的饲料，的确风光，但一到了太庙，被宰杀成为牺牲品，再想自由自在的生活着，可能吗？"庄子虽没有正面回答做不做官的问题，但一个很贴切的比喻已经回答了，让他去做官是不可能的，对方自然也就不再坚持了。

在社交活动中，常会发生这样的情况：当别人有求于你，而你出于各种原因，不能接受，又不好直说"不行""办不到"，怕伤害对方的自尊心时；当对方提出一些看法，你内心虽不同意，但既不想讲违心之言，又不好直接顶撞对方时；当你看不惯对方的行为，既想透露内心的真实想法，又不愿表达得太直露，以免刺激对方时。为很好地应付上述各种情况，就要学会拒绝，根据不同的情境巧妙地说"不"，让"不"有一副可亲的面孔。而这种拒绝要讲究艺术方法：

1. 彬彬有礼法

当别人邀请你出门，而你又不愿去时，可以彬彬有礼地说："我很感谢您的盛情。不过已经有人约了我，所以我今天就没有福气享受您的美意了。"

2. 不说理由法

在有些场合对某些人说明拒绝的理由，有可能会节外生枝，事与愿违。为减少麻烦，可以不说理由。如遇到曾经借钱不还的人又来向你借钱，你就可以明确表态："实在对不起，我恐怕帮不上您这个忙。"如果他继续纠缠，就再重复一遍，他就会知难而退。

3. 答非所问法

把对方提出的问题，用与之不相符的内容来回答。

一外国人来中国访问时问周恩来总理："中国的银行共发行了多少人民币？"对这一保密数字，自然不能轻易回答，于是周恩来总理幽默地说："一共十八元八角八分。"对方先是不解，经周恩来总理一解释，不禁佩服周恩来总理的智慧。原来，当时我国发行的人民币面值分别有拾元、伍元、贰元、壹元、伍角、贰角、壹角、伍分、贰分、壹分，加在一起不就是这个数吗？

4. 妥协应付法

当别人提的要求使你心有余而力不足时，可以妥协应付说："这事不久以后就能解决。""您的病慢慢会好的。"

委婉拒绝的方法远不止上面这几种,你尽可以采用各种各样的方法,只是一定要记住,无论用哪种方法,都要以不损伤他人的自尊心为原则。

语言训练心得

人都是有自尊心的,一个人有求于别人时,往往都带着惴惴不安的心理,当别人有求于你时,如果你一开口就说"不行",势必会伤害对方的自尊心,引起对方的反感,而如果话语中让他感觉到"不"的意思,从而委婉地拒绝对方就能够收到良好的效果。

其实,拒绝别人的方式有很多种,你可以给自己找个漂亮的借口,或者运用缓兵之计,当着对方的面暂时不做答复。或者用一种模糊笼统的方式让对方从中感受到你对他的请求不感兴趣,从而收到巧妙的拒绝效果。

拒绝别人需要讲究策略

有一个乐师,被熟人邀请到某夜总会乐队工作。乐师嫌薪水低,打算立即拒绝,但想起以往受过对方照顾,不便断然拒绝。他心生一计,先说些笑话,然后一本正经地说:"如果能使夜总会生意兴隆,即使奉献生命,在下也在所不辞。"

此时夜总会老板自然还是一副笑脸,乐师抓住机会立刻板起面孔说:"你觉得什么地方好笑?我知道你笑我,你看扁我,不尊重我,这次协议不用再提,再见!"

这样，乐师假装生气，转身便走，老板却不知该如何待他，虽生悔意，但为时已晚。

因此，面对不喜欢的对象，拒绝时要出其不意地敲他一下，以便打退对方。若缺乏机会，不妨参照上例，制造机会，先使对方兴高采烈，然后趁对方缺乏心理准备，脸上仍在笑嘻嘻时，找到借口及时退出，达到拒绝的目的。

一位名叫金六郎的青年去拜访本田宗一郎，想将一块地产卖给他。

本田宗一郎听完金六郎的陈述后，并没有作出"买"或者"不买"的直接回答。而是在桌子上拿起一些类似纤维的东西给金六郎看，并说："你知道这是什么东西吗？"

"不知道。"金六郎回答。

"这是一种新发现的材料，我想用它来做本田宗一郎汽车的外壳。"本田宗一郎详详细细地向金六郎讲述了一遍。

本田宗一郎共讲了 15 分钟之多。谈论了这种新型汽车制造材料的来历和好处，又诚诚恳恳地讲了他明年的汽车拟采取何种新的计划。这些内容使得金六郎摸不着头脑，但感到十分愉快。本田宗一郎送走金六郎时，才顺便说了一句，他不想买他的那块地。

如果本田宗一郎一开始就将自己的想法告诉金六郎，金六郎一定会问个究竟，并想方设法劝说本田宗一郎，让他买下这块地。本田宗一郎不直接言明拒绝的理由正是如此，他不想与金六郎为此争辩什么。

因此拒绝对方的提议时，最好采用毫不触及话题具体内容的抽象说法。

日本成功学大师多湖辉说的这个故事发生在 20 世纪 60 年代末的学运中。

某大学的教室里正在上课时，一群学运积极分子闯了进来，使上课的教授先生手足无措。当着班上学生的面，教授想显示一点宽容和善解人意的风度，就决定先听一下学生讲些什么之后再去说服他们。

结果与他的善良想法完全相反，学生们乘势向他提出许许多多的问题，把课堂秩序搅得一团糟，使他再也上不成课了。并且这之后只要他上课就有激进派的学生出现在课堂上，这种混乱状况持续了一年。

从这一教训中，教授悟到一条法则，即若无意接受对方，最好别想去说服他，对方一开口就应该阻止他："你们这是妨碍教学，赶快从教室里出去，与课堂无关的事，让我们课后再说！"

假如再发生一次同样的事，教授先生能否应付？或许就算他显示出了拒绝的态度，学生也可能会毫不理会地攻击他吧！如果一开始就不去听学生的质问，就刹住话头，也不至于弄得一年时间都上不好课！

语言训练心得

对于他人的话，人们总是会表现出情感反应。如果先说让人高兴的话，即使马上接着说些使人生气的话，对方也能以欣然的表情继续听。利用这种方法，可以击退不喜欢的对象。如果是明知道自己无意接受对方，那么应该在一开始就刹住话头，不给对方可乘之机。

第9天 出奇制胜课：奇言奇语有奇效
——拒绝也可以如此受欢迎

避实就虚巧拒绝

魏晋时，天下多事，以致名士们也少有保全自己而不受损害的。阮籍是竹林七贤之一，他常常酗酒托志，拒不参加世事。

司马昭为收买名士，要阮籍把女儿嫁给自己的儿子。别人也许很可能想尝尝当国丈的滋味。但阮籍不想为了一时尊荣，留下千秋骂名。因为司马家族的篡逆丑行人神共怒。

不过，要明确拒绝司马昭，立即就有杀身之祸。按通常思维，阮籍要么选择当下的富贵和后世垢名，像钟会；要么选择身盖黄土和名垂青史，像嵇康。这两种人阮籍都不想当。他不在这两者中做选择，而是采取了拖延策略：天天在家饮酒不朝，连续醉了60多天。60多天后，连司马昭都忘了娶女之事了。这真是："天下事左难右难，何妨一拖了之。"

有些事情，当时的情况可能认准了，可是由于时间长了，情况就会发生变化。所以，有的时候可以对时间跨度较大的事情，采取延缓性的策略进行拒绝。

在交际活动中，有的人为了使别人对自己有个好印象，或为了保全自己的面子，或为给对方一个台阶，往往对对方提出的一些要求不加分析地加以接受，结果弄得自己很难受，对方也不舒服。这就是没有掌握交际求通中"虚交法"的基本技巧。

当然，这也并不是一味反对帮助别人，只是说不要对人家的一切要求都毫无条件地答应。首先，自己必须得考虑对方提出的要求是否合理，是否影响到自己的利益，如果对方的要求既不合理，又影响到自己的利益，那无论是多么亲密的朋友也不能答应，因为你的答应是以损害自己的利益为前提的。何况事情的本身也不合情理。

不过，话说回来，朋友之间这样的要求是极少的。那么，对方提出的合理合法的要求是否一定都得答应呢？也并不见得。因为许多事并不是你想做就能做到的。有时受各种条件、能力的限制，一些事是很可能完不成的。因此当朋友提出托你办事的要求时，你首先得考虑，这事你是否有能力办成，如果办不成，你就得老老实实地说，我不行。这时，如果脸皮厚不下来，随便夸下海口或碍于情面不好意思拒绝对双方都是非常有害的。我们知道，言而有信是做朋友的信条，也是友谊的基础。明明办不成的事却承诺下来，到时候不仅令人失望，还可能耽误朋友的事情。

一般来说，拒绝别人的要求也的确是件不容易的事。日本一所"说话技巧大学"的一位教授说："央求人固然是一件难事，而当别人央求你，你又不得不拒绝的时候，亦是叫人头痛万分的。因为每一个人都有自尊心，希望得到别人的重视，同时我们也不希望别人不愉快，因而，也就难以说出拒绝之话了。"

如果你是一个聪明人的话，就不会有这种困难。因为当你仔细斟酌之后，知道答应对方的要求将会给自己带来伤害，当然肯定不会只为了面子上过得去，而去干违心的事。在此，为你提供了一些既能拒绝对方不适宜的要求，又不致伤害对方自尊的有效方法：

1. 留有余地

对把握性不大的事可采取弹性的说法。如果你对情况把握不很大，就应把话说得灵活一点，使之有伸缩的余地。例如，使用"尽力而为""尽最大努力""尽可能"等有灵活性较大的字眼。这种方式能给自己留下一定的回旋余地，但这种方式一般会给对方留下疑虑，取得对方的信任的效果要差一些。

2. 提出必要的条件

对不是自己所能独立解决的问题，应采取隐含前提条件的办法。也就是说，如果你所作的承诺，不能自己单独完成，还要谋求别人的帮助，那

么你在说话时可带一定的限制词语。

例如，朋友托你帮忙办理家属落户的问题，这涉及公安部门和国家有关政策，你不妨这样说更恰当一点："如果以后公安部门办理农转非户口，而且你的条件又符合有关政策，我一定帮忙。"这里就用"公安部门办理"和"符合有关政策"对你的话的内容做了必要的限制，既表现出自己的诚意，又使话语灵活，具有分寸，还向对方暗示了自己的难处（也要求人）。可谓一石三鸟！

语言训练心得

"不"是一个简单的字眼，但并不容易脱口而出。婉谢而不要严拒。温和地回应总能避免直面的尴尬。合情、合理而又彬彬有礼的婉拒，不至于伤害彼此的和气或未来的合作良机。唯唯诺诺待人处事，误事误人误自己；明明白白表露心声，省时省力省玄机。掌握睿智的回绝，学习婉言说"不"！

第 10 天

谈判技巧课：谈判的胜算重在如何"谈"

——谈得好也要谈得巧

机智应对营造有利的谈判气氛

卡普尔在担任美国电报电话公司的负责人期间，在一次董事会上，众位董事对他的领导方式提出质疑，使得会议充满了紧张的气氛。董事们都已无法控制自己的情绪了。

一位女董事对卡普尔发难："公司去年的福利你支出了多少？"

"九百万。"卡普尔回答道，

"噢，你疯了，我真受不了！我要发昏了！"女董事边惊叹边做出夸张的动作和表情。

听到如此尖刻的发难，卡普尔并没有生气，而是轻松地说了一句："我看那样倒好！"

会场意外地爆发了一阵难得的笑声，连那位女董事也忍俊不禁，紧张的会场气氛随之缓和下来了。

谈判过程中，遇到对方发难时，不妨用自己的机智去应对，既能缓解尴尬的气氛，又能够扭转对自己不利的局势，可谓一举两得。

谈判气氛多数情况下是人为营造的。能运用谈判气氛影响谈判过程的谈判者，自是精明之人，他们知道，谈判气氛对谈判的成败影响很大。

作为一个谈判人员，在谈判开始阶段，首先要做好的一项非常重要的工作就是营造洽谈的气氛，它对谈判成败有非常重要的关系。

谈判气氛是谈判的相互态度，它能够影响谈判人员的心理、情绪和感觉，从而引起谈判人员相应的反应。倘若你经历过一次谈判，你对那次谈判的气氛应该记忆犹新吧？那或许是冷淡的、对立的；或许是松弛的、旷日持久的；或许是积极的、友好的；也可能是严肃的、平静的；甚至还有可能是大吵大闹的……

但你也应当清楚，那种积极友好的气氛对一次谈判将有多大帮助，它能使谈判者轻松上阵，信心百倍，高兴而来，满意而归。

卡耐基认为，对于任何谈判者，理想的气氛应是严肃、认真、紧张、活泼的。这可以说是总结了历来胜利而有意义的谈判气氛而得出的一个伟大结论。

因此，谈判伊始，首先要给对方一个好的感觉。

1. 恰到好处的寒暄

谈谈大家都有兴趣的话题；点到为止地谈点私人问题；与对方开个玩笑，如果你们认识的话。

2. 人可以貌相

打开你的心灵之窗——眼睛；适当的手势语可以化繁为简；全身放松，动作自然得体。

3. 避免谈判开头的慌张和混乱

宁肯站着谈判，因为那样会更轻松、更自由、更灵活；做好充分的准备，战略上藐视对手，战术上重视对手；凝神、坦然直视对方；轻快入题。

4. 调整、确定合适的语速

谈判中切忌滔滔不绝，那会给人慌慌张张的感觉；也不可慢条斯理，倒人胃口；更不要让自己无话可说；你应该在说的过程中察言观色，捕捉信息。

谈判气氛形成后，并不是一成不变的。本来轻松和谐的气氛可以因为双方在实质性问题上的争执而突然变得紧张，甚至剑拔弩张，可能多一步就跨入谈判破裂的边缘。这时双方面临最急迫的问题不是继续争个"鱼死网破"，而是应尽快缓和这种紧张的气氛。此时诙谐幽默的口才无疑是最好的武器。所以为了突破困境，给自己解围，可以运用解围用语。

例如："真遗憾，只差一步就成功了！""就快要达到目标了，真可惜！""最后的阶段是最难的啊！""这样做，肯定对双方都不利。""再这样拖延下去，只怕最后结果不妙。"

这种解围用语，有时能产生较好的效果。只要双方都有谈判诚意，对方可能会接受你的意见，从而促成谈判的成功。

不论谈判结果如何，对参与谈判的人来说，每一种、每一次谈判都是谈判各方的一次合作过程，因此，一般情况下，在谈判结束时对对方给予的合作表示谢意，既是谈判者应有的礼节，也对今后的谈判有益。

语言训练心得

谈判气氛如何会直接影响到谈判的结果，所以在谈判的过程中要尽量用轻松的话语软化气氛，令双方的洽谈在一种和谐友好的气氛中进行。有的时候面对对方的刁难不妨机智地予以回应，这样既能顾忌到对方的面子，同时又能活跃气氛，使谈判顺利进行下去。

以静制动，用沉默打败对手

有一个人想处理掉自己工厂里的一批旧机器，他在心中打定主意，在出售这批机器的时候，一定不能低于50万美元。

谈判的时候，买主针对这批机器的各种问题滔滔不绝地讲了很多缺点和不足。但是这个工厂的主人一言不发，一直听着那个人口若悬河的言辞。到了最后，那位买主再没有说话的力气了，突然蹦出一句："我看你这批机器最多只能值80万美元，再多的话，我们就不要了。"于是，这个老板很幸运地多赚了30万美元。

沉默所表达的意义是丰富多彩的，它以言语形式上的最小值换来了最大意义的交流。沉默既可以是无言的赞许，也可以是无声的抗议；既可以是欣然默认，也可以是保留观点；既可以是威严的震慑，也可以是心虚的流露；既可以是毫无主见、附和众议的表示，也可以是决心已定、不达目的绝不罢休的标志。沉默只是人们表达力量的一种技巧，而不是本身就具有优势力量。长时间的沉默会给人造成极大的心理压力，常常会令人沉不住气。

当然，在一定的语境中，沉默的语义是明确的，就像乐曲中的休止符一样，它不仅是声音的空白，更是内容的延伸与升华，也是对有声语的补充。沉默并不是简单地指一味地不说话，而是一种成竹在胸、沉着冷静的姿态，尤其在神态上更是表现出一种运筹帷幄、决胜千里的自信，以此来逼迫对方沉不住气，先亮出底牌。

在生意场上，许多谈判高手经常利用"沉默"这一策略来击败对手。他们可以制造沉默，也有办法打破沉默，他们往往以此来达到自己的目的。

有位著名的谈判专家一次替他的邻居与保险公司交涉赔偿事宜。

理赔员先发表了意见："先生，我知道你是谈判专家，一向都是针对巨额款项谈判，恐怕我无法承受你的要价，我们公司若是只出100美元的赔偿金，你觉得如何？"

专家表情严肃地沉默着。根据以往经验，不论对方提出的条件如何，都应表示出不满意，此时，沉默就派上用场。因为当时对方提出第一个条件后，总是暗示着可以提出第二个、第三个……

理赔员果然沉不住气了："抱歉，请勿介意我刚才的提议，再加一些，200美元如何？"

良久的沉默后，谈判专家开腔了："抱歉，我无法接受。"理赔员继续说："好吧，那么300美元如何？"

专家过了一会儿，才说道："300美元？嗯……我不知道。"理赔员显得有点慌了，他说："好吧，400美元。"

又是踌躇了好一阵子，谈判专家才缓缓说道："400美元？嗯……我不知道。""就赔500美元吧！"

213

就这样，谈判专家只是重复着他良久的沉默，重复着他的痛苦表情，重复着说不厌的那句缓慢的话。最后，这件理赔案终于在950美元的条件下达成协议，而邻居原本只希望要300美元！

谈判是一项双向的交涉活动，各方都在认真地捕捉对方的反应，以随时调整自己原先的方案。此时，一方若干脆不表明自己的态度，只用良久的沉默和"不知道"这些可以从多角度理解的无声和有声语言，就可以使对方摸不清自己的底细而做出有利于己方的承诺。

上述谈判中专家正是利用这一点，使得价钱一个劲儿自动往上涨。

在谈判中运用沉默应当注意沉默长度的掌握。沉默的长度能对听者产生相当的影响，当行则行，当止则止，必须给予适当的控制。"没有一点声音，没有任何喝彩，只有那深沉的静寂。"这就是沉默的最佳传播效能。

如果沉默的时间掌握得不恰当，只要稍微放长那么一点点，听者就会从这稍长的瞬间觉醒过来，在高潮到来以前做好了心理准备，从准备接下来的应对。如果不分场合故作高深而滥用沉默，其结果也会事与愿违，只能给人以矫揉造作的感觉。

谈判过程中，伴随着沉默的就是耐心，若是没有足够的耐心也是无法以静制动的。世界上有不少著名的谈判高手其谈判成功的诀窍之一就是具有很强的耐心，对许多问题绝不会立即作答。

有一次，日本的一家航空公司就引进法国飞机的问题与法国的飞机制造厂商进行谈判。为让日方了解飞机的性能，法国方面作了大量的准备工作，各种资料一应俱全。

谈判一开始，法方代表便口若悬河，滔滔不绝地进行讲解，使得翻译忙得满头大汗。日本公司的代表只是埋头做笔记，仔细聆听，但一言不发。等到法方代表讲解完后，问日方代表的意见，日本代表却有礼貌地告诉法方他们没有听明白。法方代表因此十分焦急，再次询问，得到的答案则是"一切都不明白"。法方代表看到一切都要前功尽弃，付之东流，便沮丧地问日方的要求，日方提出让法方把全部资料再重新解释一遍。法方代表不得已，只好又重复了一遍。这样反复了几次，最后日方代表将价格压到了最低点。

日方代表抓住了法方代表急于达成协议的弱点，以"不明白"为借口，施以拖延战术，迫使对方主动把价格压下来。

一项谈判往往需要通过长时间的努力才能达成。除了需要运用谈判技巧外，还有更深一层的原因，就是用任何公平可行的时间去理解它，适应其中必然包含的新事物新概念。当我们摒弃旧有的东西接受新鲜事物时，会有很大阻力，所以要最后接受新鲜事物，必须给别人充分的时间让他们去理解。

没有耐心是办不成事的，更不用说办大事。在谈判中，具有耐心，善于使用拖延战术，将使你在谈判之中占据主动，然后在适当时机答应对方一项条件，则更容易达成协议。此外，我们还应该明白，了解自己，也了解别人，我们才能友好地与他人合作，才能清楚地认识自身在谈判过程中面临的形势。

语言训练心得

沉默是说话中短暂的间隙，是超越语言力量的一种高超的传播方式。人们常说：沉默是金。恰到好处的沉默能收到"此时无声胜有声"的效果。在一定的语境中，沉默能迅速消除言语传递中的种种障碍，使听者的注意力集中，就像乐队指挥举起指挥棒，喧闹的会场立即安静一样，沉默使听者的情绪得到无声的感染。谈判中，适时沉默，往往能收到千言万语所不能达到的效果，一切尽在不言中。

用激将的语言赢得谈判

在某商店里，一对外商夫妇对一只标价3万元的翡翠戒指非常感兴趣，但因为价格太贵，又有些犹豫不决。正在这时，售货员主动走过来介绍说："某国总统夫人也曾对它爱不释手，可由于价钱太贵，没买。"这对夫妇闻听此言，其好胜心理油然而生，立刻付钱买下，然后洋洋得意，感到自己比总统夫人还有钱。

在产品的销售过程中，可以通过刺激对方的自尊心和虚荣心，使其理智程度降低，从而达到按自己的价格出售商品的目的。这正符合《孙子兵法》中所说的"怒而挠之"，就是说对于易怒的敌将，要用挑逗的方法来激怒他，使其失去理智，轻举妄动，这就是激将法。

在销售过程中的这种战术源于人们的好胜心理。各个消费者的购买动机并不完全相同，有的为满足新、奇、怪、美的心理需要，也有的为满足自己的好胜心理。所以你要推销商品给顾客，千万不能说"你不想买"，而可以用"你是因为没钱，买不起"来激发他，因为前者不会刺激对方的自尊，后者却击中了他的要害，而对方为了挽回面子，也会勉强做出来让你瞧。

甲市某橡胶厂进口一整套现代化化胶鞋生产设备，由于技术力量跟不上，搁置了3年无法使用。后来，新任厂长决定转卖给乙市的一家橡胶厂。

正式谈判前，甲方了解到乙方两个重要情况：一是该厂经济实力雄厚，但基本上都投入了再生产，要马上挪200万元添置设备，困难很大。二是该厂厂长年轻好胜，几乎在任何情况下都不甘示弱，甚至经常以拿破仓自喻。对乙方的内情有所了解后，甲方厂长决定亲自与乙方厂长谈判。

甲方厂长："昨天在贵厂转了一整天，详细了解了贵厂的生产情况。你们的管理水平确实令人信服。你年轻有为，能力非凡，使我钦佩。可以断言，贵厂在你这位精明厂长的领导下，不久一定可以成为我国橡胶行业的一颗明星！"

乙方厂长："哪里哪里，老兄过奖了！我年轻无知，恳切希望得到老兄的指教！"

甲方厂长："我向来不会奉承人，实事求是嘛。贵厂今天办得好，我就说好；明天办得不好，我就会说不好。"

乙方厂长："老兄对我厂的设备印象如何？不是说打算把你们进口的那套现代化胶鞋生产设备卖给我们吗？"

甲方厂长："贵厂现有的生产设备，在国内看，是可以的，至少三五年的不会有什么大的问题。关于转卖设备之事，昨天透露过这个想法，在贵厂转了一天后，这个想法有所改变了。"

乙方厂长："有何高见？"

甲方厂长："高见谈不上。只是有两个疑问：第一，我怀疑贵厂是否真有经济实力购买这样的设备；第二，我怀疑贵厂是否有管理操作这套设备的技术力量。所以，我并不像原先考虑的那样，确信将设备转卖给贵厂，能使贵厂三年之内青云直上。"

乙方厂长听到这些，觉得受到了甲方厂长的轻视，十分不悦。于是，不无炫耀地向甲方厂长介绍了本厂的经济实力和技术力量，表明本厂有能力购进并操作管理这套价值 200 万元的设备。经过一番周旋，甲方成功地将"休养"了 3 年的设备转卖给了乙方。

谈判中，使用激将法，其效果如何，全在于心理刺激的"度"掌握得怎样，有的"稍许加热"即可，有的则要"火上浇油"；有的只要"点到即止"，有的却要"穷追猛打"；有的可以"藏而不露"，有的则需要"痛快淋漓"。

"怒而挠之"法的关键是"挠"，要对情绪容易激动的地方来挠。一般说来，年纪轻的要比年纪大的易"挠"些，见识少的要比见识多的易生气些；越是讲究衣着打扮的、好争高比强的、地位较高、受人尊重的人越怕别人看不起。某种职业、某些人群在性格上具有某些不同的特征，激将法在这些人身上就会产生不同的效应。

你只要掌握了"怒而挠之"的激将法，那无疑对你的说话水平将是莫大的帮助和补充。

"激将法"虽然有时会取得难以料想的效果，但是绝不能滥用。一旦用错，不但不能治病救人，反而会让人觉得是落井下石，效果适得其反。"激将法"只能用在你最了解的人身上，而且还要反复推敲，千万不能鲁莽行事。

语言训练心得

在商业谈判中，如果想使自己的产品卖出好价钱，并且知道对方是个心烦气躁的人，用激将法最容易使之就范。谈判中激将法就是谈判者通过一定的语言手段刺激对方，激发对方的某种情感，由此引起对方的情绪波动和心态变化，并使这种情绪波动和心态变化朝着自己所预期的方向发展。当然，要采取激将法，必须注意方法和技巧，最好利用暗示，切不能一激将人激怒了，让你吃不了兜着走，说不定还要和你拼个死活呢。

软硬兼施，以迂为直

1923 年，苏联国内食品短缺，苏联驻挪威全权贸易代表柯伦泰奉命与挪威商人洽谈购买鲱鱼。

当时，挪威商人非常了解苏联的情况，想借此机会大捞一把，他们提出了一个高得惊人的价格。柯伦泰竭力进行讨价还价，但双方的差距还是很大，谈判陷入了僵局。柯伦泰心急如焚，怎样才能打破僵局，以较低的价格成交呢？低三下四是没有用的，而态度强硬更会使谈判破裂。她冥思苦想，终于想出了一个办法。

当她再一次与挪威商人谈判时，柯伦泰十分痛快地说："目前我们国家非常需要这些食品，好吧，就按你们提出的价格成交。如果我们政府不批准这个价格的话，我就用自己的薪金来补偿。"挪威商人一时竟呆住了。

柯伦泰又说："不过，我的薪金有限，这笔差额要分期支付，可能要一辈子。如果你们同意的话，就签约吧！"

挪威商人被感动了，经过一番商议后，他们同意降低鲱鱼的价格，按柯伦泰的出价签订协议。

谈判，是双方严肃认真地提出问题，讨论细节，形成协议或意向。但是，有些时候难免会意见相左甚至相差甚多，所以谈判中有一种"红白脸"策略经常被使用，这种策略可以说是软硬兼施的最佳表现。所谓红白脸策略，是指在商务谈判过程中，以两个人分别扮演"红脸"和"白脸"的角色，或者由一个人同时扮演这两种角色，软硬兼施，使谈判得到更好的效果。

在谈判中，一味地用和气、温柔的语调讲话，一个劲地谦虚、客气、退让，有时并不能让对方信赖、尊敬及让步，反而会使一些人误认为你必须依附于他，或认为你是个软弱的谈判对手，可以在你身上获得更多更大的利益。相反，如果你一开始就以较强硬的态度出现，从面部表情到言谈举止，都表现高傲、不可战胜、一步也不退让，那么留给对方的也将是极不好的印象。这样，会使对方对你的谈判诚意持有异议，从而也会导致对方失去对你的信赖和尊敬。

正确的做法应当是"软硬兼施"。强硬会使对方看到你的决心和力量，温柔则可使对方看到你的诚意，从而可以增强谈判双方信任和友谊。在商务谈判中，软硬兼施的策略被谈判者普遍采用。凭软的方法，以柔克刚；又用硬的手段，以强取胜。

这种策略的基本做法是，在谈判过程中，由小组的一个成员扮演强硬派即"白脸"的角色，在谈判开始时果断地提出较高的要求，以后又必须坚定不移地捍卫这个目标，在谈判中态度坚决、寸步不让，几乎没有任何商量的余地。此时，由小组的另一个成员扮演温和派即"红脸"，寻求解决问题的办法，然后在以不损害"白脸"的"面子"的前提下建议作出让步。

采取这种策略要求本方的谈判者必须配合默契，在重大问题的处理上事先要有共识和约定，能进退自如。把握好什么时候应当坚持强硬立场，什么时候应持合作态度，什么问题必须达到本方要求，什么问题可以满足对方要求，在时机与"火候"上都应把握好。初涉谈判或经验并不丰富的谈判者，要谨慎地运用这种策略，否则可能会适得其反。

与软硬兼施相类似的谈判方法还有以迂为直法。

在谈判时，为了达到自己的目的，有时需要绕一定的路才可以促使谈判成功。"以迂为直"的策略可以结合明确的目的性与战术的灵活性，避开对方布下的"地雷区"，而进攻的路线又带有隐蔽性，并符合对方的心理需求，所以容易在对方戒备不严的情况下，逐步使其不知不觉地接受自己的观点。

公元前265年，赵国的赵太后刚执政不久，秦国便发兵前来进攻。赵国求救于齐国。齐国提出必须以赵太后的小儿子长安君做人质，才肯发兵相救。但是赵太后舍不得小儿子，坚决不允。赵国危急，群臣纷纷进谏。赵太后依旧坚决地说："从今日起，有谁再提用长安君做人质，我就往他脸上吐唾沫！"大臣们便不敢再多说什么。

有一天，左师触龙要面见赵太后，赵太后认为触龙一定是为了劝谏而来，于是她便摆开了吐唾沫的架势。不想触龙慢条斯理地走上前，见了太后，关心地说："老臣的脚有毛病，行走不便，因此好久未能来见您，我担心太后的玉体，今天特地来看望。最近您过得如何？饭量没有减少吧？"

太后答道："我每天都喝粥。"触龙又说："我近来食欲不振，但我每天坚持散步，饭量才有所增加，身体才渐渐好转。"赵太后听触龙每句话都不提人质的事，怒气也渐渐消了。两人于是亲切、融洽地聊了起来。

聊着聊着，触龙向赵太后请求道："我的小儿子叫舒祺，最不成才，可是我偏偏最疼爱这个小儿子，恳求太后允许他到宫中当一名卫士。"太后赶紧问触龙："他几岁了？"触龙答："十五岁。他年岁虽小，可是我想趁我在世时，赶紧将他托付给您。"

赵太后听到触龙这些爱怜小儿子的话，深有同感，便忍不住与他闲谈，太后说："真想不到你们男人也疼爱小儿子呀！"触龙说："恐怕比你们女人还更甚呢！"太后不服气地说："不会吧，还是女人更爱小儿子。"

触龙见时机已到，于是把话题引申一步，说道："老臣认为您爱小儿子爱得不够，远不如您爱女儿那样深。"太后不同意触龙的这个说法。

触龙解释道："父母爱孩子，必须为孩子作长远的打算。想当初，您送女儿远嫁燕国时，虽然为她的远离而伤心，可是又祈祷她不要有返国的一日，希望她的子子孙孙相继在燕国为王。您为她想得这样长远，这才是真正的爱。"

太后信服地点了点头。触龙接着说："您如今虽然赐给长安君许多土地、珠宝，但若不使他有功于赵国，您百年之后，长安君能自立吗？所以我说，您对长安君不是真的爱护。"

触龙这番话说得赵太后心服口服，立即吩咐给长安君准备车马、礼物，送他去齐国当人质，并催促齐国出兵。而齐国也很快地就出兵解了赵国之围。

触龙说服赵太后的方法，便是运用以迂为直的策略典范。

▸▸▸ 语言训练心得 ◂◂◂◂

在谈判中，当谈判一方处于被动或劣势的时候，可以先软后硬，硬了再软，或一波三折，软硬交叉，来促使谈判成功。不过有的时候，直截了当地说出自己的想法往往达不到目的，要尽量绕弯子让对方赞同自己的观点。

以退为进，令对手放下戒心

某电机公司推销员小王，想去老客户那儿再推销一批新型发动机。谁知，才到一家公司，该公司的总工程师劈头就是一句："还想让我们买你的发动机?"

经过了解，原来他们购买的发动机发热过高，小王无法知道详情就退一步说："先生，我的意见和你相同，如果发动机发热超标，别说买，还应该退货。"

"当然。"总工程师的话语缓和多了。

小王趁机问道："按标准，发动机的温度应该比室内温度高出70℃，是吗?"

总工程师答道："但你们的产品已经超过这个温度。"

推销员小王反问道："车间温度多少?"当听说是30℃时，小王转退为攻："好极了! 车间是30℃，加上应有的70℃，应该是100℃左右，如果用手触摸会烫伤啊!"总工程师点头称是小王立即补上："这些新的发动机温度是完全正常的。"结果小王又做成了第二笔生意。

推销员先让一步，同意对方看法，使对方心情缓和，态度稍好之后，再用具体数字反攻，用事实说话，顺势推导得出有利于自己的结论，说服对方并达到推销的成功。

先退一步承认对方说得对，而后抓住机遇进行反驳，这种说话方法就叫做以退为进法。"退"是策略，"进"才是目的。

以退为进的心理诱导法，用在商场上是非常有效的。心理学家为推销员提出了一种推销方法，这种方法就是要求推销员把自己想象成买主，即从买主的立场出发考虑问题。当买主对于推销的产品提出批评意见时，要以退为进，装出忘记自己推销使命的样子，同意对方的观点，站在对方一边说话。

例如，你推销的是电风扇，顾客对这种产品百般挑剔，并声称不买电风扇也可以。这时候你就顺着对方的意思说话，"这种产品确实不太好，花那么多钱买到一件不如意的东西真不合算！"这种话一出来，对方的感觉就好像正在使劲推一扇门，门突然不见了，自己有劲也使不上。这样一来，他的反对意见反而显得不重要了，即使还有什么不满意的话也觉得没有必要再说出口了。

接下去，推销员可以乘势转变，以富有同情心的语调真诚地为对方设想。"一般电风扇都有毛病"，"今年夏天虽然不太热，但电风扇还是用得着"，"如果不在乎价钱的话，可以买好一点的"，在这样的交谈中，对方无形中就把你当做帮助拿主意的人来看待，对推销员本能的戒心就消失了，在这种情况下，买主很容易在推销员暗示之下，作出购买电风扇的决定。

按照常理，推销员要推销自己的货物，必定要对此产品极力吹嘘，如果吹得过分一些，话语中就难免有水分，长此以往，人们对推销货物者普遍形成了一种偏见，认为他们说的话没有真的。广泛宣传收效甚微，其道理也就在这里。而当推销员以知心朋友的身份出现时，顾客就会被你的真诚所感动，从而被说服。

美国著名的成人教育家戴尔·卡特逊在纽约举办训练班时，租用的是一家大饭店的大礼堂。办至中途，他忽然接到通知，要他付比原来多3倍的租金。后来打听到，原来是饭店经理为了赚更多的钱，打算把场地出租给另外的人举办舞会或晚会。

卡特逊找到了饭店经理，对他说："假如我处在你的地位，或许也会写出同样的通知。你是这家饭店的经理，你的责任是让饭店尽可能地多赢利。你不这样做的话，你的经理职位就难保住。——大礼堂不出租给讲课的，而出租给举办舞会的、晚会的，那你可以获大利了。因为举行这一类活动的时间不长，他们能一次付出很高的租金，比租给我当然多得多，显然，你吃亏了。"

卡特逊松弛了对方的戒备情绪，缓和了气氛之后，继续说："但是，你要增加我的租金，结果将会是降低收入。因为，实际上等于你把我赶跑了。由于我付不起你所要的租金，我势必再找别的地方举办训练班。要知道，这个训练班吸引了成千的有文化的、受过教育的中上层管理人员，这些人到你的饭店来听课，实际上起了免费为饭店做活广告的作用。可以这么说，你即使花5000元钱在报纸上登广告，也不能邀请这么多人亲自到你的饭店来参观，可我的训练班给邀请来了，这难道不合算吗？"在卡特逊的说服下，饭店经理放弃了增加租金的要求，让训练班继续办下去了。

卡特逊成功他说服饭店经理的方法就是"以进为退"的诱导手段。他先迎合饭店经理的心理，使对方放松戒备，然后陈述利害关系，成功地使经理放弃了原来的主张。

美国一家大航空公司要在纽约城建立航空站，要求爱迪生电力公司以低价优惠供应电力，但遭到拒绝，并推脱说是公共服务委员会不批准，因此谈判陷入僵局。后来，航空公司索性不谈了，声称自己建厂更划得来，决定不依靠电力公司而决定自己建设发电厂。电力公司听到这个消息，立刻改变态度，主动请求公共服务委员会从中说情，表示按同类新用户优待价格给航空公司供应电力。最终，电力公司与航空公司达成了协议。

在谈判中，暂时的退是为将来的进。作为一名优秀的管理者，要在谈判桌上灵活运用"退"与"进"的辩证法。

谈判如同打仗一样，有时要坚持谈下去，有时则要暂时休息一会儿；有时要据理力争，讨价还价，有时需要暂时退却，待机而动。谈判就如同战场，谈判桌上战术技巧的灵活选择和娴熟运用，全凭谈判人员的经验与智慧了。

谈判时的说话技巧

有一位商人手头有一幢大楼要出租，这个消息一传出，立即引起了两家实力雄厚的大公司的浓厚的兴趣。大家都想租到地段良好、环境优美、装修考究的大楼。

两家公司的负责人事先都给这位商人打了招呼，而且甲公司愿意租下全部的12层，价格要比乙公司高出1/4多。商人想了想，对他的助理说："帮我打电话告诉甲公司和乙公司，就说我们只能下次合作了……"

助理好奇地问："你为什么不把楼房租给甲公司呢？还有谁会出这么高的价钱呢？"

商人诡秘地一笑，说："你只管照我的话做就是了！"

两位负责人强烈要求面见商人，三个人在屋子里闷坐了几个小时，最后两位负责人相互妥协，达成一致，他们各自以甲公司原来的价格租下房子的一半。商人一下子净赚了几倍。

助理叫道："我的天啊！您是怎么说服这两个人的！他们的出价竟然还是原来的高价，却只租到一半的房子！太不可思议了！"

商人笑笑说："我什么都没有做，我只是告诉他们：不，我不能把房子租给你们中的任何一个，这让我为难！剩下的就是他们在帮我谈判！"

有人认为"客户永远是对的"，因而对他们的要求不敢说半个"不"字。可是对于你的让步和"客气"，别人不会心存感激，有时反而会得寸进尺。最后，你就会举步维艰，形同举着一块要砸自己脚的大石头。

故事中的那位商人之所以成功，就在于他的"不"字为他形成了卖方市场，两个买方相互竞争、价格势必上涨，再加上"折中调停"，他自然能一笔生意赚两笔钱。因此，在时机不当的时候说"不"字，就等于自我放弃还有转机的生意；在恰当的时候说"不"字也不是鼓励你和对手辩论、较劲，而是看似妥协和放弃，实际上是变相的进攻和争取。

当然，在谈判中，利益冲突总是居多，你必须考虑到你的"不"字给谈判带来的不利影响。其实，你没有必要斩钉截铁地进出"不"字，不妨尝试一下沉默、回避、拖延等手段，"无可奉告"是一个很管用的词，"心有余而力不足"更是客气，你也可以岔开话题，甚至可以撒出个无伤大雅的小谎："我做不了这个主，等我回去请示再说，可以吗？"

谈判的最终目的是要达成双赢方案。然而在现实生活中，一个要橘子瓣榨橘子汁，而另一个要用橘子皮烤蛋糕的情况毕竟太少见了。你坐在一个买家面前，你心中都抱着同样的目的。一方想要的是最低价，而另一方想要的是最高价。这儿没有魔术般的双赢解决方案。那么在谈判时都要注意使用哪些技巧才能够征服对方呢？除了上面说的善于说"不"这种谈判技巧之外，不妨试一试以下的几种方法：

1. 灵活提问

在谈判过程中，获得信息的主要手段是提问。通过提问，除了可以获得许多信息以外，还能发现对方的需要，知道对方追求什么，这些都对谈判有很大的指导作用。在提问时，应注意以下两点：

第一，提问要留有余地。问题的提法应该恰当。如果提问题规定的回答方式能够得到使对方接受的程度，那么这个问题就是恰当的，否则就是一个不恰当的问题。

在经济合同的再谈判过程中，需方与供方在交货问题上进行激烈的论辩。因为供方只交了一半的货，还晚交了两个月。需方对供方说："如果贵公司再不把另一半货按照预定时间交来，我们就要向其他供方订货了。"供方说："你们为什么要撤销合同？如果你们果真的撤销合同，重新订货，后果是不堪设想的，你们明白吗？"供方的问题激怒了需方，需方立即撤销了合同。

在这里，供方所说的"你们为什么要撤销合同？"是一个不恰当的问题，因为这个问题隐含着一个判断，就是需方要撤销合同，而事实上需方并没有说一定要撤销合同。这就是强人所难，逼人就范了，谈判自然就不欢而散了。所以，在磋商阶段，谈判者双方想有效地进行磋商，首先必须确切地提出问题，力求避免提出包含某种错误假定或有敌意的问题。

第二，提出的问题要有针对性。在谈判中，谈判者提出的问题要有针对性，也就是说一个问题的提出要把问题的解决引到某个方向上去。例如，当顾客对你的产品，不关心或犹豫不决时，卖主应主动问一些引导性的问题，如"你想买什么东西？"或"你愿意付出多少钱？"之类的问题。提出这些向导性问题之后，卖方可根据顾客的回答，找出一些理由来说服对方。

2. 回答问题要有针对性

回答对方的提问也要有针对性。首先要倾听对方的谈话，摸清对方提问的目的，然后进行分析、判断，最后再作出有利于自己的回答。

首先，回答对方的问题时要明确、具体，但不要在回答中提供太多的信息给对方。

其次，不要在回答中含糊其辞，让对方捉摸不定。

再次，在回答时，也要留心对方的反应，这样，可以试探出对方的心理，从而控制谈判局势。

最后，有时为了避免不易回答的问题，可以"顾左右而言他"，不确切回答，即回答模棱两可，弹性很大。

例如，你正在与对方就洗衣机产品的价值进行谈判，对方问你价钱多少？你明知把价钱一说，他很可能会因为不满意而导致谈判破裂。此时你就不能照实回答，你可以闪烁其词地说："先生，我相信你会对价格很满意的。请让我把这种洗衣机和其他洗衣机相比较的特殊性能说明一下好吗？我相信你会对这种洗衣机感兴趣的。"

3. 投石问路

谈判时，为了能够获得对方的情报，可以主动抛出一些带有挑衅性的话题，刺激对方表态，然后，再根据对方的反应，判断其虚实。

甲方向乙方订购货物，提出了几种不同的交易品种，并询问这些品种各自的价格。乙一时搞不清楚对方的真实意图，甲这样问，既像是打听行情，又像是在谈交易条件；既像是个大买主，又不敢肯定。面对甲的期待，乙心里很矛盾，如果据实回答，万一对方果真是来摸自己的底，那自己岂不被动？但是自己如果敷衍应付，有可能会错过一笔好的买卖，说不定对方还可能是位可以长期合作的伙伴呢。这时乙就可以刺激一下对方，可以对甲说："我的货是货真价实，就怕你一味贪图便宜。我们知道，商界中奉行着这样的准则：'一分钱一分货''便宜无好货'。"

乙的回答，暗含着对甲的挑衅意味。除此之外，这个回答的妙处还在于，只要甲一接话，乙就会很容易地把握甲的实力情况，如果甲在乎货的质量，就不怕出高价，回答时的口气也就大；如果甲在乎货源的紧俏，就急于成交，口气也就显得较为迫切。在此基础上，乙就会很容易确定出自己的方案和策略了。

因此，"投石问路"法不失为获得资料的一个好方法。许多谈判者正是运用这种方法获得很多的信息，然后进行比较、分析、推断，找出更好的解决方案。如果卖方对你的投石问路法产生了警觉，反过来问你："你到底想买多少？"你可以这样说："我得根据你的价格情况才能决定。"这样，对方抓不到把柄，只好跟着你的思路转了。

4. 声东击西

在谈判中，不要怕对方提出低价的竞争者，要直接告诉他决不介意出低价的竞争者，因为他们一定知道一分钱一分货这个道理。

洽谈开始，我们应该做的是：不要让客户首先考虑产品的价格，要把他们的注意力吸引到产品的价值上来。也就是说，谈话应首先集中到产品的价值这一问题上，而不是单纯地谈价格；如果一定要谈价格，就要连同价值一并提出，获得对方订货单据的决定性因素，就是让对方看到他们将要得到的好处，而不是他们所付出的代价。

把对方的注意力用在我方不甚感兴趣的地方，使对方增加满足感。这是谈判中常常使用的重要策略之一，它能使我方与对方保持良好的关系，在谋得我方利益的同时，使对方也感到最大的满足。

在同对方的谈判中，要把自己的目标隐蔽起来，把一些次要的问题渲染成很重要的问题，而让对方多占些便宜，你也表示很"勉强"地作出让步。这种策略如果运用得很熟练，对方是很难反攻的，它可以成为影响谈判的积极因素。

5. 故意出错诱敌深入

有时候为了能够让对手和自己达成协议，可以通过诱敌深入的方法，而其中最有效的方法就是故意出错了。探测方可以有意的犯一些错误，如念错字、用错词语，或把价格报错等种种示错的方法，诱导对方表态，然后再借题发挥，最后达到目的。

在某时装区，有一位顾客在摊前驻足，并对某件商品多看上几眼时，早已将这一切看在眼里的摊主就会前来搭话说："看得出你是诚心来买的，这件衣服很合你的意，是不是？"察觉到顾客无任何反对意见时，他又会继续说："这衣服标价300元，对你优惠，280元，要不要？"如果对方没有表态，他可能又说："看你很有诚心，我也想开个张，保本卖给你，250元，怎么样？"如果此时顾客犹豫不决，摊主就接着说："好啦，你不要对别人说，我就以280元卖给你。"早已留心的顾客往往会迫不及待地说："你刚才不是说卖250元吗？怎么说变就变了呢？"此时，摊主装作糊涂的样子说："是吗？我刚才说了这个价吗？啊，这个价我可没什么赚啦。"然后故作心痛地说："好吧，就算是我错了，不过人总得讲个信用，除了你以外，不会再有这个价了，你也不要告诉别人，250 元，你拿去好了！"话说到此，绝大多数顾客都会成交。

在这里，摊主假装口误将价涨了上去，诱使顾客做出反应，巧妙地探测并验证了顾客的购买需求，收到引蛇出洞的效果。在此之后，摊主再将降下来的价让出去，就会很容易地促成交易。

语言训练心得

谈判要交流信息，但是又要讲究一定的方法，要准确地表达自己的观点与见解，还要想办法摸清对方的底线。所以，一定要注意使用一些技巧。通过适当的语言，投石问路，探寻对方的想法和目的。

 **第 11 天**

综合运用课:做最受欢迎最有魅力的演说家

——演讲的技巧

演讲需要克服恐惧心理

从1915年起，卡耐基先生在华盛顿一个青年基督协会开始从事教育工作。那时他们所用的教学方法，就是他在大学中教授们教他的方法。但很快卡耐基就发现用这种方法教那些商界人士，根本就行不通。即使用当时一些演讲名家，如韦伯斯特·帕克彼德、奥卡纳尔等人的一些方法，也不行。因为这些学生是一些商界人士，他们需要的只是有足够的勇气在商务会议上站起来，清晰连贯地表达自己的思想。所以在万般无奈之下，卡耐基只有抛开所有的教科书，用一些简单的概念，让那些学生们埋头练习，终于取得了一定的效果。

在卡耐基所教的若干名学员中，有一位成功的企业家，他叫哥尔特。哥尔特曾经有许多次在公众面前说话的机会，但在潜意识中却十分恐惧，总是试图躲避与人正面交流。可现在他是大学的董事会主席，这个职务要求他必须经常地主持各种会议。两年后，哥尔特已成功获得演讲的能力。他所负责的教区曾经邀请英国首相来做公开演讲，而负责向听众介绍这位杰出政治家的人就是哥尔特自己。

两年间，哥尔特竟然会发生如此大的变化。这一点是连他自己都感到十分惊奇的。其实，当众演讲轻而易举，只要掌握一些简单而重要的原则就行了。像哥尔特先生这样成功的事例还有很多。

几年前，一位家庭医生克狄斯大夫，前往佛罗里达州度假。度假地离著名的巨人棒球队的训练场地不远，克狄斯大夫是一位铁杆球迷。他经常去看他们练习，渐渐地他就和球员们成了好朋友。一天，他被邀请参加一个球队的宴会。吃饭前，宴会的主持人请他就棒球运动员的健康情况谈一谈自己的想法。

克狄斯是专门研究卫生保健的，他行医也已三十多年。对主持人提出的这个问题，他根本不用任何准备，就可以侃侃而谈。可是，在这种场合下，他还是第一次。当听到主持人提到自己的名字时，他的心跳就加速了，他简直不知所措。他努力想使自己镇静下来，可无济于事，他的心脏仿佛就要跳出胸膛。这时参加宴会的人都在鼓掌，全都注视着他。怎么办？再三思虑之后，他摇摇头，表示拒绝。但却引来了更热烈的掌声，听众也自发地呼喊起来。

克狄斯心里清楚，在这种极其沮丧的情绪支配下，自己一旦站起来演讲，肯定会失败，更有甚者可能连五六个完整的句子都讲不出来。他只好站起来，背对着朋友，默默地走了出去，心中充满了难堪和耻辱。

自此之后，克狄斯便参加了口才培训班，他再也不想使自己陷入哑口无言的困境中了。为了提高自己的公众演讲能力，他刻苦努力地参加了一个月的培训，之后他的恐惧情绪便渐渐消失了。两个月之后，他已经成为班上的演讲名家，并开始接受到各地的演讲邀请函。

令克狄斯高兴的是，他不仅体会到了演讲带给他的欣喜的感觉以及获得的荣誉带给他的幸福，而且他还在演讲中结交到了许多朋友。华盛顿的一位政治家还专门邀请他到各地发表竞选演讲。如果他知道克狄斯之前在那次宴会上的表现，不知会有何感想？

可见，要想获得自信、勇气和面对公众发表演讲时冷静而清晰的思考能力，并不像大多数人想象的那样困难——甚至可能不到其想象的十分之一的困难。这也并不是上帝赐给少数人的礼物。这就像是你打高尔夫球的能力，任何人都可以发掘出自身潜在的能力，只要克服恐惧，有想要如此做的信心就可以。

在当今这个社会上，有很多人讨厌当众说话，甚至还有很多人抱有一定的恐惧感。每个人都有这种体会：当自己一个人独处的时候，头脑对事物的思考是非常井然有序、层次清楚，可是一旦面对观众，脑中却变得一片空白；如果自己想在众人面前说些什么，也会一直发抖而无法开口。其实，这些都是可以改善的。没有哪个人是天生的演说家。想获得自信、勇气和面对公众发表演讲时冷静而清晰的思考能力，就必须克服这种恐惧的心理障碍。

爱默生曾说过："恐惧较之世上任何事物更能击溃人类。"这句话是相当有道理的。也正是因为如此，掌握演讲技巧的最好方法之一，就是将恐惧与自卑消除掉。而在这个过程中，在公共场合练习说话是天然的一种方法，它不仅可以克服不安，而且对建立勇气和自信会有很大的帮助，因为当众说话可以使人们控制住自己的恐惧。

一个人只有战胜了恐惧，其潜能才能得到开发、能力才能得到提高、才能才能得到发挥。成功的演讲从战胜自身的恐惧开始。

在现实生活中，我们克服说话恐惧心理的方法有很多，例如，自我暗示法。往台上走时，在心中对自己说："我很棒，讲话算什么，我能行！"这样多重复几次，内心的自信就会渐渐激发起来。还有就是主动交流法。主动与台下听众交流，互动起来，语气恢复到正常说话的状态，不拿腔拿调，时不时地以提问的方式请听众参与，这样心情就会放松，同时也会引起台下的共鸣。

要真正克服当众讲话的恐惧心理，建议从以下几方面着手：

1. 培养勇气与自信

能够站立在众人面前，从容不迫地娓娓而谈，这将使你前途无量。当众说话的训练，是铺设一条通往自信的大道，一旦发现自己能够当众起立、伶牙俐齿、头头是道地对着人群说话，在你与他人交谈时，必然就更具信心和勇气。

2. 充分准备带给你信心

要知道当你面对很多人说话时，出现一定程度的恐惧是很自然的。若是准备不充分，这种恐惧心理就会越发的严重，所以，只有准备充分，才有完全的自信。当然，充分完全的准备，并是让你逐字逐句地将准备的稿子背诵下来，而是在说话前准备好讲话的内容并理清思路，而不必去费力地推敲词句。

3. 运用适当的方法克服怯场

演讲前作一次腹式深呼吸，使自己过速的心跳趋于正常，因为心理上的紧张，会导致肌肉紧缩、胸闷、气憋，作一次深呼吸，便可以起到放松和疏通的作用。此外，摆弄一下讲台上的东西，释放自己多余的热能，会使人感到轻松，起到克服怯场的作用。刚到台上之际，可以试着采用"目中无人"的方式，即虽然面对听众，但视线水平较高，看的是听众的头发或帽子，不看其脸色，这种方式可以帮助自己消除怯场与惧怕心理。

语言训练心得

要想当众说话，首先要克服恐惧心理，培养自信心，做好说话前的周全准备。同时，还要赋予语言以生命力，"生命力、热情、活力"是当众说话所首要具备的条件，这样便能有效地打动听众的心扉。

好的开场白是成功演讲的一半

有一位日本教授给大学生演讲，一开始场面乱哄哄的。老教授并没生气，他从衣袋里摸出了一块黑乎乎的石头扬了扬，然后说道："请同学们注意看看，这是一块非常珍贵的石头，在整个日本，只有我才有这么一块。"同学们顿时静了下来，被这块并不起眼的石头吸引住了，大家都在暗自发问：这是一块什么石头？如此珍贵？全日本才一块？他面对静下来的同学和那一双双充满好奇的眼睛，才开始了他关于南极探险的演讲。最后大家都知道了那块黑乎乎的石头是从南极探险时带回来的。

俗话说，万事开头难。任何形式的演讲，开头总是关键。在演讲开始后的几分钟或者几秒钟内，听众通常会决定是否接受演讲，是否有听下去的必要。因此，演讲的开头十分重要。演讲开头要想吸引人，必须直接从问题的实质或从能引人入胜的有趣的事物开始。如果一开始就讲一些毫无新意的套话，听众的注意力就不会集中。所以演讲者一定要一开口就抓住听众的心，使听众自始至终都随着你的思维转动，演讲才能获得成功。

演讲开头成败的关键在于能否吸引并集中听众的注意力。演讲时获取听众注意力的方式随题材、听众和场景的不同而改变，一般可以运用事例、逸闻、经历、反诘、引言、幽默等手段达此目的。

如果演讲者想引起听众的兴趣，有一点必须记住：开始便进入故事的核心。

经常有这种情况：本应获得听众兴趣的开头，往往成了演讲中最枯燥的部分。比如说这样一个演讲："要信赖上帝，并且相信自己的能力……"

这样的开头就像开水煮白菜，说教意味太重。接着他说："1981年我的母亲守寡，有三个孩子要养育，但却身无分文……"这第二句话就渐渐有意思了。演讲人为什么不在第一句就叙述寡母领着三个嗷嗷待哺的幼儿奋斗求生的事呢？

弗兰克·彼杰就是这样做的：

弗兰克·彼杰写了《我怎样在销售行业中奋起成功》一书。在美国商会的赞助下，他曾经在全美做巡回演讲，谈论有关销售的事情。他总是能够在第一句话就制造悬念，简直堪称"悬念大师"。他演讲的《热心》这个题材的开始方式，更是高妙无比，叫人佩服得五体投地。他一不讲道，二不训话，三不说教，四无概括的言论，一开口便进入核心。

"在我成为职业棒球选手后不久，我便遇到了一生中最使我感到震惊的一件事。"

现场听众听到这个开头后，立刻就来了兴趣。每个人都迫切地想听听：他遇到了什么事？他为什么会震惊？他是怎么办的？

罗素·凯威尔的著名演讲《怎样寻找机会》，进行了6000多次，收入多达百万美元。他的这篇著名的演讲是这样开头的："1870年，我们到格利斯河游历。途中我们在巴格达雇了一名向导，请他带领我们参观波斯波利斯·尼尼维和巴比伦的名胜古迹。"

弗兰克·彼杰就是用了这么一段故事，来做他的开场白。这种方式最能吸引听众，这样的开场白也几乎万无一失。它逐层向前推进，听众紧随其后，都想要知道即将发生的事情。

即使是缺乏经验的演讲者，只要运用这种讲故事的技巧，那么照样也能成功地制造出一个精彩的开场白，以引起听众的注意力。

一位年轻美貌的女士在一次演讲中第一句话就说："昨天我险些脱掉裙子。"此言一出，在场的听众人人大吃一惊，急欲知道这是怎么一回事。

她接着说道："当我昨天在厨房做饭时，我那念小学三年级的孪生儿子在隔壁房间吵了起来，他们两兄弟似乎吵得很凶，小弟说，'你这个大笨蛋，妈妈的肚脐是凹进去的。'老大也不甘示弱地反驳说，'妈妈才不是凹肚脐呢，她的肚脐是凸出来。'小弟说，'你胡说，才不是呢！'老大说，'你才胡说！'我看情形不对了，赶快跑出来排解说，'你们两个给我安静下来，妈妈让你们看看我的肚脐是凹的还是凸的。'于是我作势要脱下裙子的模样。'啊，妈妈羞羞羞。'他们两个小鬼看后马上拿小食指划着小脸蛋羞我，我们三个人都笑了出来……"

人们这才恍然大悟，原来这是一个关于"亲子关系"的演讲。

人都有好奇心，对于未知的东西都有探索求知的冲动，这是人的一种本性。在演讲的开头用悬念来吸引听众是一个有效抓住听众心理的方法。

巴尔狄·摩蒂巴兰丁演讲《广播的奇妙》，他是这样开始的：

"各位是否知道，无线电可以把一只苍蝇在纽约的一个玻璃窗上行走的微细声音，从美国传播到中非洲，而且还能把这种微细声音扩大成像尼亚加拉大瀑布一样惊人的声响？"

保罗·基朋斯是费城乐观者俱乐部的前任会长。他在演讲《罪恶》这个题目时，说出了这段让人瞠目结舌的话：

"有人说，美国是人类文明中犯罪最严重的国度，这种说法虽然令人震惊，但这却是事实。俄亥俄州克利弗莱的谋杀案是伦敦的 6 倍。按人口比例计算，它的抢劫犯人数是伦敦的 170 倍。每年在圣路易市遭人杀害的人数，比英格兰和威尔斯的总和还要多。纽约一个市的年谋杀案就超过法国、德国、意大利三个国家的总和。

这里还有一个更让人悲哀的事实，那就是罪犯没有得到应有的惩罚。你如果谋杀了一个人，而你会被判死刑的可能性不到 1%。

我相信，在座的各位都是追求和平的善良公民，而你们死于癌症的概率，却是你枪杀一个人而被绞死的概率的 10 倍。"

由于基朋斯在言语之间流露出了无比的热诚和力量，所以这段开场白是十分成功的。但是，也有其他人在讲犯罪问题时，用相似的例子来作为开场白，效果却显得很平淡。原因就是他们说出来的只不过是一些空言空语。虽然其结构技巧无懈可击，但精神却几乎是零。他们的态度破坏和削弱了他们所说的一切。

纽约哈里·琼斯公司的总裁哈里·琼斯先生，在演讲《犯罪情势》时，用了下面几句话作为开场白："美国最高法院前任首席法官塔夫特宣称：'我们对刑法的管理，是对文明的一种耻辱。'"

这个开场白有两点高明之处：一是这是一段令人感到震惊的开场白。二是它是从一位司法权威那里引用来的一段惊人的语言。

演讲中，一定要注意避开过分戏剧化和过分耍噱头开头的危险。曾经有个人为了引起听众的注意，用对空放了一枪来展开演讲。结果是虽然获得了注意，但却把听众的耳膜震破了。

开场白就好像与人促膝而谈那样，平易近人。有个方法，可以有效地了解你的开场白是否真像你平日的谈话，那就是在餐桌上试讲。倘若你的方式不够平和，那你就上不了餐桌，那么，对听众恐怕就不亲近了。

作为演讲者，不管你准备了多少演讲内容，最初的 30 秒都是最重要的。不要小看这短短的开场白，它将决定此后你所说的每一句话的命运。听众将根据你给他们留下的第一印象来决定是否耐心聆听你的演讲。因此你必须把握好自己的开篇，事先反复练习。并且作为你与听众的第一眼接触，你的双眼应该远离笔记，认真地注视台下的听众。因为此时你最需要拉进与听众的距离，建立自信。只有当你确信所有听众都在饶有兴致地聆听你的演讲，这才放心自己迈出了演讲成功的第一步。

演讲者站到听众面前，很自然地就会引起听众对他的注意，然而要想持续这份注意力，演讲者在第一个句子中就要说出某些吸引听众兴趣的话来，而不是第二句、第三句。记住，是第一句。

缩短距离，与听众互动

1956 年，当时的印尼总统苏加诺到清华大学演讲，台下的听众除清华大学的学生外，还有北京大学的学生，陪同的是国家外交部的领导。苏加诺是世界名人，步入清华时，学生队伍的秩序一度有些激动性的骚乱。在台上的领导有些不悦，气氛有点紧张。有经验的苏加诺总统当然看出来了。他在演讲一开头就说了两句题外话："我请诸君向前移动几步，我愿意靠近你们。"一说完，学生队伍活跃了，很快往前移动了几步。接着苏加诺又说："我请诸君笑一笑，因为我们面临着一个光辉的未来。"青年们轻松地笑了起来，气氛变得十分和谐，在这接下来的苏加诺总统的演讲中不断被热烈的掌声打断。

成功的演讲并不是一个人在讲，而是在场的所有人都在讲。演讲的一个大忌就是一个人在那儿唾沫飞溅地讲，而没有与听众的情感交流，没有让听众参与进去。

当一个演讲者出现在讲台上的时候，其与听众之间虽然只有短短的几步，但是，此时和听众之间的心理距离要远远超过空间距离。虽然他们可以听到演讲者的声音，看到演讲者的表情，但彼此之间的感觉和情感是不能相通的。而演讲作为人际交流方式的特点在于它的现场性，它不仅靠思想观点的传输，而且靠感觉情感的交流。

演讲者的正确观点往往只触动人的理性，却很难使人产生有感情的共鸣。如果能做到使听者不但理解真理，而且和演讲者一起感觉和享受真理，那么，不仅你的惊人妙语会引起听众的哄堂大笑，热烈的鼓掌，就是很平淡的一颦一笑、一举一动都能引起他们的心领神会和不约而同的微笑，有时甚至是突然的欢呼。

在演讲的时候，打破演讲者和听众之间这堵透明的墙，提高听众注意力的方法不外乎这两类。

创造出一种精神优势，扩大你和听众之间的心理距离，把听众吸引住，使他们的神经拉得很紧，不容喘息。但这种方法存在致命的缺点，其效果很难持久，而且到了事后，听众中的聪明人难免会有上当之感。

所以，一般来说，要打破这堵透明的墙，高明的演讲者多采用第二种方法，即缩短与听众的心理距离，降低自己的精神优势，让听众在心理上得到放松。这样就会使听众不但在思想上，而且在感觉和情感上与你相通。

为什么在演讲时首先要缩短与听众之间的心理距离呢？因为任何一个人只要出现在讲台上，由于外部的职业、年龄等的原因，多少有些精神优势，足以使听众对他肃然起敬，哪怕是短到几分钟。而缩短与听众心理距离的最有效方式是利用幽默。

而缺乏幽默的演讲者往往满足于这种精神优势，而不知其是坚持不了多久的，因而也是危险的。外部的精神优势越大，听众的心理期待越强，而在后来产生失望的可能性也越大。

美国总统里根用精心安排的幽默语言点缀他的演讲，以赢得特定观众的尊重。对农民发表演说时，里根说了这么一件逸事讨好他的听众：

一位农民要耕种一块河水已干枯的小河谷。这片荒地覆盖着石块，杂草丛生，到处坑坑洼洼。他每天去那里辛勤耕耘。他不断劳作，最后

荒地变成了花园，为此他深感骄傲和幸福。某个星期日的早晨，他去邀请部长先生，问他是否乐意看看他的花园。那位部长来了，视察一番。部长看到瓜果累累，就说："呀！上帝肯定为这片土地祝福过。"他看到玉米丰收，又说："哎呀！上帝确实为这些玉米祝福过。"接着又说："天哪！上帝和你在这片土地上竟取得了这么大的成绩呀。"这位农民禁不住说："可尊敬的先生，我真希望你能看到过上帝独自管理这片土地时，这里什么模样。"

里根巧妙地根据听众对象准备自己的幽默素材，从而会赢得听众的关心与兴趣，实现了演讲者与听众的幽默互动，增加了会场的热烈气氛。

在演讲中，除了根据对象选取素材来引起互动之外，还要时常向听众提问一些轻松、愉快、搞笑的问题。

那么，提问应该问什么呢？许多演讲者喜欢问一些可以让他们更好地应付听众的问题。例如，"你们中有多少人是从区来的？你们中没有到来的请举手？你们中有多少人希望演讲者不再问这些无聊的问题？"尽管这种"调查"技巧十分老套，但它却行之有效。

幽默提问是最易使演讲掀起高潮的手段，但使用时要把握分寸，要问得简洁而有笑点。提问次数不能太多，问题的答案要能让听众在很短的时间内答出来，甚至在潜意识驱使下就能作答。幽默提问中很忌讳提问内容晦涩难懂，要让大家都能听得明白。

语言训练心得

一个演讲者如果不能缩短他与听众之间的心理距离，打不破竖在他们之间的那堵透明的墙，就很难维持住台下的秩序。只能眼睁睁地看着他们交头接耳，左顾右盼，直到自己也丧失了驾驭他们的信心，垂头丧气地败下阵来为止。演讲者在适当的情境下进行幽默提问可以缩短与听众的距离，满足听众的好奇心，创造宽松的气氛，利于演讲者处于主动。

演讲力求情感共鸣，调动起听众激情

第一次世界大战结束后，哈利来到伦敦与勒威·托马斯共事。当时托马斯正对阿拉伯的阿伦比和劳伦斯发表一连串精彩的演讲，听众场场爆满。他在一个周日，信步来到了海德公园，在大理石拱门入口处，各种主义、人种、政治、宗教信仰的演讲者都可以不受任何法律约束畅谈自己的主张。当时有三位演讲者天天在发表演讲：一位社会主义者在谈马克思主义；一位天主教徒在解释教皇无谬论；第三位演讲者正阐述说一个男人应有三个妻子才正好恰当。在鼓吹一夫多妻制的家伙的面前，听众很少，而另外两个演讲者的面前已聚集了很多听众，并且人群还在不断扩大。究其原因是，那位大谈特谈有三个老婆正合适的家伙自己并没有兴趣讨三个太太，而另外两个演讲者，几乎都是在针对所有对应的观点来说明道理，忘我地沉浸在各自的演讲里。他们好像在拼着性命演讲，他们做着激烈的手势，声音洪亮且充满自信，浑身散发着活力和热情。

生命力、活力、热情是讲演者必须具备的条件。听众的情绪完全受讲演者左右。因此，要想作精彩的讲演，维系听众的注意力，就要把热情和活力加入到讲演中！

演讲，是"演"与"讲"的完美结合，不仅需要对听众进行语言"刺激"，还要对听众进行情绪感染。缺乏激情的演讲是失败的演讲；而缺乏激情的人，永远也不会成为演说家。对于演讲者来说，"诚于中，则形于言"。只有先具有丰富、真诚而炽热的感情，才能把这种感情倾注到自己的有声语言和态势语言中，并借助感情的掀动力，充分发挥自己心理因素的积极作用，来取得演讲的成功。

几乎所有的讲演者开始时都会怀疑，自己选择的题目能否提起听众的兴趣。其实只有一个方法保证让听众感兴趣：那就是点燃自己对题目的狂热。也就不怕无法掌控人们的兴趣了。

对自己演讲的题目要有深切的感受，这一点很重要。只有对自己所选择的题目怀有特别偏爱的情感，听众才会相信你那一套话。道理很明显，如果你对选择的题目有实际接触与经验，对它充满热情——像某种嗜好或消遣的追求等；或者你对题目曾做深思或有着个人的关切因而满怀热诚，那么就不愁讲演时听众不热心了。

对于自己认为很好的题目，除了要想方设法地多了解一些之外，还应该重视自己对题目的感觉，倾注自己的热心。不要抑制自己真诚的情感，也不要在自己真实感人的热情上头加个闭气闸。让听众看看，你对自己谈论的题目有多热心，如此，他们的注意力便会在你的掌控之下。人们总喜欢聚集在精力旺盛的演说者身旁，就如同野雁总喜欢聚集在秋天的稻田里一样。

在纽约一家极具知名度的销售公司里，有个销售员提出反常的论调，说自己能使兰草在无种子、无草根的情形下生长他将山胡桃木的灰烬撒在田地里，然后转眼间兰草就出现了。所以坚决相信山胡桃木灰是兰草生长的原因。在对这件事情进行评论时，卡尔温和地指出，销售员这种非凡的发现，若是真的，可在一夜之间使他成为巨富，因为兰草的种子价格很昂贵，而且这还会使他成为历史上的一位杰出的科学家。但事实是根本不可能有这种奇迹发生。

这是个很明显的错误。没有人能从无机物里培植出生命。但那个销售员连想都没想，立即站起来反驳，大声说自己没错，只是自己还没有引用论据只是陈述经验而已。因此，他继续说下去，扩大了原先的论述，提出了至关重要的资料，举出了更多的证据，他的声音中透露出无限的真诚。有人再一次反驳他，说这是不可能的，是百分之百错误。他马上又站起来，提议可赌五块钱，让美国农业部来解决此事。

经过几次争论，情况发生了很大变化，现场一半以上的人支持销售员的观点。卡尔要问那些改变主张的人，是什么改变了自己最初的观点？他们都说是讲演者的热诚和确信让他们对自己的常识产生了怀疑。

毋庸置疑，销售员的结论肯定是错误的。但这件事可以给人很大的启示，那就是：演讲者如果真的确信某件事，并热切地谈论它，便能让人相信。即使是说自己能从尘土和灰烬中种植出兰草也无所谓。既然这样，那么人们头脑中归纳、整理出来的信念，并且是正确的常识和真理，该会有怎样的力量让人们信服呢？

听众的情绪是演讲者自身情绪的反射，想让听众充满激情，首先自己要有激情，要善用姿势表情达意，要善于将自己的激情寓于相应的态势语之中。借以形成活力，感染听众。

当然不要奢望所有的听众对自己演讲的话题都会表现出同样的热情，但演讲者必须尽力去激发他们的兴趣。那么，演讲者的激情是从何而来呢？激情来自于演讲者的真情实感。真情实感是联系演说者和听众心灵的纽带。

有一位老师写了一本有关"思想政治工作方法"的书，出版社没有给他稿费，而是让他自行推销一千册作为报酬。这位老师一生都在做学术研究和教学工作，对他来说，让他去推销自己的书远比讲课要难得多。

为了把书推销出去，他在党校学员队里搞了一次演讲，他说："……当老师的在这里推销自己写的书，总不免有些尴尬。不过，如今作者也很难，写了书，还得卖书。出版社一下压给了我一千册，稿费一文没有，所以我不推销不行。这本书写得怎样，我自己不好评说。不过有两点可以保证：第一，这本书是我用三年时间完成的，是我心血的结晶；第二，书的内容绝不是东拼西凑抄下来的，是我自己长期思考的见解。前不久，这本书被思想政治工作研究会评为社科类图书的二等奖，这是获奖证书。说实话，对于我们这些教书匠来说，搞推销比写书还难，只是硬着头皮来找大家帮忙。不过，买不买完全自愿，绝不强迫。如果觉得这本书对你有用，你又有财力就买一本，算是帮我一个忙。谢谢。"

这位老师的演讲一下子产生了良好效果，一次就卖掉了 300 多册。

这位老师不是专职的推销员，但是在销售上却获得了成功。从某种意义上说，他的成功在于他恰到好处地表达了自己的真诚，从而赢得了听众的信赖。如果在演说时能将人的丰富情感真实地表达出来，那么听众一定会受到感染，进而产生共鸣，从而达到理想的效果。

1946 年 7 月 11 日，闻一多的挚友、著名爱国人士李公朴被国民党特务暗杀于昆明。15 日，治丧委员会在云南大学开会，闻一多主持大会，由李夫人报告李公朴遇难经过。李夫人由于极度悲痛，泣不成声，一千多群众潸然泪下。但是，混进会场的特务分子却抽烟嬉笑，故意取闹。闻一多见特务如此猖狂，义愤填膺，怒不可遏，即席演讲，痛斥反动派的暴行和特务的无耻。他讲道："……杀死了人，又不敢承认，还要诬蔑人，说什么'桃色事件'，说什么共产党杀共产党，无耻啊！无耻啊！……"他情思逆发，口若悬河，势如破竹，一气呵成。

据当年身临其境的人说，全场只有他激昂慷慨的声音载着烈火一样的语言在回响，或者就是暴风雨般的掌声震撼屋宇，那些混迹其间的特务分子简直无容身之地。闻一多先生怀着对挚友被害的无限悲伤和对反动派的满腔义愤，作了这次即兴演讲，他的真情感染着在场的所有人，令亲者受到极大的鼓舞，给敌人以沉重的抨击。人的感情是不能造假的，在演说中，唯有真情才能产生巨大的影响，才能唤起群众的热诚回应，才有震撼人心的力量。

背得很熟，讲得最顺畅的演讲并不是好的演讲。虽然滔滔不绝、一泻千里的演讲非常流畅优美，但是缺乏诚意，也就容易失去吸引力，变得跟一束没有生命力的绢花那样，美丽却不能鲜活动人，也就没有魅力。

有一位叫夫林的先生，他从一家报社所发行的一本小册子里仓促而肤浅地搜集了一些关于美国首都的资料，然后演讲，虽然在华盛顿住了许多年，但他却不能举出一件亲自经历来证明自己喜欢这个地方，所以，他的演讲听起来枯燥、无序、生硬，他讲得很痛苦，大家听得也很难过。

两周后，发生了一件事。夫林先生的新车停放在街上，有人开车将它撞得粉碎，并且逃逸无踪，他当时非常生气。但这件事是他的亲身经历，当他说起这辆被撞得面目全非的汽车时，讲得真真切切，滔滔不绝，怒火冲天，就像苏维尔火山喷发一样。两周前，听众们听他的演讲时还觉得烦躁无聊，坐立不安，现在却给了他以热烈的掌声。

当然，演讲者要想演讲得好，只有激情是不够的，关键还要将这种感情抒发出来，所以要知道如何把你的真诚和激情注入到演讲之中，懂得怎样把自己的心意传递给听众。只有当听众感受到你的诚意时，才会打开他们的心门，接收你的演讲，进而令彼此之间产生并实现沟通和共鸣。

演讲中的抒情技巧大体有以下三种：

1. 语意传情

不少感情浓烈激越的演讲到了一个内容的高潮时，演讲者往往都会用一个相对独立的语段，以排比句、反问句、感叹句、重叠句等语言手段，直抒胸臆，让压抑在胸中的感情潮水一泻而出。直抒胸臆的方式，给人的感觉酣畅淋漓，十分痛快。

除了直抒胸臆之外，还可以采取融情于理、融情于事、融情于景的方法，把抒情与写景、叙事、说理结合起来，使四者和谐统一。这样不但增强了语言的感情力量，也使叙事、议论显得更加有生气。

2. 语调传情

演讲是要感染人的。它感染人的重要手段之一就是通过演讲者的语调去流露真情。种种复杂的感情都可以通过语音语调的高低快慢、抑扬顿挫表现出来。

3. 态势传情

态势是不能代替语言的，但它却是有声语言的一个重要的辅助成分。在演讲中通过用适度、得体的态势辅助语言，可以使听众产生兴奋，引起感情的共鸣。演讲者的仪表、姿态、神情、动作，不但可以给听众以视觉形象，反映演讲者的修养气质，而且可以借助某些神态、动作的配合，直接表达某种思想感情，因此在演讲过程中要注意恰当地利用态势传情。

语言训练心得

无论你认为自己已经付出多少努力，你的激情都是远远不够的。你必须不断地提升听众的热情，事实上，所有人都是潜在的怀疑论者，你的任务就是打消他们的疑虑。因为你无法说出涉及话题的每一点细节，所以你必须说出听众想知道的那一部分。

言简意赅，讲话要简短有力

"永不放弃！"

这是在剑桥大学的一次毕业典礼上，整个大礼堂里坐着上万名学生，他们正在等候着伟人丘吉尔的到来。在随从的陪同下，丘吉尔先生准时到达，并慢慢地走进了会场，走向讲台。

站在讲台上，丘吉尔脱下他的大衣交给随从，接着摘下帽子，默默的注视所有的听众。一分钟后，丘吉尔缓缓地说了一句话："Never give up！"（"永不放弃！"）

说完这句话后，丘吉尔穿上了大衣，带上了帽子离开了会场。整个会场鸦雀无声，一分钟后，掌声雷动。

永不放弃！永不放弃！永不放弃！

这是丘吉尔一生中最后的一次演讲，也是他最精彩的演讲。

在当众说话中，务必学会长话短说，要"筛选""过滤"出最精辟的，恰如其分地表情达意的词句，尽可能以简短的话语表达出深刻的内涵。

在演讲的时候，语言简洁是人们谈话应遵循的一个总规则，因为它是吸引、打动听众的必要条件。语言简洁，是指语言表达要简明扼要，言简意赅，即简中求准。古人云"立片言以居要"，讲的就是这个道理。简中求准有"言简而意丰，言简而意准，言简而意新"三个原则。既概括精当，又凝练精准，用最少的文字表现最丰富的内容。"惜字如金"有时候很有必要。

斯大林本人竭力反对废话连篇的人，他曾在一篇报告中引述了一个好说废话的工作人员同他的谈话："我问：'你们的播种工作怎么样了？'他答：'斯大林同志，问播种工作吗？我们已经动员起来了。'我问：'那么结果怎么样呢？'他回答：'斯大林同志，我们有了转变，马上就会有转变。'我问：'究竟怎么样了？'他答：'我们那里有了一些进展。'我问：'可是你们的播种工作究竟怎么样了？'他答：'斯大林同志，我们的播种工作暂时还毫无头绪。'"

此人真可谓是言不由衷，废话连篇的典型。冗长的讲话是最让人倒胃口的。

据说，有一次，美国著名作家、演说家马克·吐温在教堂里听牧师讲话，开始几分钟，他听得津津有味，感到讲得很有力量。他高兴地准备捐献口袋里的钱。可过了十分钟，牧师还没讲完，他就决定一分钱也不捐献了：待牧师讲完，收款的盘子递到他面前时，马克·吐温非但没给钱，反而从盘子里拿出两元钱。

这则趣闻是对喜好讲长话者绝妙的讽刺。

有人认为在当众讲话过程中，说话要简洁，语言要精练，就是以经济的语言手段输出最大的信息量，使听者在较短的时间里获取较多的有用的东西，即有用的信息。反之，抓不住要点，空话连篇，言之无物，或重复，枝蔓芜杂，讲了半天也讲不出个所以然，这样必然误人时光，同时也是不受欢迎的。

在演讲风格上，还有一种被人称之为"一句话演讲"的演讲形式，即演讲者会把自己的意思浓缩成一句话，恰如其分地表达出其关键思想，往往令人拍案叫绝，印象深刻，久久难忘。"一句话演讲"的高手，他们能够用简洁的语句，或是营造出了和谐轻松的氛围，或是表现出坚定的语气，从而显露出战斗的锋芒。

古人说，"善辩者寡言"。在历史上，不少讲话大师惜语如金，出言不凡，驾轻就熟，言简意赅，留下了许多珍贵的篇章。

我国著名学者马寅初先生在担任北京大学校长期间，曾经抽身参加了该校中文系的一位老师郭良夫的结婚典礼。当贺喜人群发现马校长到来时，情绪顿时高涨了起来，并鼓掌欢迎他即席致词。

马寅初先生在参加婚礼时并没打算要讲话，只是置身于喜庆环境里又不能有拂众意，于是脑子急速转动。他并没有讲场面话的习惯，而在喜庆的氛围里讲做学问吧，又不合时宜。忽然他灵机一动，来了个一句话演讲："我想请新娘放心，因为根据新郎的大名，他就一定是位好丈夫。"

刚听到马校长这句话时，大家都莫名其妙。很快，众人联系新郎大名一想，方才恍然大悟：良夫，不就是可以理解好丈夫吗？于是，屋里的人都开怀地畅笑起来。

马寅初先生借题发挥，用新郎郭良夫的大名适当地联想，既表达了自己身为校长对本校教师的良好祝愿，希望郭老师人如其名，做一个好丈夫，又风趣地增添了喜庆气氛。

1936年10月19日，在上海各界公祭鲁迅先生大会上，我国著名新闻记者、政治家、出版家邹韬奋先生发表了这样的一句话演讲：

"今天天色不早，我愿用一句话来纪念先生：许多人是不战而屈，鲁迅先生是战而不屈。"

邹韬奋先生的这一句话演讲，被当时的人们誉为最具特色的演讲。透过这句"一句话演讲"，我们清晰地感受到其里边蕴涵着的极为丰富的内涵：既谴责了当时政治战线、思想战线、文化战线上"不战而屈"的投降派，又赞颂了鲁迅先生"横眉冷对千夫指"，勇敢战斗，绝不屈服的可贵品格。"不战而屈"和"战而不屈"，相同四字的不同组合，成为衡量一个人是否具备硬骨头精神的试金石。这是一句话，但又不仅仅是一句话，因为它激发了人们奋起抗争的勇气，鼓舞了人们要以鲁迅先生为榜样，挺身而出，战斗不止。

莱特兄弟在成功驾驶动力机飞上蓝天之后，人们在法国的一次欢迎酒会上再三邀请哥哥威尔伯发表讲话。威尔伯说："据我们所知，鸟类中会说话的只有鹦鹉，而鹦鹉是飞不高的。"这深含哲理的"一句话发言"，博得了与会者长时间的鼓掌。

由上述几个事例可见，有时候，演说贵精不贵多。一句话演讲，就是要抛开转弯抹角与旁生枝节，抓住要表达的东西的精髓，巧作对比，以求达到一语中的、一招致胜的效果。

说话简洁大致有三个特点或技巧：

1. 概括性

为了使对方能够很快了解自己的说话意图，领会要领，往往需要使用高度概括、十分凝练的语言，提纲挈领地把问题的本质特征表达出来，以达到一语中的、以少胜多的效果。

2. 应急性

由于客观环境的限制，有时由不得你长篇大论，侃侃而谈，只能逼你三言两语，述其概要。例如，在战场上、在抢险工地、在各种危急关头时，甚至是一对情侣在汽笛已经拉响的月台上话别，谁也来不及去高谈阔论。在这种情况下，唯其简明扼要的话语，才能显示其特有的锋芒。

3. 通俗性

简洁的语言一般都很通俗明快，如果追求词藻的华丽、句式的工整，则必然显得拖沓冗长。

语言训练心得

简洁的语言通俗明快，它能产生"片言以居要，一目能传神"的效果。正如语言大师们所说：言不在多，达意则灵。文学大师高尔基曾说："简约的语言中有着最伟大的哲理。"在当今的信息时代，人们的生活节奏大大加快，人们不喜欢那些繁文缛节的空话套话。当众讲话要做到简洁、明快，就要千锤百炼，使自己的词汇丰富、思路清晰。如果词汇贫乏，表达必词不达意、思维模糊、语无伦次、枉费口舌。

演讲中随机应变的技巧

一次，伟大的生物学家达尔文应邀作一篇《进化论》的报告。报告刚刚结束，有一位漂亮年轻的女士向科学家提出疑问："照你的理论，人类是由猴子变来的，这理论用到你身上，还是很可信的，难道我也属于您的论断之列吗？""那当然了。"达尔文白了她一眼，彬彬有礼地回答道："不过您不是由普通的猴子变来的，而是由长得非常漂亮的猴子变来的。"

在演讲中，听众向演讲者提出问题，请求解答。有的提问是真心请教，但也有的提问是在试探演讲者的水平，还有的提问是故意出难题，使演讲者难堪。对于那些借提问之机，对你进行攻击的人，不妨参照开头的例子有技巧的予以坚决的回击。

古人云："智者千虑，必有一失。"就当众讲话而言，尽管事前苦心思索，周密准备，但有时临场仍会出现些许差错或失误。因此当众说话时的应变技巧显得非常重要。

舞台剧之所以比电视剧和电影难度高，是因为电视剧和电影在拍摄过程中如果出现了差错或突发状况，可以重新来过，甚至还可以借助后期剪辑之类的技术来加以弥补。而舞台剧由于是直面观众，则需要一次成功，没有重新来过的机会。演讲就如同舞台剧一样也是要直面观众，在演讲的过程中，随时会出现各种意外的情况影响演讲的正常进行。所以一个好的演讲者就应该像一个好的舞台剧演员一样具有临场应变的高素质，做到处变不惊，应变自如，用这种方法使自己摆脱困境，避免尴尬的场面出现。

一般来说，演讲中常见的突发状况不外乎以下几种情况，只要掌握了这个技巧，能够对症下药，那一切的困难都会烟消云散。

第一种情况是最常见的——忘词

当众讲话只有脱离发言稿，才能与听众的感情直接交流。如果拿着稿子念，演讲的效果就要大打折扣了。而脱稿的后果，就是容易忘词。尤其是对于初次登台的新手而言，面对众多听众，紧张是在所难免的，一上台就开始冒汗，说起话来声音发颤。讲着讲着，就把下面的词忘了，感觉词好像就在嘴边儿上，却怎么也想不起来。遇到这种情况时，千万不要一味地愣在那里，或者抓耳挠腮、不知所措。其实，忘词是很正常的事情，关键是我们要学会如何应对。

在此情况下，一般有两种应急措施：

1. 不要慌张，让自己保持清醒，更不能有小动作，尽量让自己面带微笑，保持淡定的神态，同时强使自己集中思想，争取在两三秒钟之内迅速回忆发言的内容，挽救僵持难堪的局面。

2. 若实在想不起下一句的内容，千万不要僵持在那里苦思冥想，而应果断地"另起一行"或"另起一段"，即把下面的内容提上来讲，以保证整个讲话的连贯和畅达，即使被听众听出来，也比愣在台上支支吾吾要好得多。要知道，听众很难忍受讲话者过长时间的停顿、"回忆"和思考。

第二种情况是在演讲的过程中遇到听众的提问。

就如本文开头事例中所描述的一样。面对这种情况，先要明白提问者的意图和目的，答问才能有的放矢；并且回答的时候要干净利落，言简意赅，切忌拖沓。不过，因为演讲一般都是在一个比较严肃的公众场合中举行，所以，不管对方是否出于恶意，在回答提问时，一定要记得语意含蓄，最好能给观众一个良好的心理感受，为对方留足面子。这样既能显示演讲者的风度，又可以避免与对方针锋相对，而使演讲得以顺利进行下去。

第三种情况就是在演讲中出现"撞稿"。

也就是自己的演讲稿与之前演讲者的内容出现了重复或者太过相近的情况。在这种情况下，如果自己还是按照事先准备的材料进行演讲，就会显得没有新意，甚至让听众觉得搞笑，正确的选择是立即做出调整。如果有人的题目与自己的相同，且又在自己前面发言，就应当使自己的观点略加变化，使之更加新颖。如果有人引用同样的名言或事例，或如前面提到的相同的语句，就应尽快换一个或是舍弃不用，以避免雷同，影响听众对自己的看法。

在一次以歌颂祖国大好河山为内容的演讲比赛中，小丁讲稿的开篇第一句话，引用了歌曲《大中国》中的一句"我们都有一个家，名字叫中国。"可是让小丁始料不及的是，他前面的演讲者的开篇竟然用了同样的话。临时改词，和下面的内容衔接不上，时间又很短，一时间又难以想出什么别的词来，这可怎么办呢？小丁忽然灵机一动，想出了对策，他从容地走上台，开始了自己的演讲，"前面的那位同学刚才提到了一首歌，歌中唱道：'我们都有一个家，名字叫中国……'"而后很自然地把自己的内容接了下来，顺利地完成了演讲比赛，并且取得了不错的成绩。

第四种情况就是讲话出错。

当众讲话出错是由于讲述太快，容易出现嘴误，或由于用语不当造成的。出现差错，在所难免，关键是一旦说了错话，既不能置之不理，也不要惊慌失措，更不可匆匆道歉、连连解释，这会破坏讲话的连贯性、完美性和会场气氛，此时应随机应变。如有位发言人在一次当众讲话中说了错话，当他意识到之后，便毫不犹豫地大声说道："同志们，难道是这样的吗？"当场又把它否定了，这便是现场改错的艺术。

语言训练心得

我们在当众讲话过程中，常常会遇到一些意想不到的事情发生。如你正讲话时却有人起哄，正在交谈时却遭人抢白，你的辩词受到人们的反对，这一切的一切都需要有从容镇定的应变力。所以为了使自己在窘境中得到解脱，为了练就一副在任何情况下都对答如流的口才，为了在当众讲话的场合免受尴尬之苦，为了你临危不乱，请培养你的口才应变能力吧。

不可虎头蛇尾，好的演讲结尾让人回味

鲁迅先生在结束《在上海中华艺术大学的演讲》时候这样讲道："以上是我近年来对于美术界观察所得的几点意见。今天我带来一幅中国五千年文化的结晶，请大家欣赏欣赏。"话刚说完，他就把手伸进了长袍，在大家好奇的关注中，发现他慢慢地从衣襟上方伸出了一卷纸。就在大家仍然摸不着头脑的时候，鲁迅先生把那卷纸缓慢打开，呈现在大家面前的居然是一副破旧的月份牌，原来这就是鲁迅口中的文化结晶，霎时间全场爆笑。

鲁迅先生在恰到好处的动作表演以及幽默的悬念设置下，让演讲在大家的爆笑不止中拉下了帷幕。相信即使大家会忘记鲁迅演讲的内容，也不会忘记鲁迅演讲时候的幽默。这就是幽默结尾带给演讲人的回馈。

整个演讲犹如画龙，而收尾部分就是点睛，好的点睛之笔会能给人留下强烈的印象。戴尔·卡耐基说过"最后——也是最重要的。"精妙的收尾既是结尾，又是高峰；既水到渠成，又戛然而止；既铿锵有力，又余音袅袅；既别开生面不落俗套，又来得自然贴切。

如果说好的演讲开头犹如"凤头"，那么好的演讲结尾就像"豹尾"。豹尾者，色彩斑斓而又强劲有力。演讲的结尾既有幽默文采又坚定有力，既概括全篇又耐人寻味，才能使全篇演讲得以升华，收到良好的效果，才能够让听众们在笑声中，对你的演讲感觉到意犹未尽。

因此，精彩的演讲，需要有一个明亮清晰的开头，也需要有一个幽默、意外的结果。

所以说结束语是演讲的重要组成部分，好的结束语能使演讲收到意想不到的效果。通常情况下，结尾不应冗长拖沓，更不能画蛇添足，而要在达到高潮时戛然而止，给听众以余音绕梁、回味无穷的感觉。结尾时要尽可能达到与听众感情上的交融，引起听众的共鸣。在把握好分寸的前提下，满腔热情地提出希望、要求和建议。

在一次演讲中，老舍先生开头说："我今天给大家谈六个问题。"接着第一、第二、第三、第四、第五，井井有条地谈着。这时他发现离散会的时间不多了，于是他提高嗓门："第六，散会。"听众先是一愣，接着就欢快地鼓起了掌，大家都十分敬佩老舍先生的幽默。

老舍先生知道已到了散会的时间，便没有再按事先准备的去讲，而是选择时机戛然而止，既幽默又利索。

曾经有位主编说过："我把文章刊登在最受欢迎的地方，就结束了，而在演说上，当听众达到最愉快的顶点，你就应该设法早些结束了。"

其中，演讲精彩而幽默结尾的要求大致可以归纳成以下两点：

一是强化印象，结束全篇。

当演讲基本完成，听众对你的观点、态度以及讲述的有关知识基本上已经掌握时，就应该考虑"收口"了。幽默"收口"将从视觉上、听觉上给听众留下最后印象，将在听众的大脑屏幕上"定格"，这也直接决定了听众对整个演讲的印象。精彩、幽默的结尾往往能弥补一些不足，强化听众的总体印象。只要我们留意一下，便会发现古今中外的演讲家对结尾都是很重视的。

二是言简意赅，耐人寻味。

伟大的歌德曾这样欢呼新时代的到来："'宽恕我吧，渗透着时代精神，这是莫大的乐趣。'看呀，从前的智者是怎样思考的，而我们最后却远远超过他们。"歌德结尾的演讲简单幽默、感情生动，耐人寻味。

因此，精彩的演讲结尾不要重复、松散、拖沓、枯燥，应尽量避免那种人云亦云的客套式的结束语。结尾幽默生动应该是演讲者追求的目标。

下面介绍常见的几种演讲收尾的方法：

1. 总结全篇

这种结尾在演讲结束时扼要地对全篇进行了总结，即使你没有听到他演讲的其他部分，也完全能够了解他通篇讲话的大致内容，因为他已把它们概括成言简意赅的几句话，从而也加深了听众的印象。

2. 鼓动号召性结尾

这种结尾是用得最多的一种，它以发出号召收拢全篇，其优点是鼓动性强，能给听众极大的鼓舞和深刻的印象。

3. 借用名人名言结尾

用被人们普遍认可和使用的名人名言或诗句结束演讲，给整个演讲的论点一个强有力的证明，同时进一步深化了主题，并把演讲推向高潮。

4. 抒情式结尾

满怀激情，以优美的语言直抒胸臆。这种结尾感情丰富，意境深远，具有强烈的感染力。抒情式结尾是一种常见的效果较好的结尾方式，但要注意克服"套话"，应多在内容上下工夫。只有内容与形式的统一，才能达到完美的境界。

此外，还有共勉式、展望式、誓愿式、赞美式、象征式等结束演讲的不同方式。

　　俗话说"编筐编篓，全在收口"。结尾是对整个演讲的总结，它承担着收拢全篇的任务，因此，其意义非常重要。演讲要获得全面成功，一定要精心设计好精彩的结尾。邵守义教授说："（演讲）结尾无定法，妙在巧用中。"此话道出了演讲结尾的真谛。只要勤于思索，巧于构思，敢于创新，展开想象，就能设计出"响如撞钟、清音有余"的演讲结尾来。

第11天　综合运用课：做最受欢迎最有魅力的演说家
——演讲的技巧

参考文献

[1] 张笑恒. 10 天打造说话高手［M］. 北京：京华出版社，2007.

[2] 中石. 说话高手怎么说［M］. 北京：中国致公出版社，2009.

[3] 冯昱. 出口成章的说话艺术［M］. 北京：中国纺织出版社，2011.

[4] 文天行. 口才与幽默全集［M］. 北京：中国华侨出版社，2011.

[5] 墨墨. 每天学一点说话艺术［M］. 北京：北京理工大学出版社，2011.

[6] 郑月玲. 让你大受欢迎的说话技巧［M］. 北京：人民邮电出版社，2011.

[7] 赵浩. 一本书读懂说话的艺术［M］. 北京：石油工业出版社，2010.

[8] 陈璐，陈姣. 话语操纵术大全集［M］. 南昌：江西人民出版社，2011.

[9] 徐春艳，赵一. 说话艺术全知道［M］. 北京：华文出版社，2010.

[10] 李志敏. 有一种口才叫幽默［M］. 北京：中国纺织出版社，2009.